発達科学から読み解く
親と子の心

身体・脳・環境から探る親子の関わり

TANAKA Yukari
田中友香理［著］

ミネルヴァ書房

発達科学から読み解く　親と子の心――身体・脳・環境から探る親子の関わり　目次

第4章　身体を通して育ち合う親子の脳と心……129

第5章　進化する社会環境と子どもの心の発達……165

序章　親と子の関わりを科学する

1　親も育つ、子も育つ

子どもの心はどのように育つのか

みなさんは、電車の中やショッピングセンター内などで、赤ちゃんや子どもを見かけたら、どのように感じますか。「かわいいな」と思う人もいれば「ちょっと苦手だな」と思う人、あるいは現在子育てをしている人の中には、「どのように子育てしていったらいいのだろう」と思う人もいるかもしれません。

私は今、三歳の子どもを育てながら研究をしています。赤ちゃんや子どもの心の研究をしていながらも、自分の子どものことはわからない、と感じることがよくありますし、時には、親としての自分の至らなさを悔やんだりすることもあります。私にとって子育ては、何にも代えがたい喜びを与えてくれるものですが、日々の子育ては、決して簡単な営みではありません。私自身、子育てに奮闘しながら、いつも、「赤ちゃんや子どもの心は、どのようにして育つのだろう」と考えています。

こうした「親」として日々感じる不安や悩みもふまえて、本書は、発達心理学という学問に興味のある学生の方をはじめ、子どもや親の心の発達支援に関わる方や、子育てに奮闘されている方など、親と子の心の発達に関心のあるみなさんに向けた一冊となればと思っています。

これまでの研究では、赤ちゃんや子どもの心は、「他者」との関わりを通して発達するといわれています。こんなエピソードがあります。第二次世界大戦後のことです。アメリカの一部の保育施設で、赤ちゃんを無菌状態の保育器の中に入れ、他者との関わりを可能な限り遮断して保育するという実践がなされたことがありました。ところが、そこで育った赤ちゃんは、ミルクや衣服がきちんと与えられ、衛生状態がきわめて良い環境に置かれていたにもかかわらず、まったく笑わなくなり、どんどん衰弱していったといいます。そこで、その赤ちゃんを母親の元に返し、「他者」からの積極的なはたらきかけを経験させると、再び赤ちゃんの体重は増え、笑顔をみせるようになったのです（spitz & Wolf, 1946）。他者との関わりは、赤ちゃんや子どもの心の発達を支える大事な要素なのです。

親と子、両方の心の発達が大切

それでは、赤ちゃんや子どもの心の健全な発達を促すために、私たち大人は、彼ら・彼女らとどのように関わっていけばよいのでしょうか。この問いに答えるためには、赤ちゃんや子どもの心が、他者との関わりを通してどのように動的に変化していくのか、その「心の発達」について知ることが重要だと思います。赤ちゃんや子どもの心の発達についての具体的な知識をもっていれば、大人としての関わり方を見直すことができるでしょう。

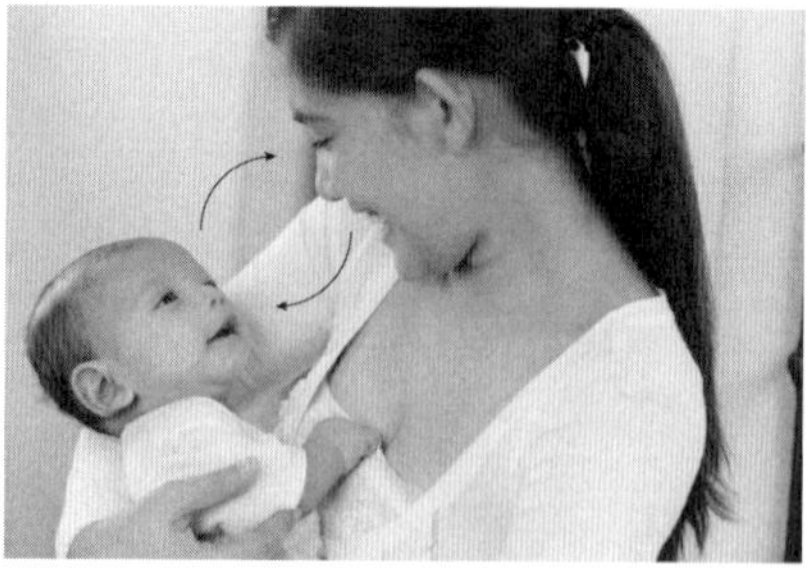

図序－1　親と子の心は互いに影響を与え合いながら発達する

しかし、それだけで十分なのでしょうか。先ほどの実践の例にもあるとおり、赤ちゃんや子どもの心の発達は「他者からのはたらきかけ」によって促されます。さらに、赤ちゃんとの関わり経験を通して、大人の側にも心の変化が起こります。詳細は第3章で後述しますが、大人は、自分のはたらきかけに対する赤ちゃん・子どもの反応に応じて、次の振る舞いを調整するようになります。親と子の心は、相互に影響を与え合いながら発達していくのです（図序-1）。もし、赤ちゃんの世話をする親の側に何かしらの問題があって、適切な養育が施せないと、赤ちゃんや子どもの心の発達は阻害されてしまうかもしれません（詳細は第2章で説明します）。つまり、子どもの健全な成長と発達を実現するためには、子どもの側だけでなく、「親の側の健全な心の発達とは何か」についても知っておく必要があるのです。

2　「心」を科学的に理解する

「子育て」についての知識を得る方法

それでは、どうすれば、私たちは、親と子の心のはたらきについて知ることができるのでしょうか。みなさんは、赤ちゃんや子どもの発達に関する情報、あるいは子育てに関する情報をどのような手段で得ていますか。

今、情報を得る方法として、インターネット検索やＳＮＳ（ソーシャルネットワークサービス）が主流となりつつあります。たとえば、私たちは、子育てについて知りたいことをインターネットやＳＮＳで検索すれば、知りたい情報を手軽に得ることができます。ベビーカレンダーという企業が二〇一八年に行ったアンケート調査によると、妊娠・出産・０歳児の子育てに関する情報をどこから得ているか質問したところ、「妊娠・出産・子育て関連サイト」（六五・六％）、「妊娠・出産・子育て関連アプリ」（六二・七％）、「ＳＮＳ（Facebook, Twitter, Instagram 等）」（四七・二％）など、情報収集にインターネットが積極的に活用されていることがわかっています（https://prtimes.jp/main/html/rd/p/000000026.000029931.html）。

しかし、インターネット等のメディア上に記載されている子育てに関する情報が「正しい情報か」については、注意しなければなりません。書籍や論文とは異なり、インターネットやSNSには、情報発信者が不明確な書き込みや、掲載された情報の妥当性が検討されていないものも多く存在します。発信者個人の思い込みや虚偽の供述が、あたかも正しい情報であるかのように広がってしまうこともあります。

実際、インターネットやSNSの情報はどの程度、信頼できるのでしょうか。同じアンケート調査によると、「妊娠・出産・0歳児の子育てに関する情報の収集先としてどれを一番信頼していますか?」という質問に対しては、一位に「医師、助産師、看護師などの専門家」が選ばれました。一方、SNSを最も信頼していると答えた方は全体の約三%にとどまっており、情報収集先としてSNSを頻繁に利用しているにもかかわらず、情報の信頼度は低いと判断されているようです。

インターネットと「子育て不安」

インターネットやSNSを使って、気軽に自分の知りたい情報が入手できるようになれば、子育てに対する親の悩みはすぐに解決されるのではないか、と思う人もいるかもしれません。しかし、実は、情報が手軽に得られるという「便利さ」の一方で、逆に得られた情報で悩みが深刻化してしまうケースもあるかもしれません。

たとえば、子どもの発育や発達についての不安がかえって助長されるということがあります。もしある親は、自分の子どもはもう二歳になるのに、ほかの子どもたちのように上手に

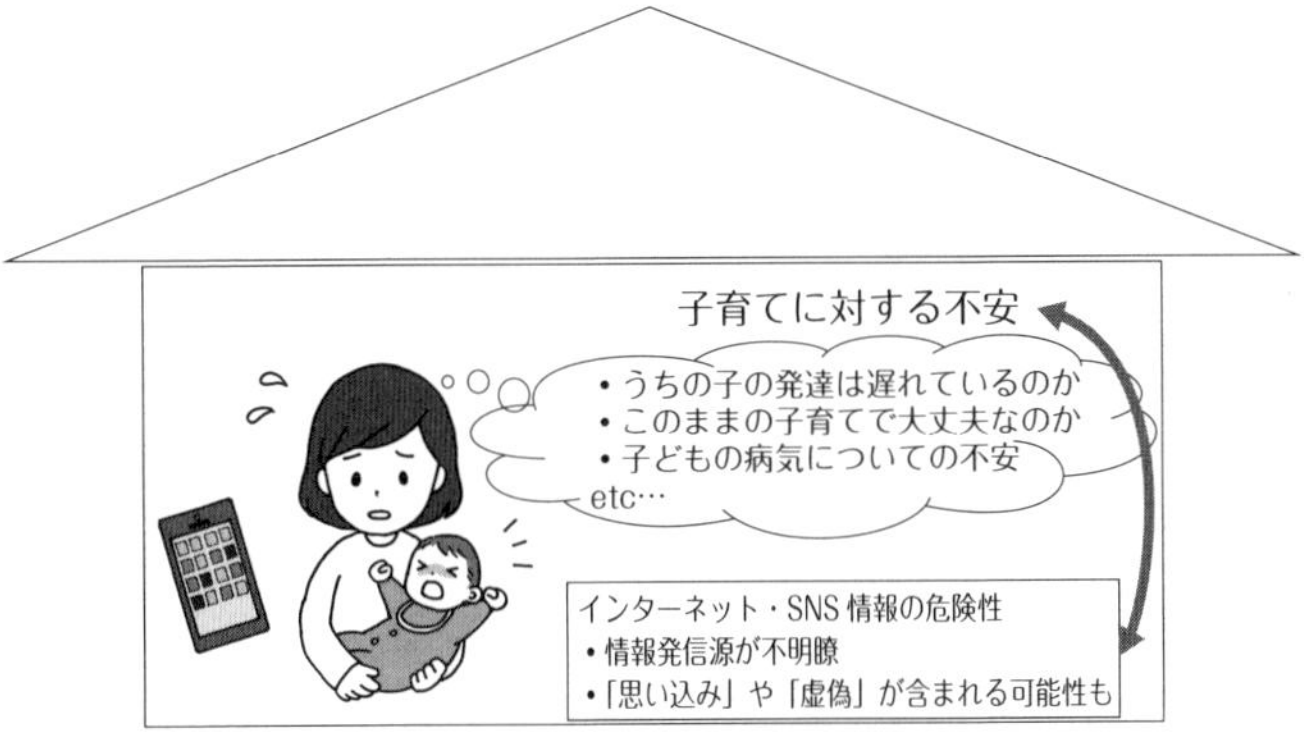
子育てに対する不安
• うちの子の発達は遅れているのか
• このままの子育てで大丈夫なのか
• 子どもの病気についての不安
etc…
インターネット・SNS 情報の危険性
• 情報発信源が不明瞭
•「思い込み」や「虚偽」が含まれる可能性も

図序－2　インターネット・SNS の利用と子育てに対する不安

おしゃべりができない、といった不安をもっていたとします。そこで、インターネットで子どものことばの発達の遅れについて検索してみます。すると、「二歳でことばが出ていないのは○○かも！」といったように、不安の予感が的中したといわんばかりの見出しが出てきます。インターネット上に掲載された内容が正しいかどうかを判断することができないと、それらの情報を鵜呑みにしてしまい、親は育児への不安をますます高めてしまいます（図序－2）。

乳幼児を養育中の母親の育児不安と、日常の育児相談相手との関連を調べた研究（山﨑ほか、二〇一八）によると、子育ての悩みを相談する相手として「インターネット」を選択した母親は、育児不安が高いことを報告しています。この調査では、母親の育児不安と、日常の育児相談相手との相互関係を調べているので、母親の育児不安の高さの「原因」としてインターネットの利用が関わっているかどうかについては議論の余地があります

（たとえば、もともと育児不安が高く、なかなか外出できない母親がインターネットを多く利用する可能性もあります）。しかし少なくとも、インターネットを育児の相談相手とすることに、親の育児不安が関わっているといえそうです。

子育ての際に、インターネットを利用すること自体が必ずしも悪いとは言い切れません。しかし、親の側としては、インターネットの情報に翻弄されるのではなく、子育てに関する正しい知識を得て、子育てに対する不安をなくしていきたいものです。

子育てを科学的に理解する

今、「子育てに関する正しい知識」と書きました。「正しい知識」ということばには、いろいろな意味がありますが、本書では「科学的に正しい知識」ということを指します。また、本書では「子育てを科学的に理解する」ことをめざしたいと思います。これは、実証的な研究手法によって裏づけられた知識や法則をもとに、論理的に、系統立てて子育てを理解する、ことを意味します。実証的な研究手法の詳細は第1章で詳しく述べますが、観察や実験によって得られたデータをもとに行われる研究のことを指します。

「子育てを科学的に理解する」ことは、インターネットをはじめとするメディアに掲載された断片的な情報に、振り回されないようにするための方法のひとつであると思います。赤ちゃんの言語発達を例にとって考えてみましょう。「赤ちゃんは一歳になったら意味のある

図序－３　赤ちゃんの発語に関わる心の発達のプロセス

単語を話すようになる」という断片的な情報があったとします。実際には、一歳になったらすべての赤ちゃんが急にことばを話しはじめるわけではありません。意味のあることばを発する（＝発語）前に、赤ちゃんは、その基盤となるような心のはたらきを獲得していきます（図序－３）。たとえば、赤ちゃんが意味のあることばを話しはじめるよりもずっと前、生後二～四ヶ月頃、「くー」「あー」「うー」といった発声が見られます。生後三ヶ月から四ヶ月にかけての赤ちゃんの発声を録音し、その音の特徴を解析すると、月齢が進むにつれ、赤ちゃんは［a］［i］［u］の母音を、より明確に区別して発声できるようになることがわかっています（Kuhl & Meltzoff, 1996）。また、生後半年～八ヶ月頃から、赤ちゃんは「ぶーぶー」「まーまー」など、子音を含む「喃語（なんご）」と呼ばれる発声をはじめます。これは、発語の際に必要とされる、唇や舌の筋肉をうまく動かすための練習のようなものです。また、生後九～一一ヶ月頃には、自分の興味や関心を他者と共有するために「指さし」をしたり、他者が見ている視線の先のものを目で追ったりすることで、他者と注意を共有します。このように、「自分と他者が同じ対象を心の中で共有している」ということを「共同注意」といいます。共同注意は、「ことばを使って他者と意味を共有する」という、ことばの産出の前駆体であると考えられています。そして、特に生後数年間の子どもの発語数には大きな個人差が存在することもわかっています。

「なぜ」あるいは「どのように」赤ちゃんが発語するようになるのか。その過程やしくみを知っていると、どのような良いことがあるでしょうか。たとえば、一歳になって発語が出なかったときに、親は「この時期の子どもの発語数には個人差があるといわれているし、指さしも出てきているから、もう少し様子をみようかな」といったように、子どもの発達について、論理立てて考えることができるようになります。赤ちゃんや子どもの一つひとつの行動の意味について理解できるようになると、子育てに対してもっていた漠然とした不安のいくばくかは軽減されるかもしれません。このように、子どもの発達や育児に関して、科学的に体系立てられた知識を得ることは、育児に関わるあらゆる大人にとって有益であるとみられます。

3 本書の構成

ここまでをふまえて、本書では、五つの章を通して、親と子、双方の心のはたらきについて理解を深めたいと思います。

第1章では、親と子の心のはたらきを知るために必要な、いくつかの前提についてお話ししておきます。具体的には、心とは何か、心と脳の関係、脳と身体の関係、心を調べる方法について述べます。

次に第2章では、育児を担う「親」としての心はいつ頃どのように形成されるのか、ということについて述べます。親としての心のはたらきのことを「親性（おやせい）」と呼びます。親性には、赤ちゃんに対する主観的な感情、あるいは親としての責任感、育児をうまくできているという主観的な感覚など、複数の心のはたらきが関わっています。さらに近年では、育児に関連する刺激（赤ちゃんの顔や泣き声）を見聞きしているときの脳活動パターンを調べることで、親性に関わる脳のはたらきも調べられています。今、「虐待」をはじめとする不適切な育児（マルトリートメント）が問題となっています。実際、児童虐待防止に向けて、児童福祉法と児童虐待防止法の改正が進められています。そこには親権者による「体罰の禁止」が明記され、児童相談所の体制強化と連携強化が中核に置かれています。虐待や不適切な育児と聞くと、加害者となった親に対する感情的な非難が集中してしまいがちです。しかし、不適切な育児をなくしていくためには、そもそもそうした状況がなぜ起きてしまうのか、そのしくみを知ることが必要です。そのための第一歩として、親としての心がどのようにして形成され、発達するのか、そのしくみと発達の道筋について考えてみたいと思います。親の心の発達に関する具体的な知識を得ることで、親（あるいは子育てに関わる大人）としての自己理解が深まります。さらに、親の心の発達を阻害してしまう環境や要因を知ることで、親の心の発達を育むための環境改善や教育施策の提案に役立てることができます。

第3章では、今度は子どもの側に焦点を当てます。環境が、赤ちゃんや子どもの心と脳の発達にどのような影響を与えるのか、ということについて述べます。ヒトの脳は、出生する前（母親のお腹の中にいるとき）から出生後一年にかけて、その構造・機能ともに、大きく変化します。さらに、この発達初期の時期の脳のはたらきは、環境からの影響を強く受けます。環境には、物質的な環境と社会的環境の両方が含まれますが、特に社会的環境（他者との関わり）は、赤ちゃんの心（認知や情動）の発達に大きな影響を与えます。科学的研究によって明らかにされたこうした事実や知識は、赤ちゃんの心や脳の発達を支えるために必要な環境について考える際の役に立つでしょう。

第4章では、第2、第3章をふまえ、親子の関係性について考えてみます。第4章では、社会的環境、つまり他者との関わりの中でも、とりわけ「身体と身体を触れ合わせる」という身体接触の経験が、親子の心の発達を促すことについて述べます。具体的には、大人（多くの場合は養育者）と身体を触れ合う経験が、赤ちゃんの心や脳にどのような影響を与えるのかに関する研究を紹介します。また、身体を介した親子の関わり経験が、どのようなしくみで、親子間の安定した関係性を形成するのかについても考えてみます。

最後に第5章では、これからの時代に生きる赤ちゃんや子どもの生活環境について考えてみたいと思います。ＡＩ（人工知能、Artificial intelligence）や通信技術の飛躍的な発展にともない、現実とバーチャルを融合させた、新しい世界の到来が予想されています（そしてそれらの一部は実現されつつあります）。私たちが経験したことのないような新しい環境に赤ちゃんや子どもが置かれたとき、彼ら・彼女らの脳と心はどのように発達するのでしょうか。デジタルメディアやバーチャルリアリティ環境が、赤ちゃんや子どもの心に与える影響について紹介します。それらをふまえ、赤ちゃんや子どもの心と脳の発達を促す環境について考えてみたいと思います。

第1章　親と子の心を知るには

1 「心」とは

「心」の意味

親と子の心の発達をとらえるために、まずは「心」について考えてみます。心（こころ）とは何でしょう。ことばの意味を辞典で調べてみると「体に対し（しかも体の中に宿るものとしての）知識・感情・意志などの精神的な働きのもとになると見られているもの。また、その働き」（岩波国語辞典）とあります。このように心は、私たちの精神活動のあらゆる源になるものとして定義されています。

ヒトの心のあり方や機能を研究する学問として「心理学」があります。心理学（psychology）とは、ヒトやヒト以外の動物の心のはたらきについて科学的な手法によって検討する学問です。心理学では、心を、「ヒトやヒト以外の動物の複雑な行動を規定し、制御する機能のこと」と定義しています（Nolen-Hoeksema et al., 2015）。心理学は、ヒトやヒト以外の動物の複雑な行動をよりよく理解し、説明し、予測することをめざしています。

「心」を解き明かすときに重要な4つの問い

実際に、ヒトの複雑な行動を説明するために、どのような観点から「心」をとらえていけばいいのでしょうか。この点について、生物学者のニコ・ティンバーゲンという研究者は、重要な視座を与えてくれています。彼は、生物の行動を理解するためには、次の４つの問い、すべてに答える必要があると述べました。

①　ある生物の行動が引き起こされる直接の要因はなにか（至近要因）
②　その行動は、どのような機能をもって進化してきたのか（究極要因）
③　その行動は、その生物の一生の過程で、どのような発達をたどって獲得されてきたのか（発達要因）
④　その行動は、その生物の進化の過程で、どの祖先からどのような過程をたどって進化してきたのか（系統進化要因）

心理学という学問は、生物の行動に関わる「心の機能」に着目してきました。しかし、ヒトの「心の発達」について深く理解するためには、成人の心の機能を知るだけでは不十分です。たとえば、親子が、日々の関わり経験を通して、親と子双方の心がどのように発達していくのか、そのプロセスを知ることも重要です。そこで本書では、ヒトという動物の一生の過程における心の発達（③発達要因）を主軸にすえ、その心の機能（②究極要因）や生成メカニズム（①至近要因）について考えていきます（それぞれの問いについて、詳細は後述していきます）。

それでは、④系統進化要因についてはどうでしょうか。実はこの問いも、心の発達と深く関わっています。心理学では、ヒト以外の動物にも「心」があると考えます。ただし、ヒトとヒト以外の動物の心の機能がまったく同じであるというわけではなく、当該の動物の進化の過程や、進化の背景にある遺伝的・生態学的環境のバリエーションによって、その動物に特有の、適応的な心のはたらきがあると考えます。このような理由から、本書では、「ヒト」という生物の子育てがどのように進化してきたのか（第2章）、あるいは、ヒトらしい赤ちゃんの心のはたらき（第3章）についても触れます。④系統進化要因は「ヒトらしい心のはたらき」について、より深い理解をもたらしてくれる、大切な問いなのです。

2 「遺伝」と「環境」が心の多様性を生み出す

「発達心理学」と「発達科学」

それでは早速、心の「発達」について考えてみましょう。「私たちヒトの心（こころ）は、いつ、どのように芽生え、そして発達していくのか」、この問いについて研究する学問として「発達心理学」と「発達科学」があります。発達心理学では、ヒトやヒト以外の動物の生涯にわたる心の発達過程を研究します。ヒトでは、胎児期（受精後9週）から老年期（65歳

表１－１．発達心理学における発達の区分

発達の区分	時　期
胎児期	受精後９週から出生まで
新生児期	出生から生後１ヶ月まで
乳児期	生後１ヶ月から生後12ヶ月まで
幼児期	生後12ヶ月から５歳まで
児童期	６歳から12歳まで
青年期	12歳から24歳まで，10歳から24歳とする見方もあります
成人期	25歳から64歳まで
老年期	65歳以上

以上）にかけての生涯にわたる心（知覚、認知、人格、感情など）の成長や発達の過程、あるいはこうした発達を阻害する要因を研究します。ヒトを対象とした研究の場合、発達心理学では、ヒトの発達を月齢・年齢によって大きく表１-１の区分に分けます。

本書では、ヒトを対象とした研究の場合、概ね表の区分にしたがって記載します。乳児を指して「赤ちゃん」、幼児期から青年期までを指すときには「子ども」と記載することがあります。

一方で、発達科学とは、発達心理学という学問に、医学や神経科学、情報工学という複数の分野が融合して成り立った、新しい学際的学問領域です（Bornstein & Lamb, 2011）。発達心理学が「ある特定の行動が、個体発生的にみて、いつ頃、どのような形でたちあらわれ、それが生涯を通してどのように変化していくのか」という点に焦点が当てられてきたのに対して、発達科学の目標のひとつは「ある心のはたらきの創発とその発達のメカニズムを探る」というものです。つまり、発達科学では、社会や文化といった環境の中で、個人の遺伝子がどのように関わることによって、どのような脳・神経反応が起こり、最終的な行動としてあらわれてくるのか、その具体的なしくみの中でヒトの心の発達を理解することをめざしています。

発達における「遺伝」と「環境」

みなさんは、ヒトの心は、何が原因で発達すると思いますか。先ほどのティンバーゲンの4つの問いの「①至近要因」にあたる部分ですね。「ヒトの心は「遺伝子」によって決定されていて、遺伝子がもつ情報が翻訳されると、自動的に、知能や感情、思考などの心の機能が発達していく」、と思う人がいるかもしれません。あるいはまったく反対に、「生後の経験によってのみ、心が発達する」と考える人もいるかもしれません。

発達科学という学問は、まさにこの心の発達のメカニズムを明らかにすることをめざしています。実際には、「遺伝か環境か」ではなく「遺伝と環境と」が相互に関わり合いながら、心は発達します。たとえば、胎児期の胎内環境が、胎児の細胞分裂の過程に影響を与え、その結果として脳や身体の発達に深刻な影響を与えるという例があります（詳細は第3章で説明します）。遺伝と環境は、想像以上に動的に、柔軟に関わり合っているのです。

遺伝と環境の相互作用といったとき、この「環境」ということばは、多岐にわたります。

表1-2. 遺伝と環境の間の相互作用のレベル

相互作用のレベル	環境のレベル
分　子	内的環境
細　胞	内的環境
生体―外的環境	種に典型的にみられる環境
	その個体に特定の環境

ここで、環境ということばのレベルを整理しておきます（Johnson & Morton, 1991）。

表1-2にあるとおり環境には内的環境と外的環境があります。ヒトの体内にある分子や細胞レベルでは、おもにその生物個体の内的環境を指します（分子同士の結合や、代謝といったものを含む）。一方、生体―外的環境の間、たとえば赤ちゃんが他者と関わるときには、種に典型的にみられる環境（e.g., ヒトの母親は乳児を抱いて授乳するといった典型的な行動）や、個体に特定の環境（e.g., ある親と子の関わりにおいてみられる行動のパターン）が「環境」となります。本書では外的環境（他者）と関わる経験を通して、ヒトの心が発達するプロセスを扱いますので、「親子の関わり」における「環境」や「養育環境」というと、主に一番下の生体―外的環境を指します。

遺伝子から「脳」「身体」へ

遺伝と環境が相互に関わり合いながら心が発達すると言いましたが、遺伝と環境だけで、ヒトの心はすべて明らかになるのでしょうか。「言語」を例にとって考えてみましょう。二〇〇〇年のはじめ、「言語の遺伝子」というものが話題になりました。ある家族は、三世代にわたって、遺伝的な言語障害が受け継がれていました。この家族の遺伝子を調べることによって、Forkhead Box P2（FOX-P2）という名前の遺伝子が発見されました（Lai et al., 2001）。この家族は正しい文法を使ってことばを話すことに困難を抱えていたために、FOX-P2 遺伝子は、「文法をコード化する遺伝子」であると、大変に注目を集めました。

ところが、ほかの動物の遺伝子を調べてみると、マウスやトリなど、ヒト以外の動物にもFOX-P2 遺伝子が確認されました。また、実験的な操作によって、FOX-P2 遺伝子の機能を欠いたマウスは、発声の頻度やその質に異変がみられました。さらに、先ほどの言語障害をもつ家族の症状を詳しく調べてみると、口や舌を動かして様々な音を発話する、リズム運動をタイミングよく行う、といった、系列運動の障害もみられることがわかりました。ヒトが意味のある文章を話すとき、口や舌を素早く動かして、自分の伝えようと思っていることばを発する能力が必要です。また、どの音を発すれば意味が通じるのかについては、その個体のおかれた環境で、他者が話すことばを聞き、発話するという経験を通して学習されていきます。これらをまとめると、FOX-P2 遺伝子は、どうやら、複雑な系列を含む素早い運動のしかたを学習するのに重要な遺伝子であることが示されたのです。つまり、FOX-P2は発話に関わる遺伝子ではあるようですが、その遺伝子を発見しただけでは、ヒトの言語使用のすべてを説明することは難しいのです。

もちろん、ヒト特有の心のはたらきを生み出す原因として、こうした分子・細胞レベルでの研究は私たちにたくさんの示唆を与えてくれます。しかし、問題は、心のはたらきに関わる遺伝子が、どのように相互に密接に関わり合い、まとまりをもって機能することによって、最終的に「心」としてたちあらわれてくるのか、その動的な過程を明らかにすることなのです。この問いを扱う際に、私は、「遺伝」と「環境」から「行動」にいたる間をつなぐものとして、「脳」と「身体」のはたらきを理解することが重要であると考えています。ここから、「脳」と「身体」について詳しくみていきましょう。

3　心の発達に対する「脳」と「身体」

心の発達と脳

脳は、意識や感情、認知といった「心」のはたらきと深く関わっています。脳は、様々な化学物質に浸された、とても複雑な神経回路によって構成されています。

二〇〇〇年代のはじめ頃まで、ヒトの心の発達に関する理論の大半は、脳機能の側面は明らかにされぬままに生み出されてきました。しかし、一九九〇年代から、コンピューターや脳機能計測機器の開発と機能向上といった技術革新を背景に、ヒトの脳機能についての理解が目覚ましく進んでいきました。多くの研究者は、ヒトの心の発達と脳の発達との関係を探求する必要があると述べるようになりました（de Haan et al., 2002；Nelson & Luciana, 2008）。生物学と発達科学の情報が統合されることで、これまで考えられていたよりも、ヒトの心の発達の多様性と連続性についての理解が進むことが期待されています。

たとえば、脳の構造と心の発達の関係を統合するような理論を立てることができれば、発達初期の脳損傷や、遺伝的な障害を理解する（あるいは治療する）際の役に立つと考えられます。また、脳の発達それ自体を理解することで、「学習の敏感期」や「脳の可塑性」に関する理論の発展にも貢献することができます（これらの詳細は第3章〜第4章にかけて詳しく説明します）。

心の発達の連続性と多様性

もう少し補足して説明します。脳や心のシステムは、発達初期には、選択できる発達の道筋と、その最終の状態にはある程度の「幅」があります。発達の道筋と、その結果として生じる最終状態がどのようになるかについては、月齢や環境といった様々な制約に依存します。こうした考え方は、トンプソン（Thompson, 1917）やワディントン（Waddington, 1975）によって提案された、身体構造の発達の研究に由来します。

ワディントンは、発達の経路を、風景の中の谷にボールが転がる様子として概念化しました（図1-1）。図中のボールが「ある生体」を表しています。ボールが転がり落ちる途中、

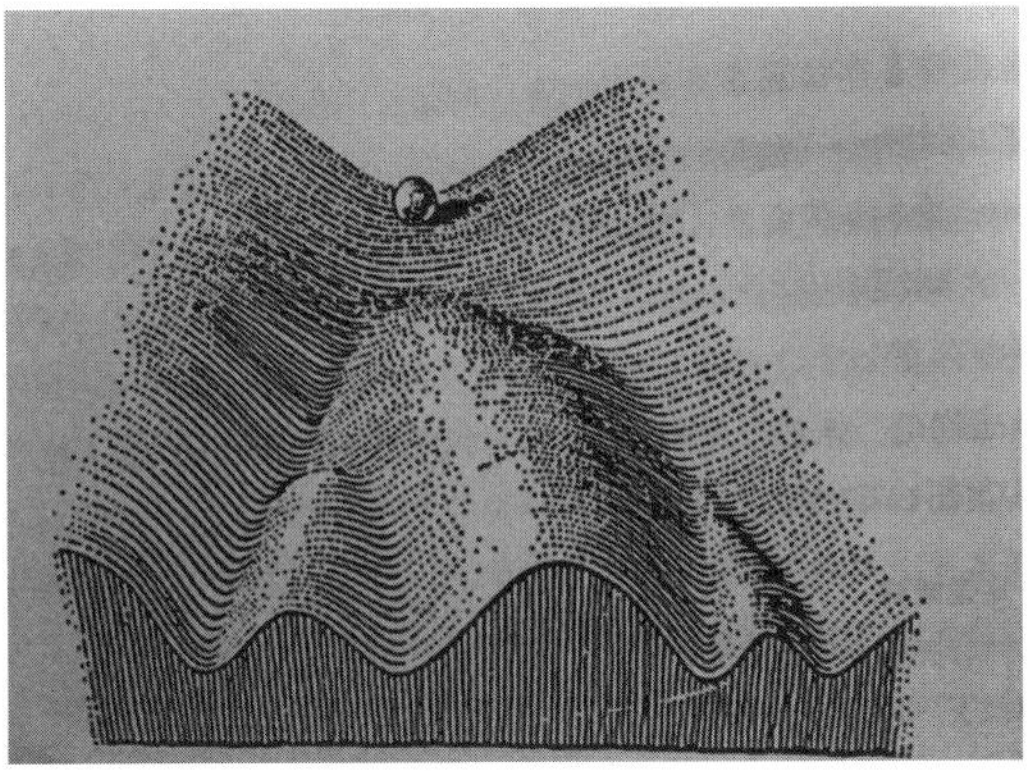

図1-1. ワディントンの発達経路の概念図

様々な「発達の分岐点」に到着します。この分岐点で、どの道筋を通るのかは、その時点での様々な制約（遺伝や環境による影響）によって決められます。分岐点の中でも、小さな谷間であれば、大きく発達の経路が変わることはありません。しかし、心の発達に大きく影響するような大きな分岐点で、何か特異的な制約がかかってしまうと、その生体はその後、まったく異なったルートをとることになります。その結果、最終状態としてあらわれてくる脳・心のあり方が、定型的な発達をとげた人とは異なるものになるという考え方です。ワディントンの考え方にもとづくと、心の発達は連続していること、そして、その発達の様相はとても多様であるということがうまく説明できます。

それでは、こうした心の連続性と多様性は、どのようなしくみで生じるのでしょうか。この問いに関しては、いくつかの説がありますが、本書では遺伝

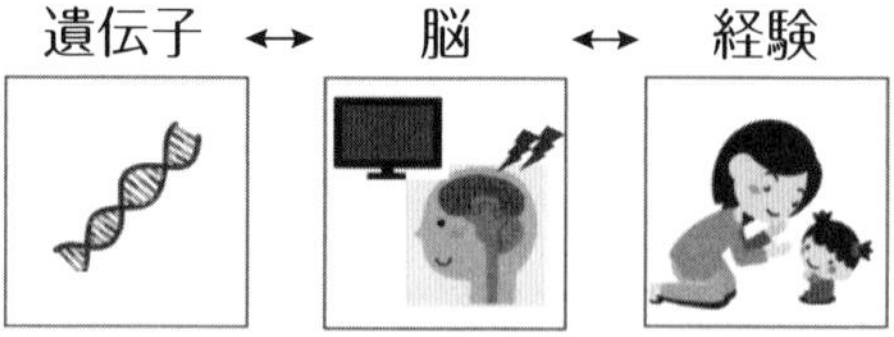

図1－2．遺伝子と脳，経験の関係
出所：Gottlieb（1992）より改変

子と脳、脳と経験の間で相互に影響を与え合うという立場に立ちます（図1－2）。

図1－1にあるように、この立場では、遺伝子と脳は相互に影響を与え合いながら発達していきます。相互に影響を与え合うときの影響の大きさ（つまり、矢印の太さ）や、どの脳部位の構造や機能が影響を受けるのかについては、その生物の発達段階や、どのような環境でどのような経験をするのかによって変化します。このように、遺伝的な要因と脳による神経学的な要因、そして経験という三つが相互に影響を与え合った結果、心の多様性が生じてくると考えられます。

本書では、これらの背景をふまえ、心の発達を「脳の発達」との観点から論じていきます。脳の発達それ自体が遺伝的な要因によって決められている部分もありますので、そうした点も含めて、第2章～第3章で詳しく説明します。

4　心と脳の関係

第2章以降、脳の構造や機能についての知見を紹介をしていきます

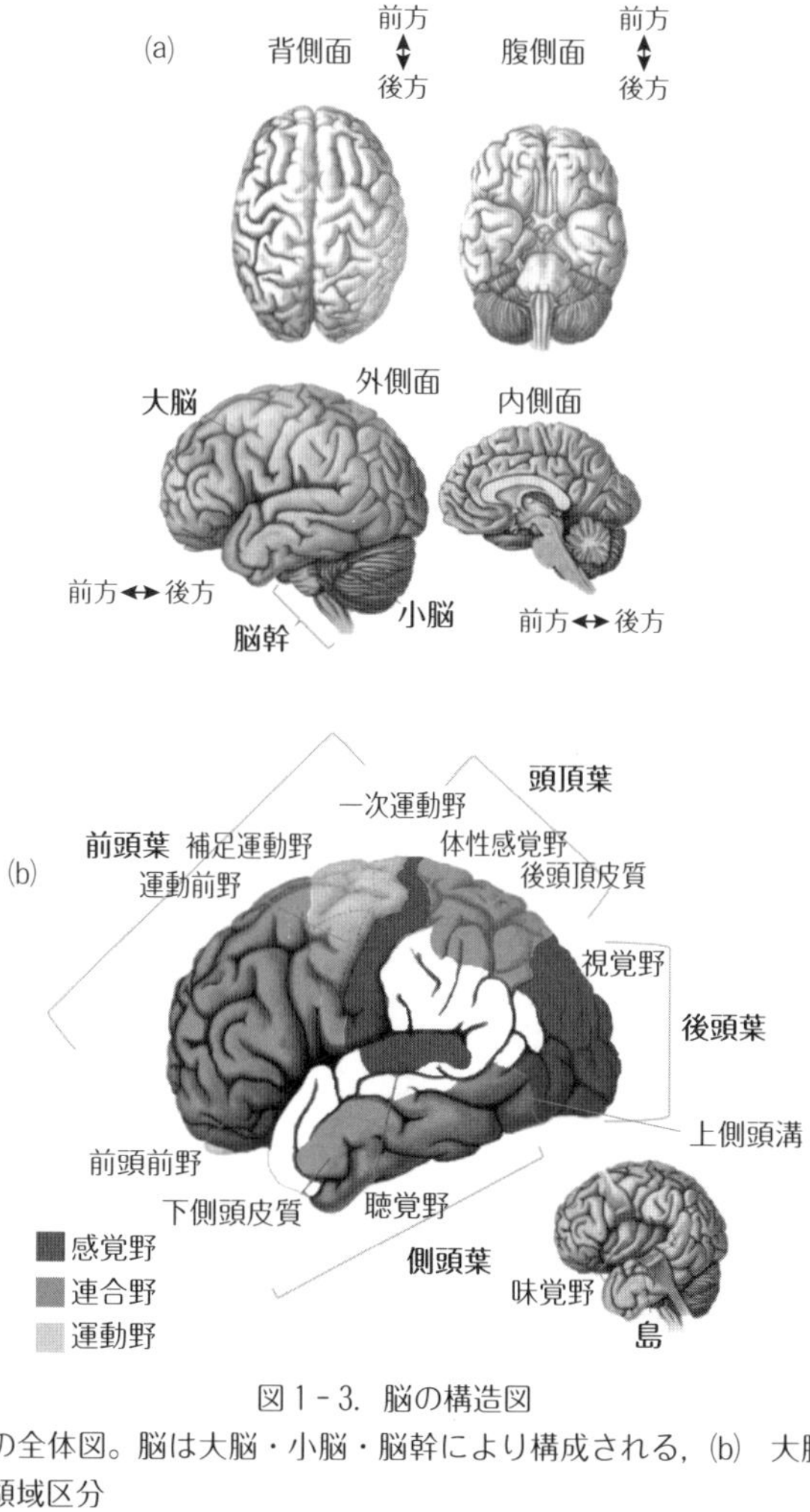

図1－3．脳の構造図

(a)　脳の全体図。脳は大脳・小脳・脳幹により構成される，(b)　大脳の解剖学的領域区分

注：感覚野（黒色）・連合野（灰色）・運動野（淡灰色）。詳細な領域の定義についてはブロードマンの脳地図などを参照

ので、その前に、ここでは成人の脳の構造とその機能について簡単に説明しておきましょう。脳の構造とその機能についてすでにご存知の方は、この節は読み飛ばしていただいても問題ありません。

ヒトの脳は、大脳、小脳、脳幹から成ります（図1-3(a)）。図1-3(a)中にみえるとおり、左右の大脳半球の皮質は左右対称ないくつかの大きな溝で区切られています。大脳は前頭葉、側頭葉、後頭葉、頭頂葉、の四つに分けられます（図1-3(b)）。

脳には機能の局在があります。大脳の中でも大脳皮質は記憶、知覚、言語、運動などあらゆる認知機能の中核を担っています。小脳は歩行や平衡感覚などの運動機能を担っています。脳幹は、生命維持に関する機能の中枢であり、大脳への感覚情報伝達のほか、体温調節、新陳代謝、消化などの自律神経の中枢として機能しています。

大脳は、その機能に応じて感覚野、連合野、運動野に細分化されます（図1-3(b)）。感覚野は、感覚器官から入力された情報を受け取ります。たとえば、体性感覚野は、触覚情報の入力に対応して活動します。体性感覚野には体の各部位に対応した体性感覚の受容区分があり、対応する全身像（ホムンクルス）を皮質の上に描くことができます。網膜から入った視覚情報は、後頭葉の視覚野に送られます。そのあと、運動の方向や回転などに選択性をもつ領域や、物体の形の認識、顔の認識に応答する領域といった具合に、分業的・分析的に高次の処理がなされていきます。耳から入った聴覚情報は、聴覚野に送られ、音高や音質に関する情報が処理されます。

感覚野で処理された情報は、連合野で統合され、より高次の信号処理がなされます。たとえば、上側頭溝（側頭葉に沿ってみられる大きな溝）は、複数の感覚情報を統合して物体を認識したり、語彙の意味を理解するときに関わります。

運動野は、運動の出力に関わります。一次運動野には、体性感覚野と対応したホムンクルスがあり、体の部位に対応した運動指令を体の筋肉に向かって送ります。また、一次運動野は、それより前方の運動前野、補足運動野と連結していて、これらの領域で運動の計画や最適化がなされています。

感覚野、連合野、運動野はそれぞれ独立して機能するわけではなく、相互に情報を伝達し合い、ネットワークとして機能します。

5　脳と身体の関係

神経のはたらき
心を調べるうえでもう一つ重要なシステムは「身体」です。脳は、身体と相互に作用し、情報を受け取り、情報を伝え合っています。たとえば、森の中を歩いていて、偶然ヘビに遭遇したとき、脳は「ヘビだ！　逃げろ」という情報を伝達しますが、手足を含む身体が素早

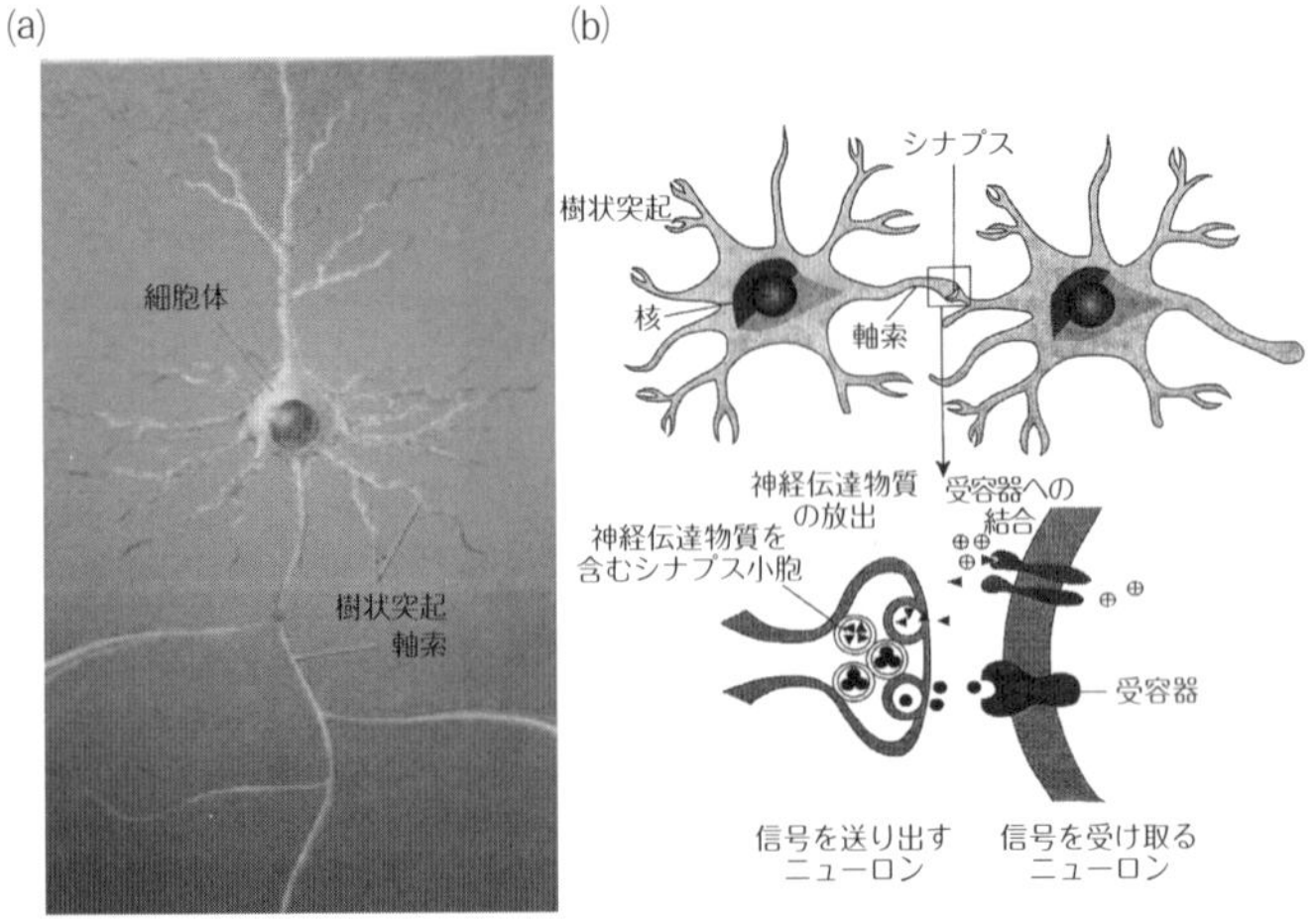

図1-4. (a)神経細胞（ニューロン）の構造,
(b)シナプスが情報を伝達する様子
出所：Bear et al.（加藤ほか訳）(2007) をもとに作成

く応答して逃げる、という行動を起こしてくれないと、私たちはヘビにかまれてしまいます。身体は、脳と情報を交換しながら、外部環境と直接に相互作用する媒体です。ここで、脳と身体との関係についてみていきましょう。

私たちの身体と脳には一〇〇〇億個以上の神経細胞（ニューロン）が存在しています。ニューロンとは、電気信号を発して情報をやり取りする特殊な細胞です。脳内にはニューロンが約一五〇億個存在しています。一つのニューロンからは、長い軸索と、複雑に分岐した短い樹状突起が伸びています（図1-4(a)）。これらの突起は、別の神経細胞とつながり合い、複雑な神経ネットワークを形成しています。

樹状突起は、ほかの神経細胞から電気信号の情報を受け取る役割を担っています。樹状突起同士をつなぐ部分はシナプスと呼ばれ、そこでは神経伝達物質によって情報が伝わります（図1-4(b)）。これは次のニューロンに電流を流す引き金になります。こうして、次のニューロンに情報が伝達されます。軸索は「髄鞘（ミエリン鞘）」と呼ばれる絶縁体の鞘で覆われています。このため脳内では軸索が密集していますが、電気信号が混ざることはありません。髄鞘と髄鞘の間には、少しのすき間があり、軸索がむき出しになっています（これをランビエ絞輪といいます）。電気信号は、くびれからくびれへと絶縁体である髄鞘を飛びながら伝わるので、素早く効率的に情報を伝えることができます。

ニューロンは、機能にもとづいて感覚系と運動系に分けることができます。感覚系ニューロンは、主に、外界から特定の刺激が入力された際、感覚器から脊髄、脳に情報が伝えられるときに発火するニューロンを指します。これに対して、運動系ニューロンは、反対に脊髄から出て外側に、骨格筋や器官に向けて伸びています。このうち、器官を制御しているのが自律神経系（autonomic nervous system：ANS）と呼ばれるものです。自律神経系は循環、呼吸、消化、発汗や体温調整、内分泌機能、生殖機能、代謝などを整えます。自律神経系は、ホメオスタシスという身体の恒常性を維持する役割を担っています。ホメオスタシスとは、外部環境に変化があっても、ある一定の範囲内に体内環境を保つ機能のことです。たとえば、気温が一〇度になっても私たちの体温は三五～三七度の範囲に落ち着いています。

交感神経と副交感神経

自律神経系は交感神経系（sympathetic nervous system：SNS）と、副交感神経系（parasympathetic nervous system：PNS）に分けられます。それぞれが活動した電気は器官や腺に送られて機能します。身体にあるほとんどの器官や腺は、交感神経系と副交感神経系の両方がはたらいていて、そのバランスによって、特定の身体反応が引き起こされます。

交感神経系のはたらきが強くなると、心拍数の増加、血圧の上昇、消化器や皮膚への血液量を減少させ、攻撃（fight）や回避（flight）、恐怖といった行動が準備されます（Bear et al., 2007）。副交感神経系が活性化すると、心拍数の減少、消化に使われる血液量の増加、瞳孔の収縮などを引き起こし、身体が緊急を要さない状況、たとえば休息や療養、楽しみといった状態に関わるとされています（Andreassi, 2007）。

自律神経系や内分泌系は私たちの感情と深く結びついています（内分泌系については第2章と第4章で説明します）。感情は、内臓の状態を知らせる自律神経反応を脳が理解することと、その反応が生じた原因を推定するという二つのはたらきによって生じます。これを感情の二要因論といいます（Schachter & Singer, 1962）。内臓の状態を脳が理解するときには、脳幹、視床、視床下部、島・前部帯状皮質など複数の脳の部位が関わります。心は、脳だけではなく、身体と脳の相互作用によって生じるのです。

6　心を知る方法

実証的研究とは

ここまで、脳と身体と心の関係について述べてきました。それでは、具体的にどのような方法でヒトの心の発達について調べることができるのでしょうか。ここでは、「心の発達」を研究するための具体的な方法について説明しておきたいと思います。これまで、発達心理学や発達科学では実証的な方法によって、ヒトの心の発達の研究を行ってきました。

実証的な研究とは、対象を直接観察・実験することによって得られた「データ」を定量的に分析することによってなされる研究のことを指します。ここでいう「データ」には、行動指標と生理指標が含まれます。行動指標とは、質問紙や面接で得た言語的な報告、赤ちゃんの特定の行動の反応時間、視線反応などを指します。一方、生理指標とは、心臓の動きや発汗などの生理学的変動、脳電位・脳血流動態の変化などを指します。こうした指標を集めることで、心についてのある側面を客観的な数値として見ることができます。

行動指標

行動指標の具体例を紹介します。成人を対象とした研究では、質問紙やインタビュー等によって、自分自身の思いや考え（内観）を報告してもらう方法があります。このほか、研究の対象者に写真や映像（視覚刺激）や音（聴覚刺激）などを提示し、その時の行動反応（課題に対する反応時間や正答率など）を調べる方法もあります。

特に発達初期、赤ちゃんや子どもの心を調べる際には、成人を対象とした研究とは異なる方法が使われることがあります。赤ちゃんや子どもに対して、言語を使った調査（質問紙やインタビュー）を行うことは難しい場合が多いためです。その方法のひとつが「視線反応」です。「選好注視法」と呼ばれる方法では、赤ちゃんがある種類の刺激を選択的に好む性質を利用し、左右に同時に提示した2つの刺激のうち、どちらを選択的に見るかを調べます。「馴化―脱馴化法」と呼ばれる方法では、赤ちゃんは一定時間連続して提示された刺激に飽きる性質を利用します。特定の刺激を繰り返し見せて慣れさせたあとで、別の新規な刺激を見せたときに注視時間が増えるかどうかを調べることで、赤ちゃんがこれらの刺激を区別したかどうかがわかります。近年では、遠赤外線カメラによって、ヒトの赤ちゃんの視線の位置（画面上のどこをどのくらいの持続時間見ていたか）を自動的に記録することのできる視線計測装置が開発されました（図1-5(a)）。こうした装置を使うことで、ターゲットとなる刺激の「どこ」を「いつ」「何回」見たか、といったより細かい情報を取得することができるようになりました。たとえば、大人が発話する様子の動画を提示したときの赤ちゃんの視線反応を調べると、生後6ヶ月時点で、口に対して選好する赤ちゃんは、12ヶ月時点での理解語彙数が多くなるという研究があります（Imafuku & Myowa, 2016）。

神経・生理指標

赤ちゃんや子どもの生理反応から、身体ストレス状態を測るこころみもされてきました。たとえば、赤ちゃんの心臓活動の変化に伴う電気活動を調べる心電図（Electrocardiogram：ECG）、顔や体の動きに伴う筋肉の電気変化を調べる筋電図（Electromyography：EMG）では、身体にはりめぐらされている自律神経系の活動性を評価することができます。赤ちゃんや幼児期の子どもにストレス状態を聞いても、「今、ストレスが溜まっているよ」とはなかなか答えてもらえません。実際、自分が子育てをしているときに、まだ意味のあることばを話しはじめる前のわが子が不機嫌な様子を見て、「自分の子どものストレス状態がわかればいいな」と思ったこともあります。こうした生理指標は、赤ちゃんや幼児期の身体ストレス状態を評価する際に有効な指標であると思われます。実際、心電図を利用して、新生児期の自律神経系の機能発達が調べられています（Shinya et al. 2016）。

赤ちゃんや子ども、大人を対象に、様々な神経生理計測も可能になっています。近赤外線分光法（Near-Infrared Spectroscopy：NIRS）や機能的磁気共鳴画像法（functional magnetic resonance imaging：fMRI）といった方法では、脳血流の変化を測定することで、脳のどこが活動したかを間接的に知ることができます。脳波（Electroencephalograph：EEG）や脳磁図

（Magnetoencephalography：MEG）といった方法では、脳内のニューロンの電気信号の変化を測定することで脳がいつどのようなパターンで刺激を処理したかを知ることができます（図1-5(b)）。この図にある脳波計測という手法については、後ほど詳しく説明しますが、赤ちゃんの身体を拘束する必要がなく、特定の刺激を知覚している最中の赤ちゃんの脳活動パターンを評価することができます。赤ちゃんの脳波計測の歴史は長く、赤ちゃんの脳活動のパターンから、赤ちゃんの脳が特定の刺激を「どのように」処理しているのかを知ることができます。

　次章以降、これらの方法によって得られた研究の知見を紹介しながら、ヒトの心の発達について考えていきたいと思います。

(a)　(b)

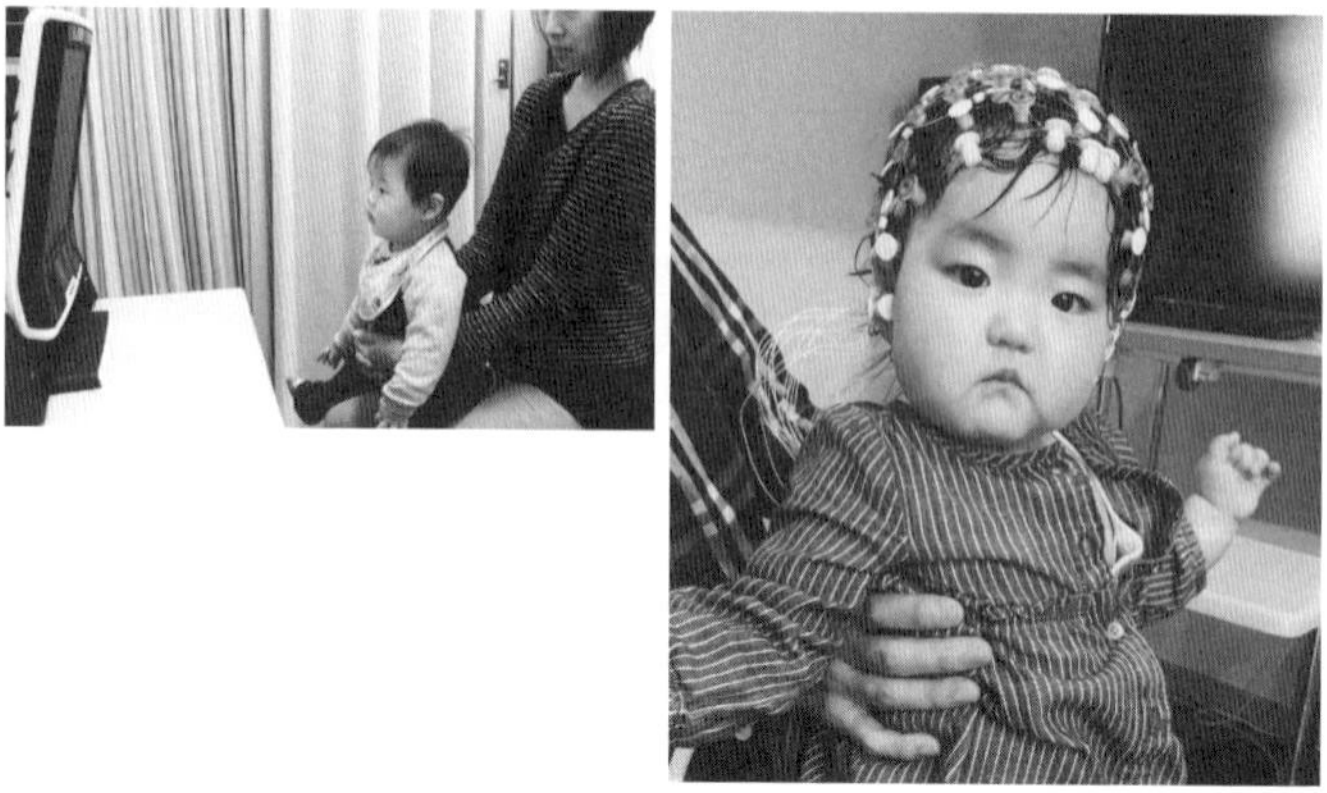

図1-5. 赤ちゃんの心を知るための方法の具体例
(a) 視線計測装置による赤ちゃんの視線の評価，(b) 脳波計測の様子

第1章のまとめ

① ヒトの複雑な行動を説明するためには、「至近要因」「究極要因」「発達要因」「系統進化要因」の四つすべてに答える必要がある。
② ヒトや動物の心の発達を研究する学問として発達心理学、発達科学がある。これらの学問は、観察可能なデータをもとに、ヒトの心の生涯にわたる発達のプロセスを明らかにする、心のはたらきのメカニズムを明らかにする、といったことを目指している。
③ ヒトの心の発達には連続性・多様性がある。この連続性や多様性は、「遺伝子・脳・経験」という三つの要素が相互に影響を与え合うことによって生じると考えられている。

第2章　親としての心と脳の発達

1　ヒトらしい子育て

哺乳類の子育て

みなさんは「子育て」と聞くとどのような光景を目に浮かべますか。お母さんが赤ちゃんを抱っこして授乳をしている様子でしょうか。私の場合だと、自分の子どもにご飯をあげたり、寝かしつけたりしている、日常の子どもとの関わりを思い浮かべます。

子育てという営みは、ヒト以外の動物も行います。具体的な養育行動は種によって多様ではありますが、ヒトを含めた哺乳類では、ほとんどの種がなんらかの子育て行動をします。第1章で述べたティンバーゲンの問いを思い出してみましょう。ヒトの子育てを担う親の心を理解するために、ほかの動物と比較したときの、ヒトらしい子育てとは一体どのようなものか、その進化について考えてみたいと思います。

「子育て行動」ないし「養育行動」とは、子どもの生存可能性を高める行為のことを指します。養育行動には、直接的に子どもの成長や発達を促す行為である「直接的養育行動（direct caregiving）」と、子どもの成長や発達を促すための環境を整えたり、物質的な支援を行う「間接的養育行動（indirect caregiving）」があります。直接的養育行動には、授乳、抱き、運搬（抱いて運ぶ）、毛づくろい（衛生状態を整える行為）、などが含まれます。間接的養育行動には、子どもを外敵から守る、子どものために戦ったり働いたりすることで資源（餌や資金）を得る、といったことが含まれます。

哺乳類のうち、九割以上の種が、母親が直接的養育行動を行い、母親以外の大人が直接養育行動を行うことはありません。たとえば、ヒト以外の大型類人猿のほとんどは、母親が自分の子につきっきりで世話をします。一方、父親が自ら直接子どもと関わるということはほとんどありません。遺伝的な類似性という観点からみて、ヒトに最も近縁であるとされるチンパンジーの父親は、間接的な養育者として、群全体を守る役割を担っています。

これに対して、マウスやラットなどの齧歯目《げっし》の一部や、一部の霊長類（マーモセットやタマリンなど）では、母親以外の成体が積極的に子育てに関わります。母親以外の（父親、祖父母、きょうだい、近隣の大人を含む）複数の大人が養育に関わることを「共同養育」といいます。「アロマザリング（allomothering）」や「アロペアレンティング（alloparenting）」といわれることもあります。

たとえば、カリフォルニアマウスやスナネズミ、デグといったマウスは、父親と母親が協力して子育てをします。赤ちゃんマウスが泣くと、母親マウスだけでなく、父親マウスも赤ちゃんマウスを抱いて巣まで運びます。また、赤ちゃんマウスの衛生状態を整えるために、赤ちゃんの身体を舐める、毛づくろいをする、といったこともします（Kleiman & Malcolm, 1981）。父親と母親が協力して子育てに関わることで、子どもの発育や成長を促したり、子

図２－１．マーモセットの父親が赤ちゃんをおんぶする様子
（近くに母親が座っている）
Photo credit：Judith Peterson
出所：Myowa & Butle（2017）

どもの生存可能性を高めることができると考えられています。

マーモセットという霊長類の一種は、父親だけでなく、複数の成体が子育てに関わるという珍しい種です。コモンマーモセットは、南米の熱帯雨林にすむ新世界ザルです。体重は二五〇〜五〇〇ｇほどで、果実や昆虫、樹脂や樹液を食べて生活をします。コモンマーモセットは非常に多産で、妊娠期間は約一五〇日、出産は年二回です。体重三〇ｇ前後の子が、多くの場合双子で生まれてきます。母親は出産後一週間ほどすると再び排卵し、次の子どもを妊娠します。

短い期間で赤ちゃんを産み育てなければならないので、母親は、おなかで次の子どもを育てながら、授乳しなければなりません。そんな母親の負担を軽減するために、マーモセットの群れでは、母親だけでなく父親やきょうだいも子どもを背負って運び、子育てに参加します。マーモセットは、いわゆる「イクメン」のサルなのです（図2-1）。共同養育の背景には、こうした母体にかかる負担の大きさというものも関係するようです。

ヒトの子育て

それでは、ヒトの子育てについてはどうでしょうか。ヒトは共同養育の形をとって進化してきました。共同養育者の担い手は、父親、祖父母、きょうだい、それ以外の親戚や血縁関係のない人（近隣に住む大人や保育士、ベビーシッター）が含まれます。表2-1は、一九七〇年代から二〇〇九年までの、アジア、アフリカ、南アフリカを含む、世界の様々な民族において母親、父親、祖父母やきょうだい、そのほかの大人がどの程度の割合で子どもの世話に従事するか（子どもが世話を受けるときに、その養育者が誰であるかという割合）について調べた結果です。研究が行われた時代やその文化によって、共同養育の分布は多少異なっていますが、ヒトでは、血縁関係のない大人も育児に関わるという点が特徴的です。いくつかの文化圏では、子どもの世話のうち三〇％近くをきょうだいやそのほかの大人が担うなど、共同養育という形はまだ残されているようです。

ヒトの共同養育の進化の背景には、ヒトの出産期間と出産間隔が関係すると考えられます（Kramer, 2010）。ヒト以外の霊長類であるニホンザルやチンパンジーのメスは、死ぬまで子どもを産み続けます。ニホンザルは五歳頃から二五歳頃まで、チンパンジーは一三歳頃から

表2-1. ヒト社会における共同養育者の担い手

	母親	父親	きょうだい	祖母	その他の親族／血縁関係のない人
イェクワナ族 (Ye'kwana) (Hames, 1988)	49%	2.7%	女：16.7% 男：1.9%	11.2%	20.6%
アカ族（Aka) (Hewlett, 1988)	42.7%	15.8%	—	—	13.2%
エフェ族（Efe) (P. Ivey, unpublished data)	50%	6%	女：13% 男：14%	9%	9%
アエタ族（Agta) (Goodman et al., 1985)	51.7%	4.4%	女：10.1% 男：1.1%	7.6%	—
マヤ族（Maya) (Kramer, 2005)	46.1%	1.6%	女：31.6% 男：4.6%	1.2%	11.2%／2.8%
アルヤワラ族 (Alyawara) (Denham, 1974)	53%	1%未満	31%	—	16%
トリニダット族 (Trinidad) (Flinn, 1992)	44.2%	10.3%	16.3%	—	29.3%
マルドゥ族 (Mardu) (Scelza, 2009)	32.2%	1.7%	5.0%	14.3%	29.8%
トバ族（Toba) (Valeggia, 2009)	50%	—	女：33% 男：4%	13%	—

出所：Kramer（2010）を改変

四〇歳頃まで、ヒトの女性の場合だと、文化や生活環境、個人差がありますが、一五歳頃から四〇～五〇歳頃までが出産期間になります。

出産間隔をみると、ニホンザルやチンパンジーは、基本的に上の子どもが自立してから次の子どもを産みます。たとえば、子どもが離乳するまでにチンパンジーは四年ほどかかりますから、出産間隔は四年～七年と比較的長くなります。そのため、チンパンジーのメスが生涯を通して産める子どもの数は、およそ4であると推定されています（Kaplan et al., 2000）。

これに対して、ヒトの場合、個人差や文化差はありますが、生後一～二年半ほどで離乳をする場合が多いようです。授乳を止めると性周期の回復が早まりますので、次の子を産むための体の準備がはじまります。その結果、ヒトでは早い場合だと産後一～二年で、次の子どもを産むことができます。そのため、ヒトの女性が生涯に産める子どもの数は、平均して六・一と推定されています（Bentley et al., 1993）。

複数の子どもを短期間で出産して育てることは、できるだけ多くの子孫を残すというメリットがあります。しかし、育児を担う母親の負担は増す一方です。そこで、ヒトでは、母親一人が育児を担うのではなく、母親以外の複数の大人が、共同で出産や子育てに関わるスタイルが適応的であったとみられます。

おばあさん仮説

これと関連して、ヒトでは「おばあさん仮説」という仮説があります。ヒト以外の霊長類の多くは、死を迎える直前まで閉経せず子どもを産み続けます。これに対して、ヒトは閉経後も長く生き続けます。「おばあさん」と呼ばれる存在は、ヒトだけのようです。いわゆる祖父母にあたる個体がいつから存在したのかを知るために、カスパーリとイは、人類の化石を、アウストラロピテクスの時代から旧石器時代のヒトまで、4つの時代に分けました。そして、それぞれについて年配と若年の化石数の比（年配÷若年）を計算しました。若年と年配は、第三臼歯（いわゆる親知らず）が生えているかどうかと、歯の摩耗の程度によって区別しました。その結果、約四〇〇万年前（アウストラロピテクス）から二〇〇万年前（ネアンデルタール人）には、若年に対する年配の割合は〇・四を下回っていたのに対して、約三万年前の旧石器時代のヒトでは、年配者の割合が二・〇以上に増加したことがわかりました。ここから、約三万年前には、おばあさん（おじいさん）が進化していたと解釈されています（Caspari & Lee, 2004）。

ヒトの共同養育がもたらすもの

共同養育という養育の形は、ヒトの子育てにとってどのような利点があるのでしょうか。まず、母親以外の複数の大人が育児に関わることで、母親の育児の身体的・心理的負担が軽減されます。その結果、母親は出産後の体を回復させ、次の子を産む準備に入ることができます。さらに、祖母の多くは、自分自身がすでに子育ての経験を積んでいます。祖母は、第一子を生んだばかりの母親に対して、育児に関する知識や技能を伝達することができます。共同養育者の存在が、繁殖の成功度を高め、若い親の発達を支援するのです。

共同養育は、子どもの心の発達にも良い効果があるといわれています。一人の親に育てられるよりも、複数の大人が育児に関わる方が、子どもにとって学びの対象となる大人が増え、学習の機会が増えるため子どもの認知発達が促されると考えられます（Black et al., 2001）。

そして、共同養育を受けた子どもが成長し、大人になると、若手の労働力として重宝されます。また、次の世代の子どもが産まれたときには、成長した子どもたちが今度は共同養育者として、育児を手伝う役割を担います。こうして、共同養育者が負ったコスト（労力）は、世代を超えて社会に還元されるというしくみになっていました。

2　共同養育の崩壊

共同養育の崩壊と孤立育児

このように共同養育は、ヒトの子育てを支える基盤でした。しかし、現代の日本では、この養育形態は崩れつつあります。現在、日本の家族形態の約六割は核家族（父親、母親、子ども）で構成されています。また、親戚や隣人との関係性の希薄化も進み、共同養育者として、子育てに関わる大人の数が減ってしまっています。

共同養育が崩れてしまうことによって、どのような変化が起きたのでしょうか。まず、親の周囲に、育児の手伝いをしてくれる大人がいなくなってしまうと、その結果、父親と母親の二人だけで、協力して育児をしなければなりません。

ところが、実際に子どものいる世帯の家事や育児の現状について見てみると、日本では特に、母親である女性の側に、育児や家事が集中しているようです。総務省統計局の「社会生活基本調査」（二〇一六年）は、子どもがいる夫婦の家事・育児の負担割合を調べました。その結果、妻が一〇割・夫が〇割と、妻が九割・夫が一割と回答した数の割合を合わせて算出すると、全体の半数近く（四〇～五五％）にのぼることがわかりました。

母親一人が育児と家事を担うと、どのようなことが起こるのでしょうか。一人の大人が育児を担うことを「孤立育児」といいます。孤立育児は、子育て中の母親に対する身体的な負担（e.g., 睡眠不足）や、他者から支援を受けられないという心理的負担を強めます。パートナー（夫）を含む社会的支援を受けられないと感じている母親は、育児に対するネガティブな感情（e.g., 育児ストレス）が高いことがわかっています（藤田・金岡、二〇〇二）。

ヒトが「共同養育」という形をとって進化してきたという事実をふまえると、親一人に過度に負担を強いるという現在の子育ての形は、とても異質であることがわかります。

親の心を理解する

それでは、孤立育児をなくし、親の身体的・心理的負担を軽減するためには、どうすればよいのでしょうか。そのための一つは、親の側の心の健全な発達を支援する環境を整えることだと思います。しかし、そもそも、親の側の心の健全な発達とはどのようにして促されるものなのでしょうか。

日本には、母性神話という社会通念が根強く残っています。母性神話とは、「母性」（女性が本来的にもつとされる子育てに関わる心の特性）というのは女性に備わっており、「母親が子育てをすることが望ましい」という考え方です。日本では戦後以降、高度経済成長に伴い、若い男性労働者の需要が高まりました。一方、女性は育児の担い手としての役割が強調され、「母親が子育てをすることが望ましい」という性役割意識が強調されました。特に核家族では、多くの場合、母親が一人で赤ちゃんの育児を担う、という状況が続いてきました。

しかし、先ほど述べたとおり、ヒトは「共同養育」という形態で子育てを行うように進化してきました。つまり、「母親が一人で育児に専念する」という形態は、母親にはむしろ過度な負担になります。

これまでの様々な研究が、「すべての女性は本来的に母性という性質を備えている」のではなく「親としての心や脳は、経験を通して動的に発達する」ということを支持しています。つまり、母性神話は科学的にみると正しくないようです。

親性とは

それでは、私たちはどのようにして親としての心をもつようになるのでしょうか。本書では、男性・女性がともにもちうる親としての心の特性を「親性《おやせい》」と呼びます。これまで、親や子どもの行動観察、親に対するインタビューや質問紙調査などによって親の行動特徴がつぶさに説明されてきました。しかし、親の振る舞いの個人差を説明し、それぞれの親が抱える問題を解決するためには、その振る舞いを生み出すまでの動的なプロセスをとらえる必要があります。つまり、親が子どものどのような情報を受け取ってそれをどのように脳内で処理し実際の行動を選択し実行するのか、もし、親がなんらかの問題を抱えている場合、どの段階でどのような問題が生じているのか、といったことを知る必要があるということです。

こうしたプロセスを知るために、本書では脳というシステムを調べることで、養育行動の背景にある様々な心のはたらきについて詳しくみていきたいと思います。ここでは、養育行動に関わる脳のはたらきを「親性脳」と呼ぶこととします。さらに、親性脳のはたらきが、経験や個人差によってどのように調整されるのかについても考えてみたいと思います。

3　親としての脳のはたらき

哺乳類の親性脳について理解する

第1節で述べたとおり，ヒト以外の哺乳類も養育行動を行います。親性脳を理解するために，マウスやラットなどの齧歯目《げっし》の動物が研究の対象とされてきました。齧歯目を対象とした研究の場合，脳内の特定の領域の神経細胞に電極を刺して脳の活動を調べたり，薬品を使用して，脳内の特定の神経細胞の活動を阻害したときの行動の変化を調べるといった侵襲的方法が用いられます。このような方法によって，脳の中のどの神経細胞がある行為を引き起こすのかを明らかにすることができます。

これまでの研究で，基本的な養育行動を動機づけ，記憶させるしくみは，脳の視床下部の内側視索前野（ＭＰＯＡ）という部位にあることがわかっています（図２-２）（Shahrokh et al., 2010；Numan & Stolzenberg, 2009）。この部位は，体温調整，摂食，性行動など生命維持のために必要な基本的機能を調整する脳部位です。ＭＰＯＡは，報酬に関わる他の領域（側坐核，腹側被蓋野）にはたらきかけ，乳児との関わりから報酬を感じるように脳の活動を調整します。

さらに，この内側視索前野の活動は養育経験によって調整され，養育経験が豊富なマウス

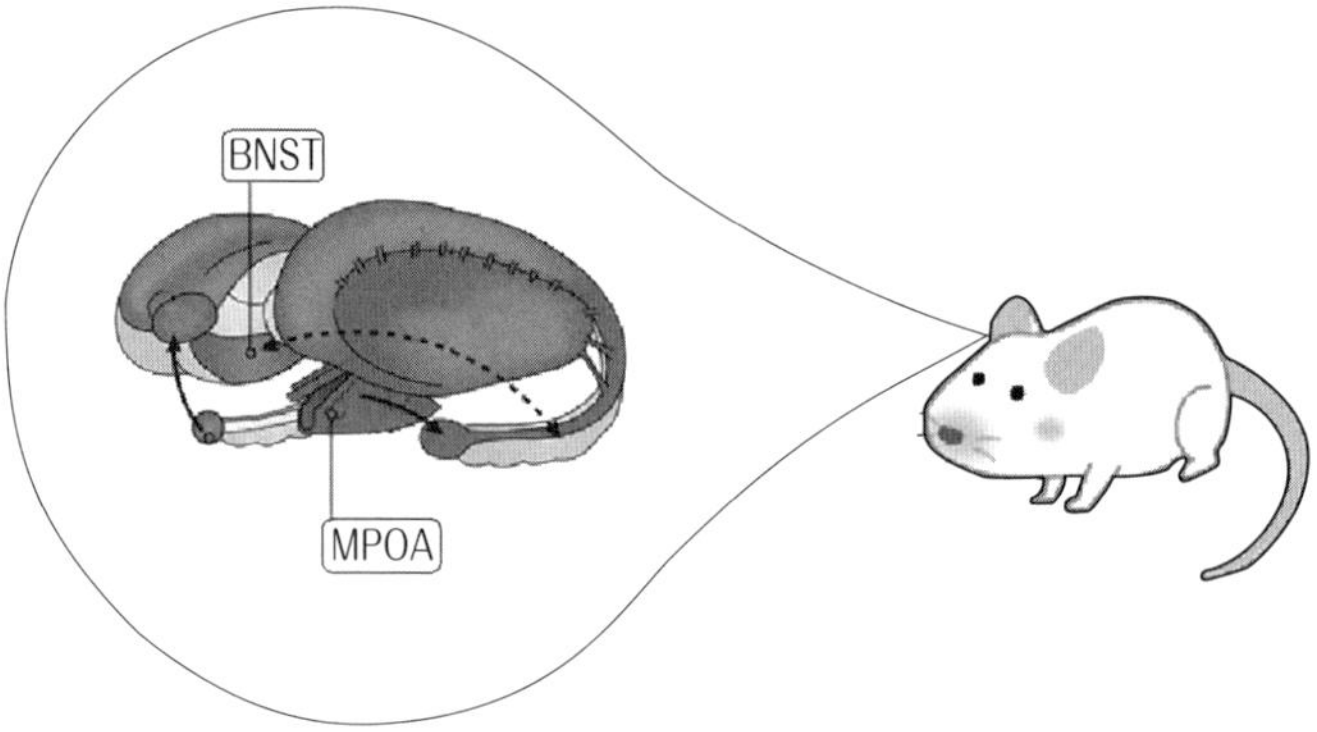

図２-２．マウスの養育行動に関わる脳の領域
（MPOA：内側視索前野，BNST：分界条床核）
出所：Feldman et al.（2019）より改変

ほど活性化します（Tsuneoka et al., 2013）。マウスの親性脳は、経験によって活性化されるようです。養育経験が内側視索前野の活動を調整し、その結果、さらに熟達した養育行動を行うことができるようになる、という循環ができあがります。

オスマウスの親性脳

それでは、オスのマウスの場合についてはどうでしょうか。子育てをしたことのない大人のオスマウスが、仔マウスと同じケージに入ると、オスマウスが積極的に仔マウスの世話をすることは稀です。むしろ、なかには仔マウスを攻撃するオスがいます（メスのマウスは、攻撃をすることはほとんどありません）。オスが自分の子ども以外の子どもに攻撃をするケースは、マウス以外の哺乳類でもみられます。これは、生き残りが厳しくなるような環境（e.g., 天災や脅威）に置かれたとき、仔を殺すことで相対的に残された個体が生き残る確率を高める戦略であると考えられています。

しかし、すべてのオスが仔マウスを攻撃するわけではありません。そこで、仔を攻撃するオスと、攻撃しないオスの違いに関わる要因を調べるために、仔殺しに関わる脳部位が実験的な操作によって調べられました（Tachikawa et al., 2013）。その結果、内側視索前野のすぐ横にある分界条床核（ＢＮＳＴ）という脳の領域が、仔マウスのフェロモンを感知し、子どもへの攻撃行動を誘発することを発見しました（図2-2）。

また、オスマウスの養育行動にはメスと同様に内側視索前野が関わっていました。ここから、オスとメスの行動には一見大きな違いがみられますが、実は、オスもメスも養育行動に関わる神経基盤は共通していることがわかります。さらに、メスマウスとの性交や同居経験が、オスマウスの内側視索前野の賦活を促すこと、そして、内側視索前野の活性化が分界条床核の活動を抑制した結果、オスマウスは仔殺しをしなくなることがわかっています（Tsuneoka et al., 2015）。オスの養育行動を促進するためには、メスとの関わりが重要な鍵になっているのです。

ヒトの親性脳を知るための方法

それでは、ヒトの親性脳についてはどうでしょうか。マウスもヒトも家族単位での生活をする哺乳類であるという点では共通しています。しかし、ヒトの子育てとマウスの子育てには違いも存在します。マウスの養育行動と比べ、ヒトの養育行動はより多様です。たとえば、ヒトの養育行動には子どもの身体を安全で心地よい状態にしておくためのものだけでなく、社会的行動の学習を促進するような教育的営み（社会的行動の学習、文化的情報の伝達）が非常に多様に、かつ発達の長期にわたって存在します。そのうちのひとつが言語学習です。大人が乳児に対して話しかけるとき、自然と高いピッチ（音高）で、ゆっくりとした話し方をすることが知られています。これを対乳児音声といいます（Fernald & Mazzie, 1991）。こうした特徴は、子どもの注意を促す（Cooper & Aslin, 1990 ; Werker & McLeod, 1989）、親子間の情動的な相互作用を促す（Taumoepeau & Ruffman, 2008）、子どもの言語発達を促す（Kuhl & Rivera-Gaxiola, 2008 ; Ramírez-Esparza et al., 2014）などの役割をもちます。本節では、こうした複雑なプロセスを含めた、ヒトの親性脳の特徴についてみてみましょう。

ヒトの養育行動の神経基盤を明らかにするために、fMRIを使った研究がこの十数年の間で数多く報告されてきました。fMRIは、非侵襲的な方法で、脳のどの部分が活性したのか（脳のどの部位の血流が変化したのか）を間接的に知ることができます。養育行動の神経基盤を調べるための一般的な方法は、対象者（e.g., 母親・父親、養育経験のない成人男女）が養育に関連する刺激を知覚しているときの脳の活動を記録することです。養育に関連する刺激とは、乳児の泣き声や乳児の顔などです。特定の養育行動や養育者の性格、あるいは母子間のアタッチメント（愛着）との関連を調べるために、質問紙調査や面談による聞き取り、あるいは行動観察を併せて行うこともあります。ｆＭＲＩを使った研究の結果、ヒトの養育行動には、報酬を処理する皮質下だけでなく、複数の皮質領域がネットワークとして関わることが示されています（Swain, 2011）。

ヒトの親性脳ネットワーク

もう少し具体的にみてみましょう。ヒトの養育行動に関わる神経学的なネットワークの特徴として、次の三つのネットワークが提案されています（Abraham et al., 2016：Feldman et al., 2019）（図２-３）。一つ目は、辺縁系ネットワーク（Core-limbic network）です。このネットワークには、先ほど述べたマウスの養育行動の神経基盤として示された視床下部が含まれます。このネットワークは、無意識レベルで養育行動を動機づけ、養育行動を報酬として記憶させるというはたらきをもっています。たとえば、ヒトは自分の子どもの笑い顔を見るだけで、赤ちゃんの感情を区別し（扁桃体）、報酬を求めるときに活動する脳部位（線条体、腹側被蓋野、側坐核）が活性化します（Strathearn et al., 2008）。

二つ目は、身体化シミュレーションネットワーク（Embodied-simulation network）です。身体化シミュレーションとは、他者の身体状態（姿勢や行為、表情、発話を含む）をあたかも自分の身体に起こっているかのようにイメージするときにはたらきます（前部帯状回や島前

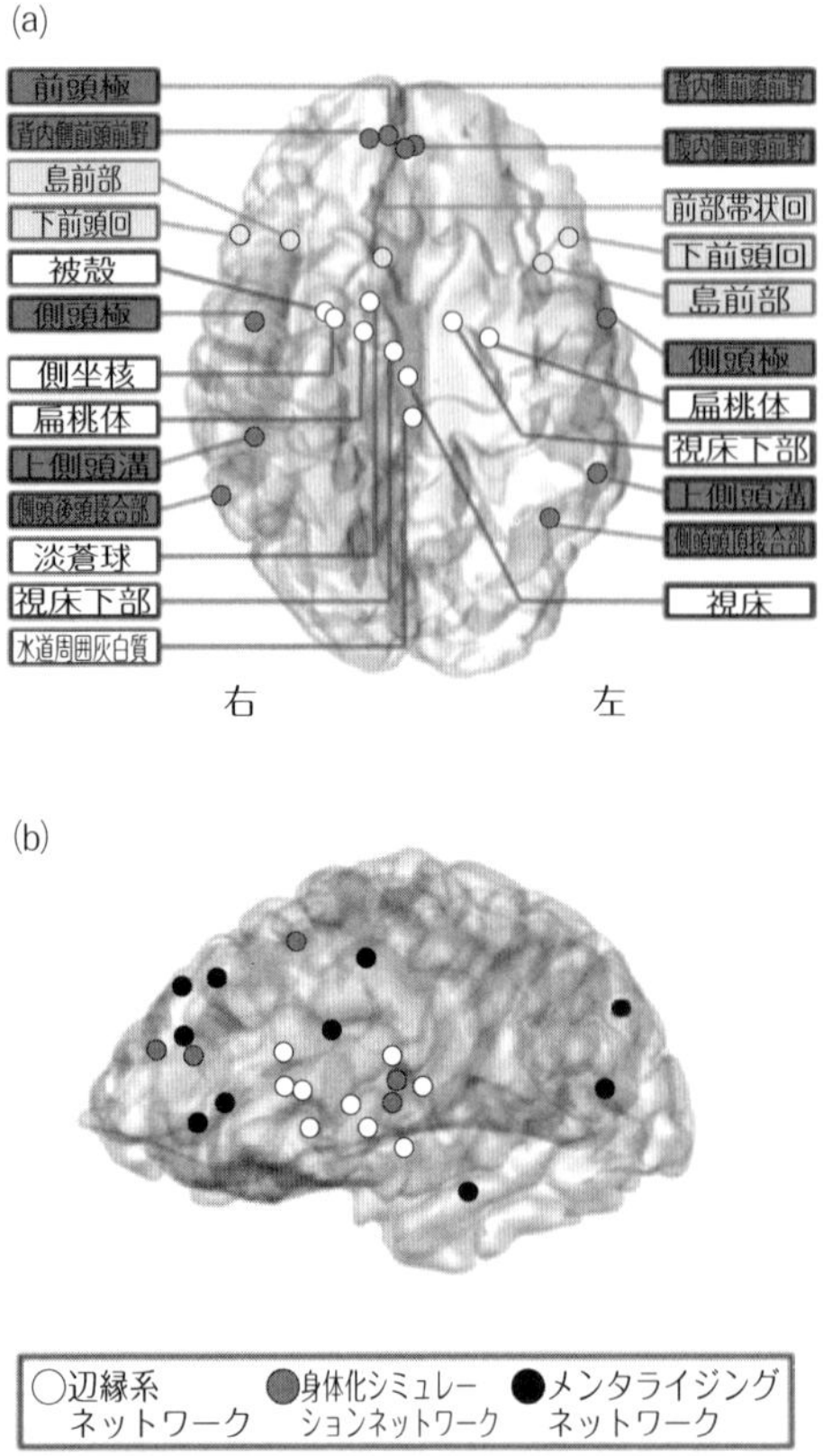

図 2-3. ヒトの親性脳ネットワーク

(a) 各ネットワークに含まれる脳部位の名称，(b) 各ネットワークに含まれる領域のプロット

注：(a)白色の囲み：辺縁系ネットワーク，灰色の囲み：身体化シミュレーションネットワーク，黒色の囲み：メンタライジングネットワーク。(b)白丸：辺縁系ネットワーク，灰丸：身体化シミュレーションネットワーク，黒丸：メンタライジングネットワーク

出所：Abraham et al. (2016) を改変

部、下前頭回が含まれます）。身体化シミュレーションネットワークは、自分の赤ちゃんに対する気持ちへの共感や（Fan et al., 2011）、赤ちゃんの行動を頭の中でイメージするというはたらきをもっています。たとえば、一歳児を養育中の親は、他人の子の泣き声を聞いたときに比べ、自分の子の泣き声を聞いたときに、このネットワークに含まれる領域（前部帯状回や島前部）が活性化します（Li et al., 2018 ; Seifritz et al., 2003）。

三つ目は、メンタライジングネットワークです。メンタライジングとは、他者に心があると感じたり、他者の心的状態を推論したりすることです（Frith & Frith, 2006）。親は、赤ちゃんの声や表情やそれ以外の情報をもとに、赤ちゃんの感情や意図を推論して、具体的な養育行動を計画します。たとえば、親は、赤ちゃんの泣き方や泣いている時間、状況などから、「そろそろおっぱいが欲しくて泣いているのかな?」と推論します。この時には、メンタライジングネットワーク（腹内側前頭前野、側頭頭頂接合部、上側頭溝、側頭極など）が活性化します（Gonzalez et al., 2012）。

このように、ヒトの養育行動には、様々な脳のネットワークが協調してはたらきます。親性脳ネットワークには、本能的に養育行動を動機づけ、報酬を感じるようなネットワークも含まれます。しかし、それ以外にも、赤ちゃんの気持ちや感情に共感したり、赤ちゃんの気持ちや感情を推論したりするプロセスを経て、具体的な養育行動をとることがわかります。

4　経験が親の脳の発達を促す

親性脳のはたらきは変化するのか

親性脳についてのこれまでの研究の多くは、養育経験のある対象者と、養育経験のない対象者の比較によって調べられてきました。たとえば、一〜二歳児を養育中の父親・母親と、養育経験のない男女を対象に、赤ちゃんの泣き声を聞かせ、その時の脳活動を両者で比較すると、養育経験のある参加者の方が、共感や感情認識に関わる脳領域が強く活動します(Seifritz et al., 2003)。

しかし、実際に子育て中の方や、子育てに関わる仕事をされている方の中には、「すべての親に親性脳がきちんとはたらいているのか」あるいは「いつから親性脳ははたらきはじめるのか」という疑問をもたれた方もいるかもしれません。

私がまだ子育てを経験する前、私の姉に子どもが生まれました。私と姉は比較的近郊に暮らしていたため、私は、姉の家に定期的に遊びに行きました。私は、姉と会うたびに、姉が「親」として成長していることを感じていました。子どもが泣いたときの表情や振る舞い、子どもと遊ぶときの遊び方など、姉は、みるみるうちに「親」として成長していきました。私の目には、母親は子どもを産んだ瞬間に親になるのではなく、実際の養育経験を通して徐々に発達していくように思えました。

そこで、親性脳のはたらきも、養育経験の蓄積によって徐々に発達するのかどうかについて、実際に一歳児を養育中の母親に協力していただき、実験的な方法によって検討を行いました（Tanaka et al., 2014）。その詳細を紹介します。

親性脳は日常の養育経験によって発達する

過去の研究では、親性脳を調べるときには、赤ちゃんの顔や泣き声など、視覚や聴覚といった感覚に限定された刺激が使われてきました。しかし、大人（特に親）が子どもと関わるときには、大人は発話だけでなく、視線や指差し、身体接触など身体のあらゆる感覚を駆使して子どもの注意を向けようとしたり、特定の行動を引き出そうとしたりします。このように、視覚や聴覚、触覚を含む複数の感覚を共有しながら関わることを、「マルチモーダル相互作用」と呼びます。ヒトの養育者―乳児間の相互作用は本質的にマルチモーダルであるという事実をふまえると、過去の研究の手法において得られた結果は、養育者と乳児のリアルな生活体験を十分には再現できているとはいえないかもしれません（Swain & Ho, 2017）。

マルチモーダルな社会的手がかりの中でも、「身体接触」は、乳幼児期の親子間で顕著にみられる関わり方です（Field, 2010a）。親は、子どもの体や衣服、おもちゃなどに触れながら、子どもに対してはたらきかけます。たとえば、オムツ交換や寝かしつけ、食事のときや遊びのとき、あらゆる養育場面で、親は「触れながら発話する」という経験を豊富に積んでいます。こうした親子の関わり経験は、親の側の脳機能に影響を与えているのでしょうか。

この問いについて調べるために、触覚経験を伴う養育経験が母親の脳活動パターンに与える影響を検討しました（Tanaka et al., 2014）。一歳児を養育中の母親と養育経験のない女性を対象に、触覚刺激に触れた後に音声刺激を聞いているときの脳波を計測しました。触覚刺激には、柔らかい布や滑らかな素材のものを三センチ四方に切ったものを用意しておきました。聴覚刺激には、この触覚刺激に対応する三つの擬音語・擬態語（オノマトペ）を録音したもの（e.g. ふわふわ、つるつる）を用意しました。

実験には二つの条件がありました。一つ目は、触覚刺激と音声刺激は感覚的に一致する、または一致しないというものでした。たとえば、柔らかい布の素材を触った後に「ふわふわ」という聴覚刺激が提示されれば「一致」、「つるつる」と提示されれば「不一致」となりました。

また、この音声が養育場面で用いられるものかどうかを操作するために、音声刺激に対乳児音声と対成人音声の二種類の語りかけ方を設けました。対乳児音声とは、先ほど述べたとおり、乳児に対して語りかけるときに特徴的にみられる発話のことを指し、対成人音声とは、大人に向かって語りかけるときに特徴的な抑揚の話し方のことを指します。

分析の結果、乳児を養育中の母親（母親群）と、養育経験のない女性（非母親群）の脳波

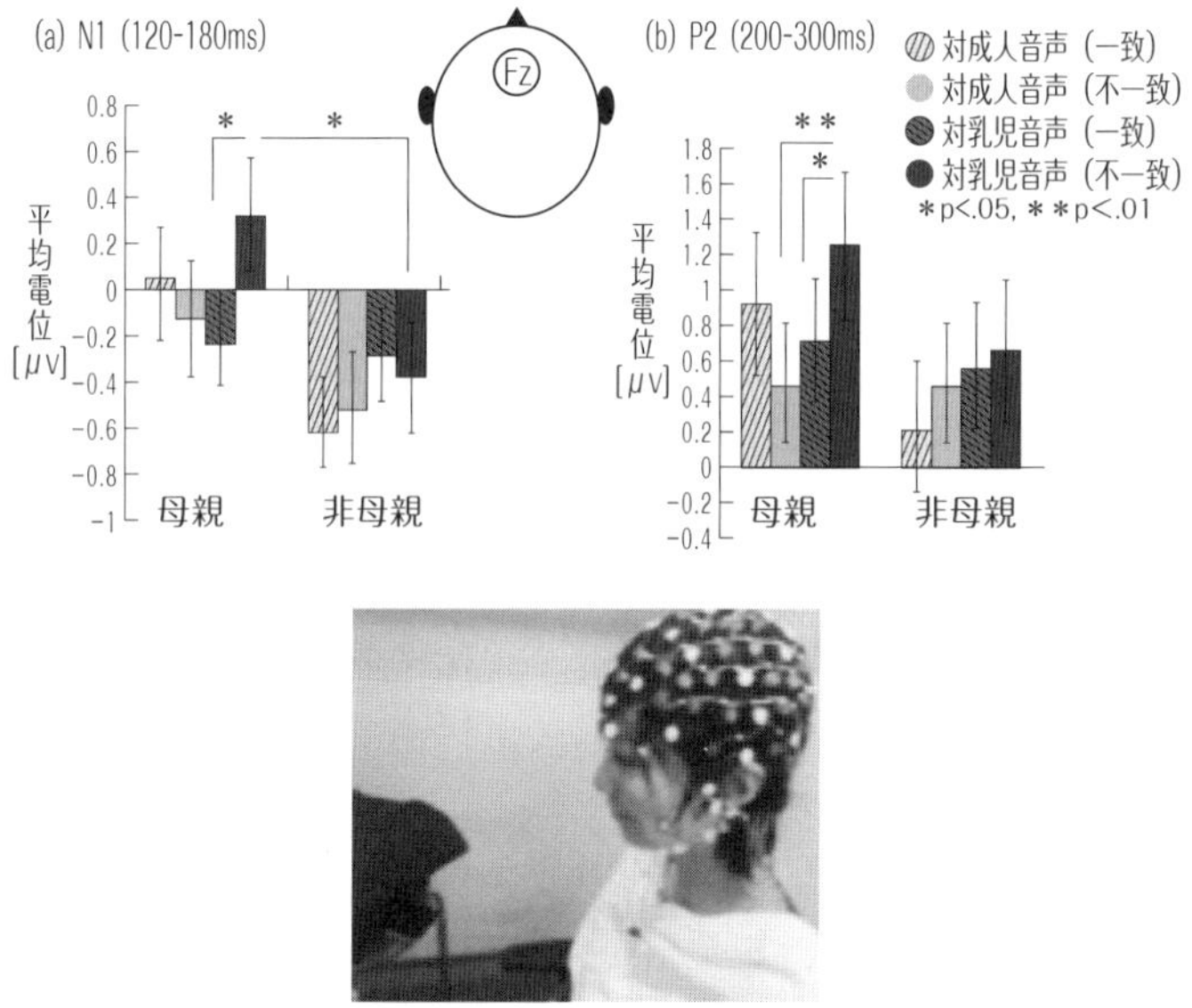

図2-4. 母親と養育経験のない女性の脳活動パターンの違い
出所：Tanaka et al.（2014）を改変

を比較すると、前頭の中心領域の脳波の活動に違いがみられました（図2-4）。図2-4のグラフは、母親と非母親の脳の活動の強さを示しています。黒色は対乳児音声条件、灰色は対成人音声条件を指します。斜線のバーは一致条件、塗りつぶしのバーは不一致条件を指します。母親群のみ、対乳児音声条件下の一致条件と不一致条件間に脳の活動の差を示しました。つまり、母親のみ、対乳児音声を聞いたときにだけ、触覚と音声の一致と不一致を無意識に区別しました。一致と不一致を区別できることは、その情報に対して、脳がより敏感であることを示します。一方で、養育経験のない女性ではこうした対乳児音声に対する選択的な反応がみられませんでした。この結果から、養育経験によって、母親の脳が、対乳児音声の文脈に敏感に応答するようになることがわかりました。

さらに、質問紙調査によって、日常の育児場面で子どもに対して、触覚単語（ふわふわやつるつる等）を使う頻度を調べ、脳波の活動との関連を分析しました。その結果、触覚単語を日常の育児場面でよく使うと回答した母親ほど、対乳児音声に対するこの選択的な脳の活動が大きいことがわかりました。

これらの結果から、日々の養育経験の蓄積が、母親に特異的にみられる脳活動のパターンと関連することがわかったのです。

5 親の脳の発達リスク

過去の経験と親性脳

このように、親性脳は経験によって発達しますが、その発達には大きな個人差も存在します。その個人差は、親自身の過去の経験や、親自身の身体的・心理的特性、親が置かれた社会環境などによって生じます。過去に厳しい養育環境で育った人や、育児のために必要な社会的サポートが受けられない人は、親としての脳や心の発達に特異的なパターンが生じることがあります。

親になり子どもを育てるという営みは、自分自身が親になった瞬間にはじまるように思われます。しかし、親自身もかつては子どもであり、その親に育てられた経験は、自分が親になったときの子どもに対する感じ方にも影響します。たとえば、幼少期の自分の親とのアタッチメントと、成人した後の当人の脳との関係が調べられています（Strathearn et al., 2009）。アタッチメントとは、養育者と子どもの間に築かれる、安定した信頼関係のことを指します（Bowlby, 1969）。成人を対象とする場合、質問紙やインタビューによって幼少期の親とのアタッチメントの安定性が調べられます。アタッチメントの安定性は、いくつかのタイプに分類することによって評価されます。一つは、安定型といい、親子間に安定した信頼関係が形成された状態を指します。このほか、抵抗型、回避型、無秩序型があり、これらはまとめて「不安定型」と呼ばれます。

ストラザーンら（二〇〇九）によると、幼少期に自分の親とのアタッチメントが安定であったと分類された母親は、自分の赤ちゃんの笑顔や泣き顔を見たときに報酬に関連する部位（線条体や視床下部など）が活性化しました。これに対して、幼少期に自分の親とのアタッチメントが不安定であったと分類された母親は自分の赤ちゃんの泣き顔を見たときに、島（とう）が活性化しました。島は、感情の意識化に関わる領域です。たとえば、島の前部は、他者が痛みを感じている様子を観察すると、自分自身の痛みの体験であるかのように感じるときに活性化します。過去のアタッチメントのタイプが不安定であった母親は、自分の赤ちゃんの泣き顔を見たときに、自分自身もネガティブな感情であると意識しやすいようです。

このほか、過去に過酷な経験をした人が親になったときの親性脳についても、特異的な活動パターンがみられます。虐待など、他者からの暴力による心的外傷後ストレス障害（Post Traumatic Stress Disorder：PTSD）をもつ母親と、そうした経験のない母親を対象に、自分と子どもが遊ぶ場面と分離する場面を提示したときの脳の活動が調べられました（Schechter et al., 2012）。その結果、ＰＴＳＤをもつ親は、特に分離場面を観察しているときに強い不安を感じ、扁桃体を含む辺縁系の過活動がみられました。さらにＰＴＳＤをもつ親では、メンタライジングネットワーク（前頭皮質）の活動の低下が示されました。

メンタライジングネットワークは、先述のように思考や推論に関わるネットワークです。たとえば、赤ちゃんが泣いているとき、その苦しそうな泣き声を聞いて、親は自分自身も苦痛に感じたり、不安になったりするかもしれません。このとき、脳の扁桃体は強く活動しています。メンタライジングネットワークは、赤ちゃんが考えていることや感じていることを冷静になって考えるときにはたらきます。ＰＴＳＤを経験した母親は、扁桃体が過度に活性化していて、メンタライジングネットワークがはたらきにくくなるといいました。これはつまり、母親は、赤ちゃんと同じような苦痛や不安を強く感じながらも、自分の感情がうまくコントロールできず、赤ちゃんの考えていることや感じていることをうまく推し量れない、といった状況に陥っていることを示します。

産後うつと親性脳

親性脳の発達リスクと関連するもう一つの要因は、母親の産後うつです。産後うつとは、産後にあらわれるうつ症状のことです。具体的には、不眠、疲労感、食欲不振、頭痛などの身体症状と、不安、緊張、抑うつなどの精神症状が含まれます。産後うつは、育児に対する不安やストレスといった心理的な原因と、家事と育児の両立や夜泣きによる身体的疲労、配偶者や他者からのサポートの不足、また、女性の場合は産褥期（出産後一～三ヶ月まで）のホルモンバランスの乱れなども影響します。女性は妊娠中、エストロゲンやプロゲステロンと呼ばれる女性ホルモンの分泌が増えていきます。ところが分娩後にはそれらのホルモンが急激に減少します。女性ホルモンが減少すると、セロトニンやノルアドレナリン（睡眠や覚醒に関わる）や、ドーパミン（報酬や運動制御に関わる）といった他の神経伝達物質の分泌も変動します。産後、身体はとても疲れているのに横になってもなぜか眠れない、急に不安になったり無気力になる、といった異変が長く続く場合には、神経伝達物質のバランスの不均衡が生じているかもしれません。

実際に、産後うつの母親とそうではない母親の親性脳を比較してみると、やはり両者には違いがみられます。産後うつの母親は、そうではない母親に比べ、自分の子の泣き声を聞い

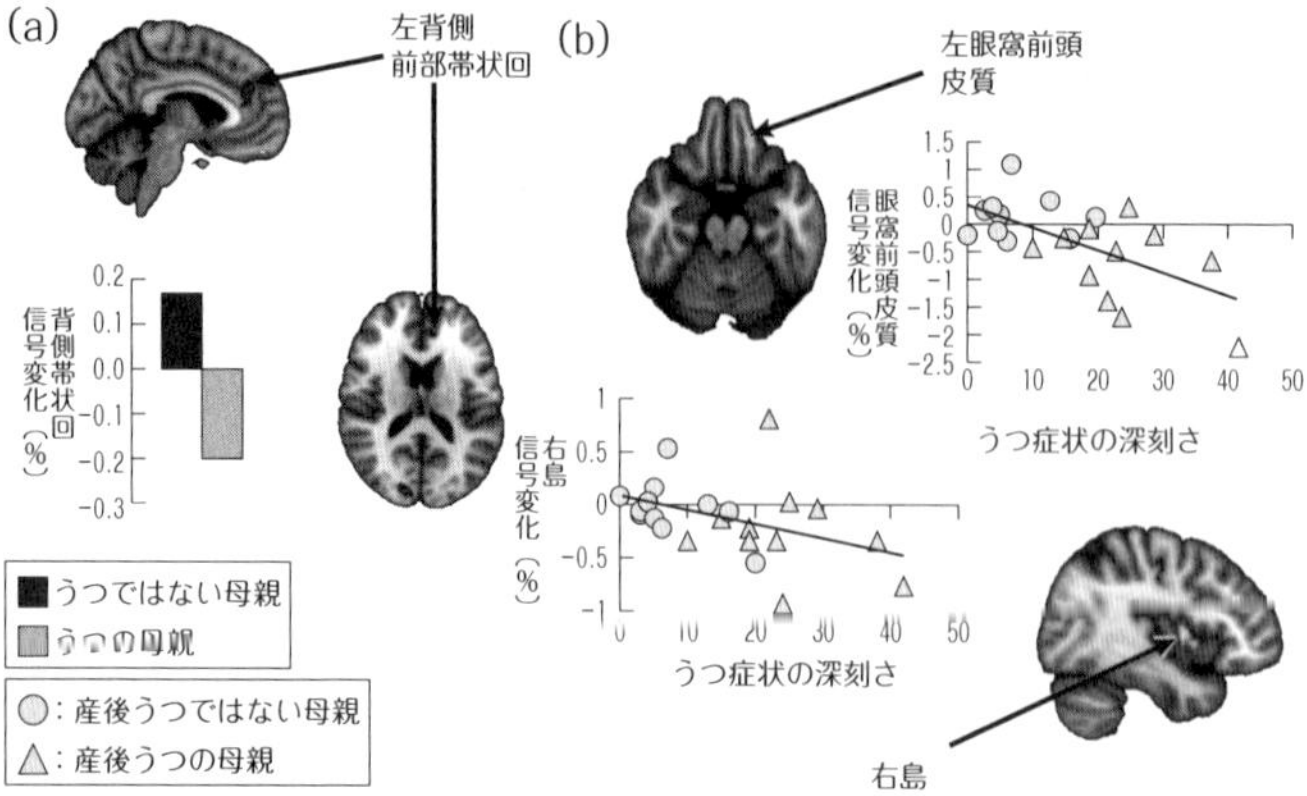

図2-5. うつの母親とうつではない母親の fMRI の脳活動パターンの違い

注:(a)自分の赤ちゃんの苦痛の表情に対する母親の左背側前部帯状回の活動の強さ。黒色帯がうつではない母親,灰色帯がうつの母親の活動を示す。(b)母親のうつ症状の深刻さと,自分の赤ちゃんの笑顔を見たときの母親の左前部帯状回,右島の活動の強さとの相関関係。横軸はうつ症状の深刻さ(標準化されたテストによって得点化),縦軸がそれぞれの脳部位の活動の強さを示す

出所:Laurent & Ablow(2013)を改変

たとき、辺縁系ネットワークや、メンタライジングネットワークに関わる領域の活動が、産後うつではない母親と異なります(Laurent & Ablow, 2011 : Swain et al., 2014)。たとえば、産後うつのお母さんと、そうではないお母さんに対して、自分の赤ちゃんと、見知らぬ赤ちゃんの様々な表情を見せたときのｆＭＲＩが計測されました(Laurent & Ablow, 2013)。その結果、産後うつではない母親と比べて、産後うつの母親は、自分の赤ちゃんの苦痛の表情に対して前部帯状回の活動が弱くなりました(図2-5(a))。前部帯状回とは、身体化シミュレーションネッ

トワークに含まれる部位で、共感に関わるとされています。産後うつではないお母さんに比べ、産後うつのお母さんは、自分の赤ちゃんが泣いているときに、共感が低くなってしまっていると考えられます。

さらにこの研究では、産後うつかそうではないかという群間の比較に加えて、うつ症状の重症度の個人差と、脳の活動パターンとの関連も分析されました。その結果、うつの症状が深刻なお母さんほど、眼窩前頭皮質と島において、自分の赤ちゃんの喜びの顔に対する反応が低下していました（図２-５(b)）。眼窩前頭皮質は動機づけに関わる部位、島は共感や感情の意識化に関する部位なので、うつの症状が深刻なお母さんは、自分の赤ちゃんが喜んでいる表情を見たときに、自分も喜びを感じたり、赤ちゃんに接近しようとする動機づけが低くなってしまうことを反映しています。

産後うつのお母さんは、親性脳のはたらきに変化が起きてしまっているために、赤ちゃんが発するネガティブな表情や泣き声を見聞きしたときに、育児に対してポジティブな動機をもつことが難しくなってしまっているのです。

6 養育環境は子どもの心と脳に影響する

親の精神的健康と子どもの心の発達

ここまで、親性脳の発達リスクについて述べましたが、たとえば、実際に産後うつは子どもの発達にどのような影響を与えるのでしょうか。産後うつのお母さんをもつ九ヶ月児は、産後うつではない母親をもつ乳児と比べて、笑顔の表出が少なく、ネガティブな感情をコントロールするのが難しいようです（Feldman et al., 2009）。産後うつのお母さんと赤ちゃんの関わりでは、アイコンタクトや身体接触といった、親子間の同調的な行動が少なくなります。また、産後うつのお母さんは、赤ちゃんの月齢や発達に合わせて関わり方を柔軟に変化させることがなく、単調になるという特徴もあります（Field, 2010b）。

親の産後うつは、子どものその後の発達にも長期的に影響を与えます。たとえば、お母さんが慢性的にうつ症状を抱えている場合、そうではない場合と比べて、小学校入学児の精神疾患の発症リスクが四倍になるといいます。さらに、およそ六〇％の子どもが、不安障害（心配や恐怖を過度に感じる障害）や、反社会的で攻撃的な行動をとる行動障害にかかるという報告もあります（Apter-Levy et al., 2013）。出産後のお母さんの精神的健康は、子どもの側の発達に深刻な影響を与えることがわかります。子どもの側の健康な心の発達を支えるために、親の心も健康であることが重要なのです。

不適切な養育環境と子どもの脳の発達

親としての脳がうまく発達せず、それによって親の側がうまく養育を施せなくなることによって、子どもの側の心の発達はどのような影響を受けるのでしょうか。

養育環境が子どもの心や脳の発達に深刻な影響を与える最も極端な例として、子どもへの虐待を含む不適切な育児（マルトリートメント）があげられます。

虐待には、いくつかの種類があります。身体的虐待（殴る、蹴る、激しく揺さぶる、投げ落とすなど）、性的虐待（子どもへの性的行為、性的行為を見せる等）、心理的虐待（ことばによる脅しや無視、きょうだい間での差別的扱い等）、ネグレクト（食事を与えない、病気になっても病院に連れて行かない、家に閉じ込めるなど）。日本では、心理的虐待の数が最も多く、身体的虐待、ネグレクト、性的虐待が続きます。児童虐待相談の対応件数の推移を調べると、高い水準で推移していることがわかりました（図2-6）。

虐待を受けた経験は、子どもの脳の構造に深刻な影響を与えます（Tomoda et al., 2011：友田、二〇一六、図2-7）。たとえば、暴言を受けた子どもは、ことばを話すことに関わる領域とことばを理解することに関わる領域の間を結ぶ弓状束の神経の形が異質であり、聴覚野の一部の容積が増加していました。これは、聴覚野のシナプスの刈り込みがうまくいかな

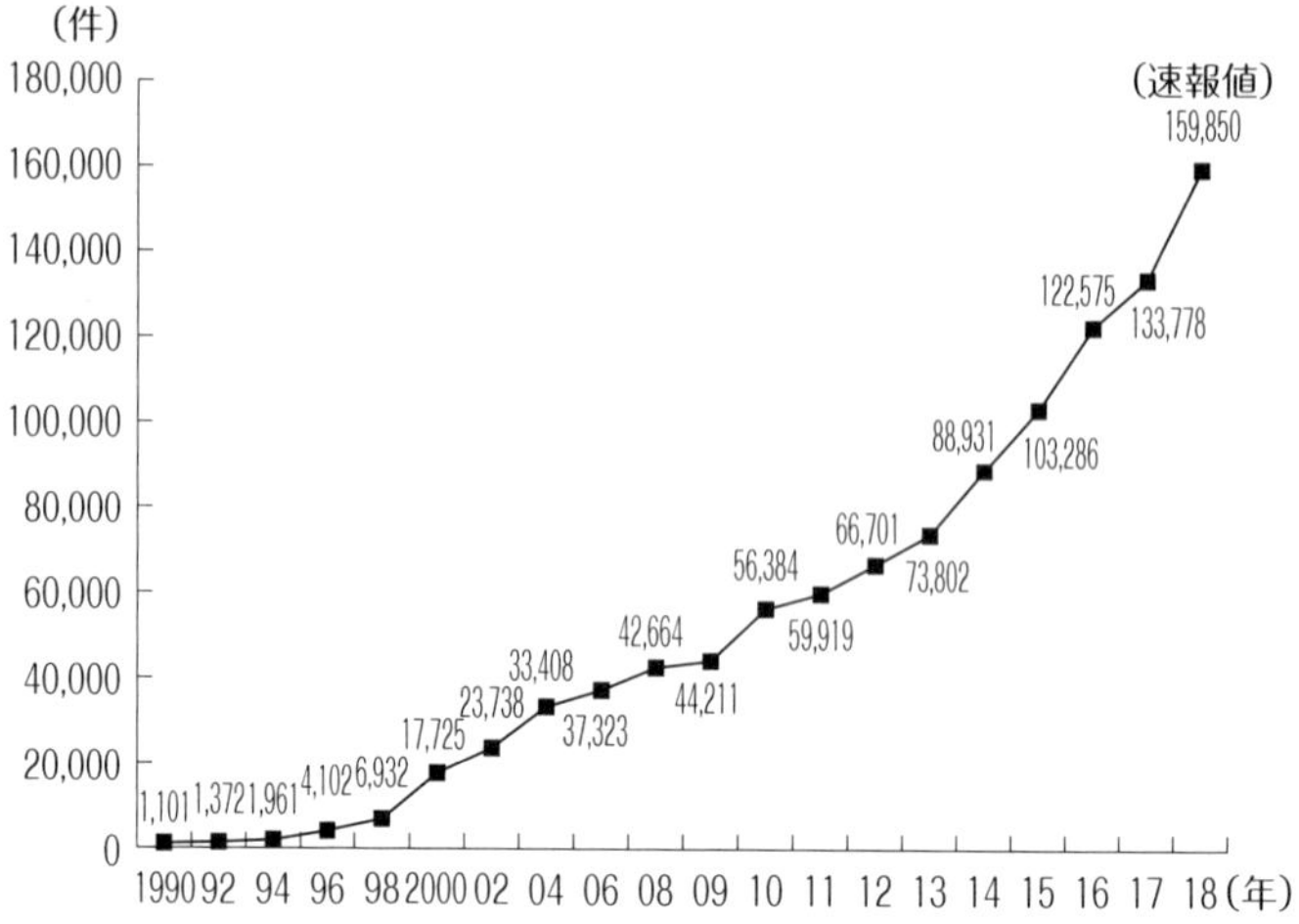

図2-6. 児童虐待相談の対応件数の推移

注：1990～2008年までの件数については紙面の関係で偶数年のみ掲載
出所：厚生労働省（2018）https://www.mhlw.go.jp/content/1190/000/000533886.pdf を改変

かったために生じたとみられています（Tomoda et al., 2011）。一方、身体的虐待を受けた経験は、前頭前野と呼ばれる領域の萎縮をもたらします。前頭前野は、自分の感情を制御したり、相手の意図や意志を推測するときに関わる領域です。夫婦間の家庭内暴力（DV）を見て育つと、視覚野が萎縮します。視覚野の萎縮は、夫婦間の暴力に関する視覚的な情報入力を抑制するために（見えなくて済むように）適応した結果ではないかと考察されています（友田、二〇一六）。

虐待を含むマルトリートメントは、子どもの予後の心の問題とも深く関連します（Silverman et al., 1996）。一八歳以前に身体的虐待または性的虐待を

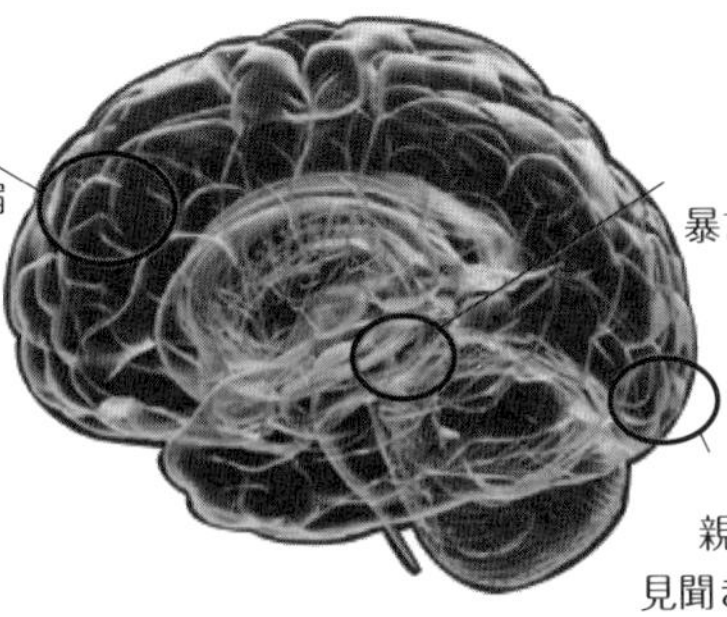

図２-７．虐待経験による皮質の容積の変化
出所：友田（2016）を改変

受けた子どもは、虐待を受けていない子どもと比較すると、一五歳時点と二一歳時点の両方で、抑うつ症状、不安、精神疾患、情動行動障害、自殺念慮、自殺企図など、心の機能に重大な障害を示すことがわかりました。虐待を受けた子どものうちの約八〇％は、二一歳時に少なくともひとつの精神疾患に関する診断基準を満たしていました。

こうした精神疾患や行動障害に関わる脳の特徴についても調べられています（Busso et al., 2017）。一三歳から二一歳の子ども五一人を対象に、ＭＲＩを使って脳の構造画像が計測されました。また、過去に虐待を受けた経験があるかどうか、精神疾患や行動障害の有無が面接によって調べられました。この研究では、児童虐待と子どもの神経構造との関連が検討されました。さらに、その二年後に、同じ参加者の子どもに精神疾患が見られるかどうかが評価されました。虐待に関連した神経構造の違いが、二年後の子どもの精神疾患を予測するかどうかが

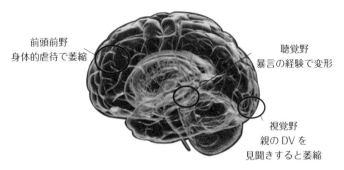

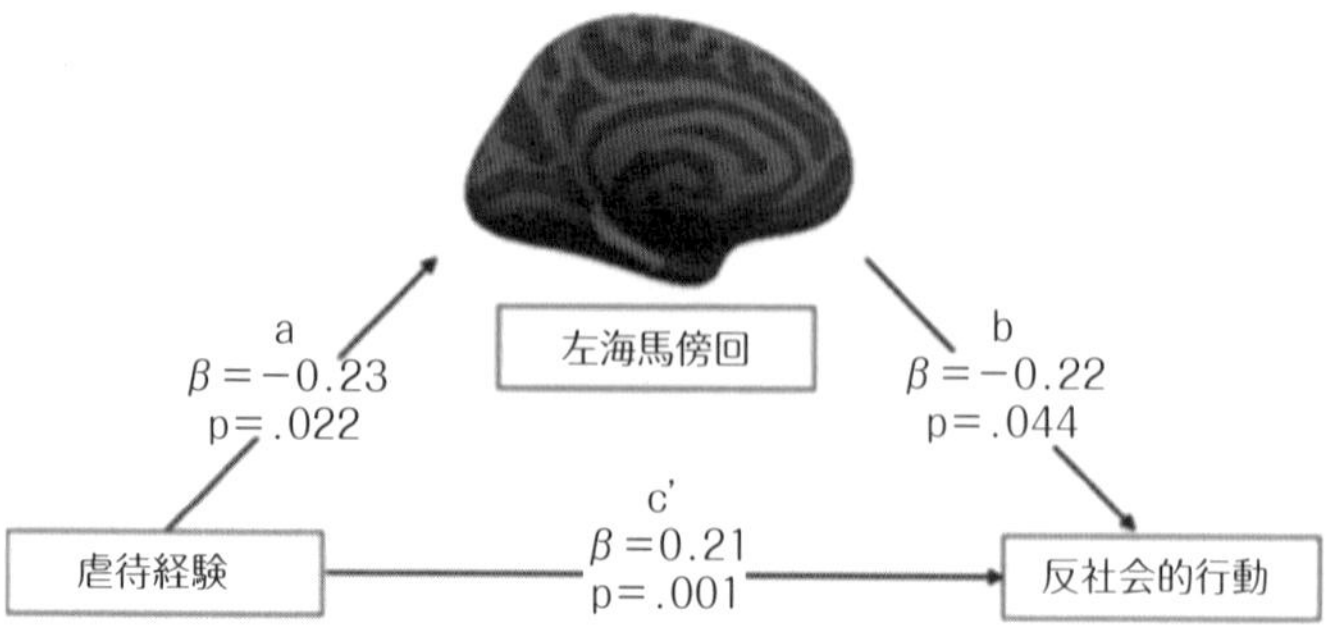

図2-8．虐待経験と左海馬傍回の厚さ，二年後の薬物乱用と反社会的行動との関連
出所：Busso et al.（2017）を改変

分析されました。

その結果、虐待は、メンタライジングネットワーク領域に含まれる、前頭前野と側頭領域における皮質の厚さの減少と関連していました。また、側頭領域の皮質の厚さが薄い子ほど、同時点での不安障害のリスクが高いことがわかりました。メンタライジングネットワークに含まれる脳部位の一部は、自分の感情をコントロールする能力とも関わっています。虐待を経験した子どもは、メンタライジングネットワークの皮質が変形してしまうことにより、自己の感情をコントロールすることが難しく、不安障害といった心の問題を抱えやすくなることがわかりました。

さらに、過去の虐待経験は、左海馬傍回という部位の皮質の厚さを媒介して、二年後の薬物乱用と反社会的行動を予測することがわかりました（図2-8）。海馬傍回は、記憶とその想起に関わる部位です。過去の厳しい経験が、記憶に関する神経構造を変えてしまった結果、反社会的行動をとるリスクが高くなってしまったことが示唆されます。

このように、児童虐待は、皮質の構造の幅広い箇所に影響します。これらの神経構造の変化は、様々な精神疾患や行動障害に対する脆弱性を高めることが示されているのです。

今後は、子どもの虐待経験と様々な障害リスクの関連を予測するために有用なマーカー（指標）を見つけることが求められています。養育環境と子どもの精神病理の発症を結びつけるメカニズムが明らかになれば、不適切な養育を未然に防いだり、より効果的な治療方法が提案できると期待されています。

7　身体と脳から探る親への支援

オキシトシンと親性脳

それでは、親性の発達リスクをもつ親に対して、どのような支援や介入ができるのでしょうか。本節では少し視点を変えて、身体と脳のはたらきに着目した、いくつかの介入について紹介します。

まずは、オキシトシン（oxytocin）というホルモンのはたらきを利用した介入方法です。オキシトシンとは、分娩や授乳時に分泌される神経伝達物質のことです。オキシトシンは、他者との身体接触、アイコンタクトや発声のやり取りによっても分泌され、親子間の安定した心理的関係の形成にも関与するといわれています（Swain & Lorberbaum, 2008；Kim et al., 2011）。そこで、オキシトシンの投与が実際に子どもに対する接近的な感情を高めるのかどうかが調べられました（Riem et al., 2011）。この研究では、出産経験のない女性に対してオキシトシンを投与し、赤ちゃんの泣き声を聞いているときの脳活動を調べました。その結果、扁桃体の活動が低下し、島や前頭葉の活動が高くなりました。島や前頭葉は、赤ちゃんの心理的状態を共に感じること（共感）に関わる脳領域であるといわれています。オキシトシンの投与によって、ネガティブな情動刺激を受け取ったときの扁桃体の活動が調整されて、共感が高められるような脳の活動がみられたことを意味します。オキシトシンの投与の効果についてはまだ検証段階ですが、親子の情愛的な絆、特に赤ちゃんへの共感を高める効果がある可能性が示されています。

身体を介した親性脳への介入

次に、乳児に対する共感や動機づけを高める行動の介入として、乳児の表情模倣があげられます。私たちは、他人が泣いている表情を見るとついもらい泣きしてしまったり、自分に向かって笑いかけられるとつい笑顔で返してしまったりすることがあります。私たちは、実際に他者の表情をまね、模倣することで（本人はそのことに気がついていなかったとしても）、その表情に表れたものと同じ感情の状態になることができます。このしくみを利用して、母親に対する表情模倣の介入研究が行われました。参加者の母親は、自分の子の表情を観察し模倣しました。その後、ｆＭＲＩスキャナの中で自分の子や他人の子の表情を観察すると、自分の子を観察中に、共感や情動認識に関わる領域（島と扁桃体）の活動が高まりました。さらに、嬉しい表情を観察したときには、報酬が関わる辺縁系の領域の活動が高まり、曖昧な表情の観察中には、推論や認知に関わる左側頭や認知・運動系の領域の活動が高くなりました（Lenzi et al., 2009）。乳児の表情は曖昧でわかりにくいことが多く、子どもの気持ちを理解するのに苦労する親御さんもいらっしゃるかもしれません。自分の子の表情をまねるという行為によって、自分の子の感情と同じ感情をイメージしたり、赤ちゃんの感情を推論するような脳が活性化すると期待できます。

この効果をふまえ、産後うつなど、乳児の情動理解に困難を示す母親に対して、カウンセリングを中心とする言語を介したサポートだけでなく、表情模倣などを含む「体を使った介入」も併せて行われることが期待されます。

8　父親の脳の発達と親性教育

父親の親性脳の発達

これまで紹介した研究の中で「親」ということばを使いましたが、その多くは「母親」を対象としたものでした。母親が抱える親性の問題を解決するためには、母親が親になった後に受けられる支援を充実させるだけでなく、母親以外の共同養育者の親性を育むことも重要です。そのひとつが「父親」の存在です。

日本の父親は、平均してどのくらい育児を担っているのでしょうか。〇～二歳の第一子をもつ妻と夫に対するアンケート調査（ベネッセ、二〇一五）によると、夫の育児への参加は依然として低い状況にあります。たとえば、自分の子どもを寝かしつける頻度に対して、夫の73・9％がまったくしない、または週に1～2回しかしないと回答しています。母親と父親は共に親として子どもを育てる責任を担っているので、父親の育児参加を促すしくみづくりが必要であることがわかります。

ただ一方で、すべての男性が育児にまったく関わっていないというわけではありません。たとえば、子どもが好きで育児に積極的な男性もいれば、育児は苦手だが、家族のために一生懸命はたらいて家計を支えたいと思う男性もいるでしょう。

それでは、ヒトの男性は、どのようなプロセスで父親になるのでしょうか、あるいはそこにはどのような個人差があるのでしょうか。

女性は妊娠期、体重の増減やホルモンバランスの急速な変化など、様々な身体的変動を経験します。これに対して父親は、自身が妊娠や出産を経験するわけではないため、身体には一見大きな変化は起こっていないように思えます。

しかし実際には、父親の身体生理状態もまた、子育てに向けて変容します。ヒトの父親を対象に、パートナーの妊娠期から産後にかけての、ホルモン変化が計測された研究がありま す（Gettler et al., 2011）。この研究では、唾液中に含まれるテストステロンというホルモンが定期的に計測され、解析されました。テストステロンとは、生食や筋肉生成に関わるホルモンで、テストステロンの低さは子どもが生まれた後の、父親の養育行動と関連するといわれています。

分析の結果、父親全体で見ると、パートナーの妊娠が進むにつれて、テストステロン値が下がりました。テストステロンは、他個体への攻撃行動を促進するといわれています。テストステロンの低下は、子どもやパートナーに対する攻撃行動を緩和し、養育行動を促進する機能があると考えられています。

これに対して、全ての男性がパートナーの妊娠期に減少するのではなく、個々のデータを丁寧にみてみるとそこには大きな個人差があると主張する研究があります（Berg & Wynne-Edwards, 2001）。テストステロンの値の推移には、大きく分けて三つのパターンが見られることがわかったのです（図２-９）。図にあるとおり、パートナーの妊娠期にテストステロンが一定である父親もいれば、出産直前に上昇する父親、産後に急激に減少する父親など三つの異なるパターンが見られました。このように、男性の体は、パートナーの妊娠期から父親になるための準備をしていること、しかしそこには大きな個人差があることがわかります。

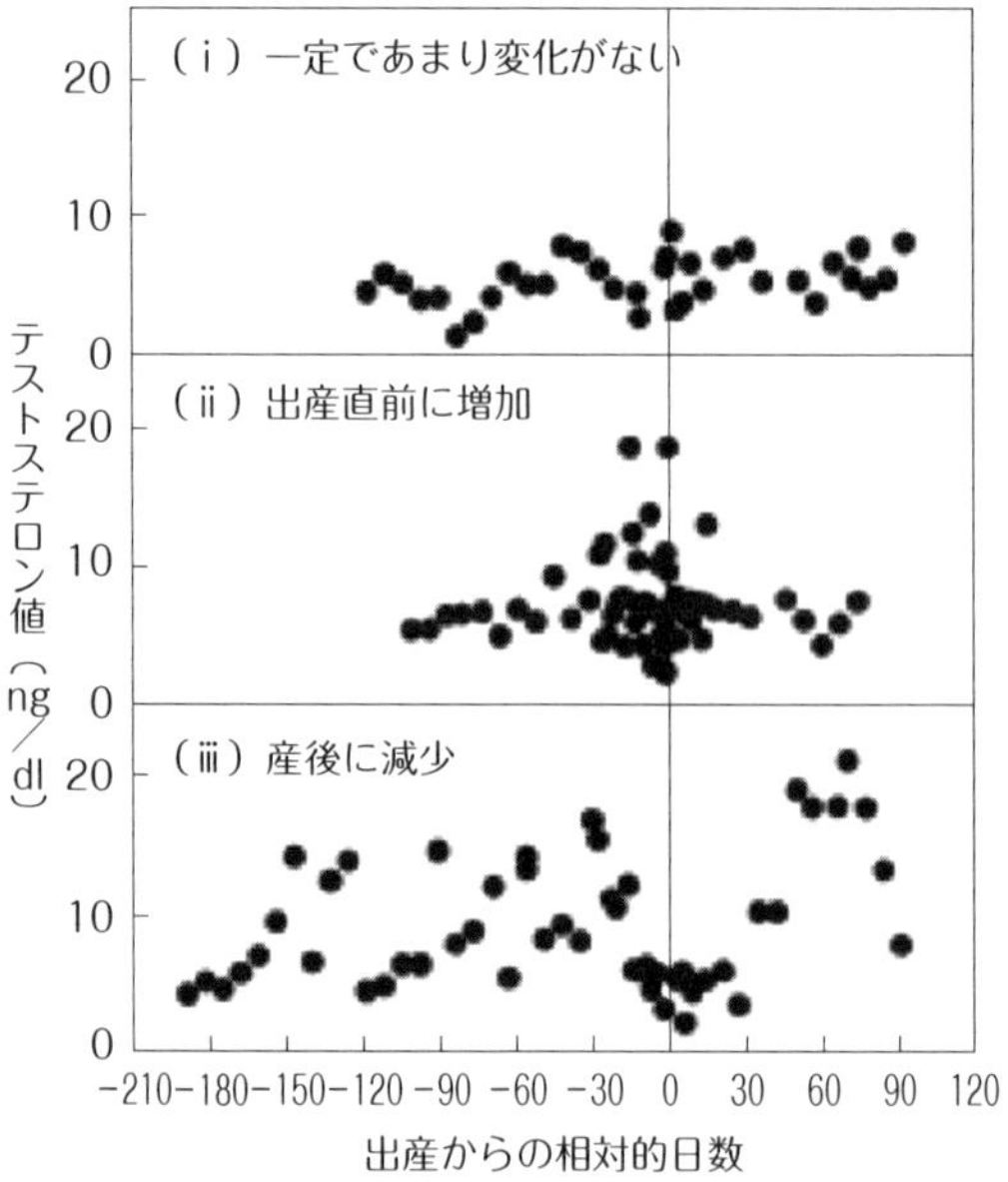

図2-9. 3タイプの男性のテストステロンの時系列変化の例

注：X軸は出産日を基準としたときの相対的な日数，
　　Y軸はテストステロン値を指す

出所：Berg & Wynne-Edwards（2001）を改変

　ただし、なぜパートナーの妊娠期からこうした個人差が存在するのか、パートナーの妊娠期にみられる男性のテストステロンの個人差は、父親の親性脳の発達とどのように関連するのかについては、まだ明らかになっていません。こうした個人の内分泌特性や過去の育児経験、性格特性といったものは、父親の育児行動の多様性に関わっているとみられています（Feldman et al., 2019）。

　ヒトの父親の親性脳については、まだまだ研究知見が多くありませんが、近年、男性であっても乳幼児との接触体験や育児経験によって親性脳が発達するという知見が得られています（Abraham, et al., 2014)。この研究では、主たる養育者である父親は、そうではない父親（子どもと同居しているが子どもの世話をするのは母親である場合）と比べて乳児の顔を見たときに感情処理ネットワーク（扁桃体）とメンタライジングネットワーク（上側頭溝）の活動がより高くなりました（図２-10)。さらに、扁桃体の活動は、主たる養育者の母親と比較しても同程度に強いことがわかりました。上側頭溝は、一般的に社会的な刺激（ヒトの身体や顔、声）などを知覚したときに選択的に応答する部位です。扁桃体はそうした社会的刺激にどのような情動情報が含まれるかを検出する役割をもちます。男性であっても、子どもの顔や泣き声を知覚する経験を通して、乳幼児に関連する刺激に選択的に素早く応答し、子どもの気持ちや感情を理解することができるようになることがわかります。父親の親性脳もまた、経験によって次第に発達していくのです。

早期からの親性教育

父親のほかに注目されているのが、早期からの親性教育です。いくつかの研究は、養育経験のない人（父親や母親になったことのない成人）であっても、子どもと関わる経験をすることで、親性脳が発達することを示しています。佐々木ら（二〇一〇）は、保育学を専攻する学生に、一定期間保育園で赤ちゃんとの接触体験をさせました。そして、接触体験前後の乳

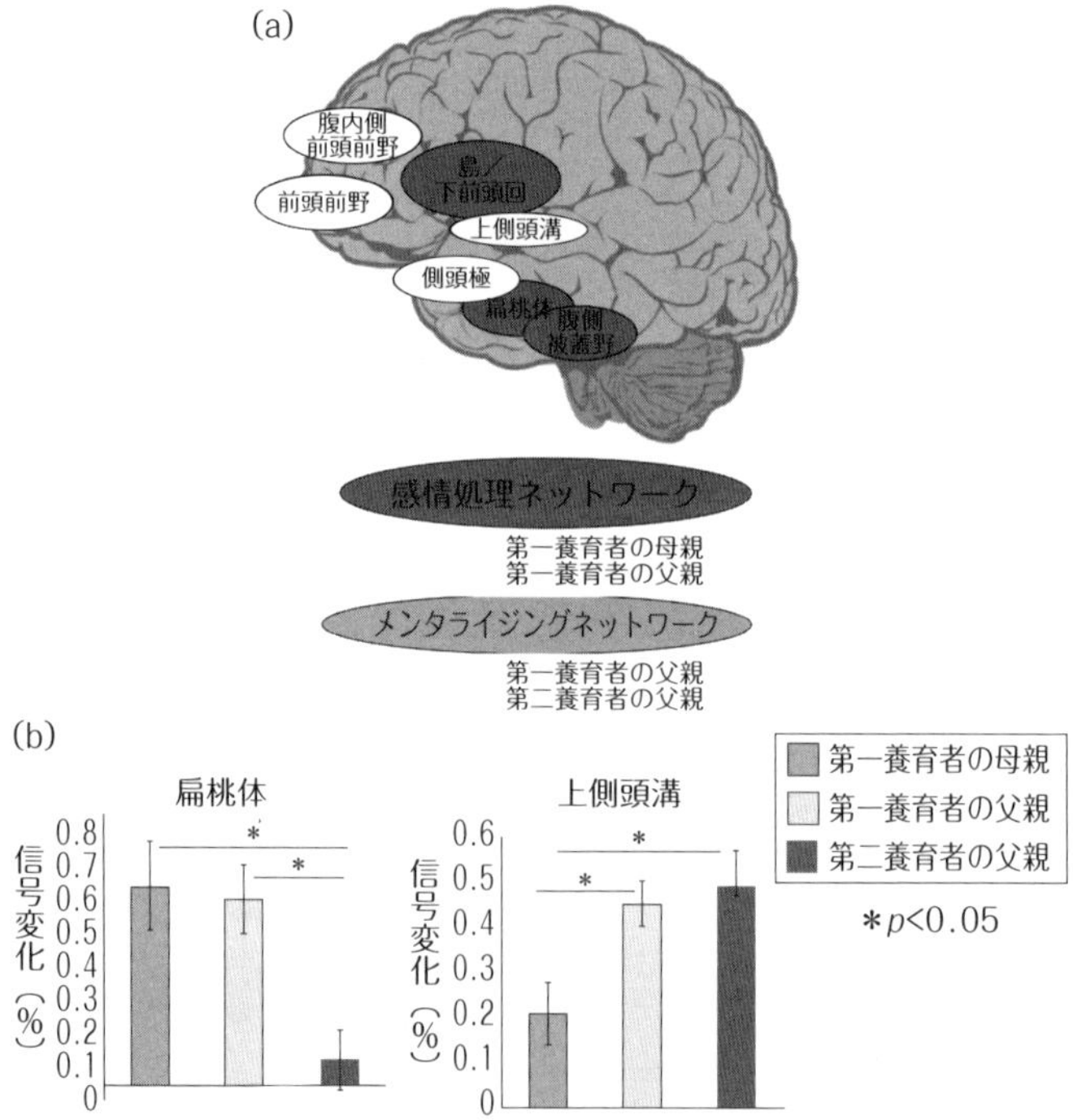

図2-10. 父親の親性脳ネットワークとその活性化

(a)親性脳に関わる二つのネットワーク，(b)扁桃体（感情処理ネットワーク部位）と上側頭溝（メンタライジングネットワーク部位）の脳活性化パターンの群間比較

注：(a)感情処理ネットワーク，メンタライジングネットワーク。感情処理ネットワークは性別によらず第一養育者で活性化し，メンタライジングネットワークは，父親で活性化する。(b)扁桃体の活動は，第二養育者に比べ第一養育者で活性化した。一方，上側頭溝は，母親よりも父親で活性化した

出所：Abraham et al.（2014）より改変

児の泣き声を提示したときの脳の血流反応の変化をｆＭＲＩによって調べました。その結果、感情認識や注意に関わる脳部位（両側の前部、後部帯状回、中前頭回など）の活動が接触体験後により強く活動しました。これらの領域は、母親が自分の子どもの泣き声を聞いたときに活動する部位と共通していました。赤ちゃんと関わる経験は、赤ちゃんに対する接近的な感情や愛着感情を高める効果をもつことが示されました。こうした一定期間の接触体験がどの程度長期的な効果をもたらすかについてはまだ十分には検討されていませんが、自分自身に出産経験がなくとも、赤ちゃんと一定期間にわたって交流する経験を積むことで、親性脳の一部の機能が高まるというのは、教育的な観点からみて重要な知見といえます。

　実際に、青年期（一五歳から一八歳）の学校教育において、乳幼児と触れ合う体験を重視しようという動きがでています。たとえば、二〇一八（平成三〇）年三月三〇日に高等学校の新学習指導要領が告示され、二〇二二年四月の一学年より順次、新学習指導要領にもとづくカリキュラムがスタートします。同要領の「家庭科」では、「乳幼児と適切に関わるための基礎的な技能を身に付ける」が盛りこまれました。内容の取扱い方として、「乳幼児や高齢者との触れ合いや交流などの実践的な活動を取り入れるよう努めること」となっています。単に理論だけでなく、実践を伴う指導を求められているようです。具体的には、「乳児の溢《いっ》乳の対処や抱き方、寝かせ方、乳幼児の着替えの援助や絵本の読み聞かせ」などがあげられています。

たしかに、青年期の子どもたちにとって、赤ちゃんや小さい子どもと触れ合う機会は少なくなっており、学校教育としてこうした取り組みが実施されることは社会的に意義のあることです。一方で、先述の研究は「保育学を専攻する学生」を対象としていました。もしかしたら、保育実習の効果は、もともと赤ちゃんや子どもに対する興味や関心が高い若者に限定されているかもしれません。あるいは、先ほど述べたように、過去の自分が育った養育環境によっては、赤ちゃんや子どもと関わることに対して、気持ちがうまくついていかない子どもたちもいるかもしれません。

こうした点もふまえ、これからは親性発達の「個人差」にも注目しながら、今の社会に生きる個々人の親性発達の特性を理解し、その特性にあった教育や介入が求められます。

第2章のまとめ

① ヒトという動物は、共同養育（母親以外の複数の個体が子育てに関わる）という形をとって進化してきた。しかし、現代の日本は、共同養育という形は損なわれつつある。そのため、親の心の健全な発達を支援する方法を模索する必要がある。

② 親としての心のはたらきのことを「親性（おやせい）」といい、親性に関わる脳のはたらきを「親性脳（おやせいのう）」という。親性脳を調べると、親性には、動機づけと報酬、共感、推論と思考を含む、複数の心のはたらきが関わっていることがわかる。

③ 親性脳は経験をとおして発達する。経験依存の発達は、母親にだけでなく、父親や養育経験のない人（保育を学ぶ学生等）にもみられる。

④ 親性脳はすべての人が同じように発達するわけではない。過去の経験や、親の心の特性など、社会的支援の有無等によって、非定型的な親性脳のパターンがみられることもある。こうした親の側のリスクを早期にとらえ、適切な支援を施すことが課題である。

第3章　子どもの育ちと脳の発達

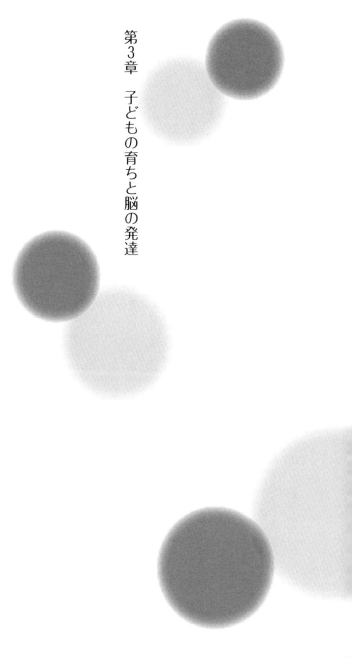

1　発達初期のヒトの脳の発達

この章では、親の養育を受ける側としての「子ども」の脳と心の発達についてみていきましょう。

ヒトの心のはたらき、たとえば知覚、認知、記憶といったものは、いつ頃どのようにしてはじまるのでしょう。「三歳頃から心が芽生えてくる」「あるいは生まれた直後から心はあるのではないか」と思う人もいるかもしれません。こうした問いに答えるためには、ヒトの心のはたらきに関わるとされる、ヒトの脳の発達について知っておくことが重要です。第1章でも述べたとおり、ある行動は、脳と身体という二つのはたらきと深く関係しています。心のはたらきが、脳と身体のはたらきに依存するならば、「心の発達」もまた、「ヒトの脳や身体の発達」に依存すると想定できます。そこでまず、この節では、ヒトの脳の発達過程についてみていきましょう。

胎児期初期の脳と運動の発達

ヒトの脳の発達をみる際、本書では「胎児期」から話をはじめたいと思います。というのは、ヒトの脳や身体の基礎は、胎児期に発達します。また、心の萌芽はすでに胎児期にみられる可能性が、いくつかの研究から支持されているのです。さらに、胎児期の様々な環境が、その後の心（認知や情動）の発達に長期的に影響を与えるという知見も報告されています。これらの背景をふまえて、胎児期の脳と心の発達について少し説明をしておきます。

ヒトを含む哺乳類の多くは、出生するまでの間、胎児として母親の子宮の中で育ちます。ヒトの胎児は、胎盤《たいばん》および臍帯《さいたい》（へその緒）でつながり、酸素と栄養の供給を受けながら成長します。医学的には、受精卵が細胞分裂を繰り返し、胎盤とつながることで胎芽《たいが》と呼ばれるものへと成長します。受精後八週目以降、胎芽は胎児と呼ばれます。

ヒトの妊娠期間は四〇週ありますが、それを大きく三つの時期に分けます。最初の三ヶ月（第1三半期、first trimester：在胎週数一二週頃）は、器官形成期といわれています。まずはこの時期をみていきましょう。この時期には、脳のもととなる「神経管」と呼ばれる一層の細胞がつくられます。神経管は、最初は前脳、中脳、後脳の三つの部分に分かれ、受精後五週頃には、五つの部分（終脳、間脳、中脳、後脳、髄脳）に分かれていきます（図3-1）。これら五つの部分は、成人の大脳半球、視床、中脳、橋、小脳、延髄にあたる脳の構造へとさらに分化していきます。

この時期の赤ちゃんには、まだ「心」はないだろうと思われるかもしれません。たしかに、「心」がある、とする明確な証拠はありません。しかし、すでに在胎週数一〇週頃の胎児は、自分の身体を随意的に（自己の意思あるいは意図にもとづいて）動かしている可能性があると

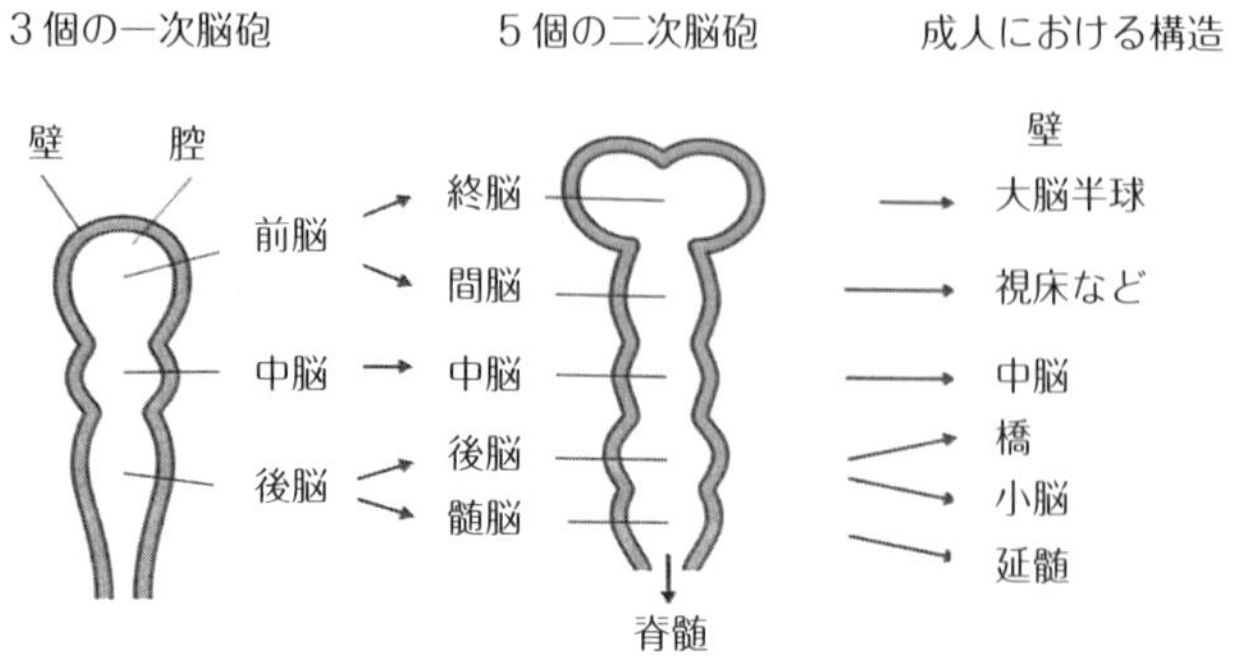

図3-1. 神経管の形成

出所：Moore & Persaud（2007）より改変

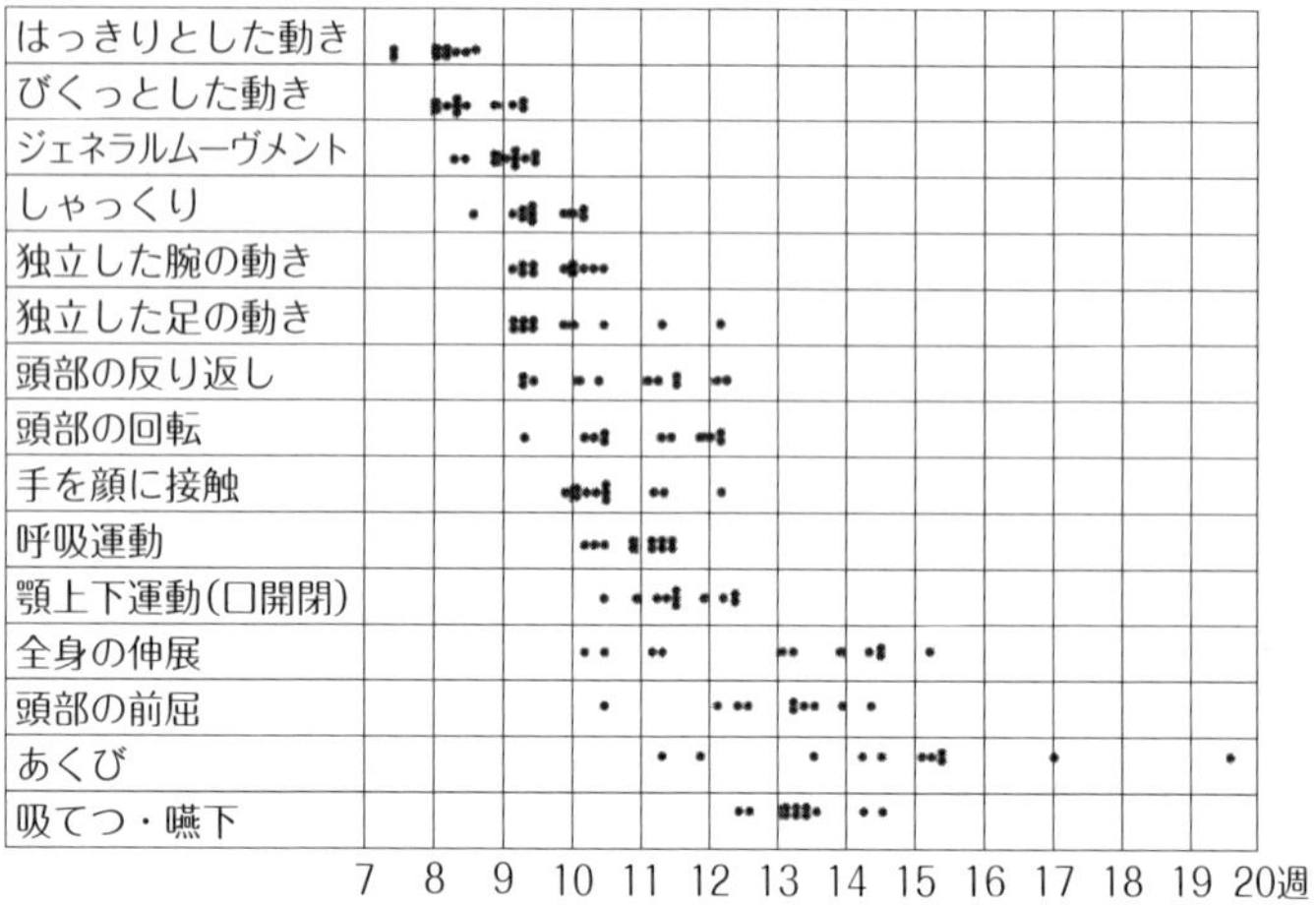

図3-2. 在胎週数20週までにみられる胎児の運動パターン

出所：de Vries et al.（1985）を改変

いいます（de Vries et al., 1985：Hepper et al., 1991）。超音波をつかったエコーなどを利用して、胎児の顔や身体の動きを調べることができます。図3-2は、在胎週数二〇週頃までに、胎児がいつ頃、どのような動きをしたのかを記録した研究の結果です。図からわかるとおり、在胎週数一二週頃までには、足や腕の独立した動き、あくびや吸啜《てつ》（指すい）、嚥《えん》下《げ》など様々な動きがみられます。運動の発達は、胎児期の初期にすでにはじまっていることがわかります。

胎児期中期の脳と感覚の発達

続いて、在胎週数一二～二四週頃を、第2三半期（second trimester）と呼びます。胎児の身体が大きくなる時期です。在胎一二週の胎児の平均体重は四五グラムほどですが、二四週になると八二〇グラムにまで成長します。霊長類の中でもヒトは、大脳が大きく発達します。大脳の皮質が大きくなると表面にシワ（脳回）が形成されます。大きな溝によって、脳は、頭頂葉（中心溝付近）、側頭葉、後頭葉に分かれていきます（図3-3）。頭頂葉には、触覚情報を処理する体性感覚野、側頭葉には、聴覚情報を処理する聴覚野、そして後頭葉には、視覚情報を処理する視覚野があります。ちょうどこの時期に、脳部位に対応した感覚が機能しはじめます。

五感（視覚、聴覚、触覚、味覚、嗅覚）の中で最も早く機能するのは、触覚であるといわれ

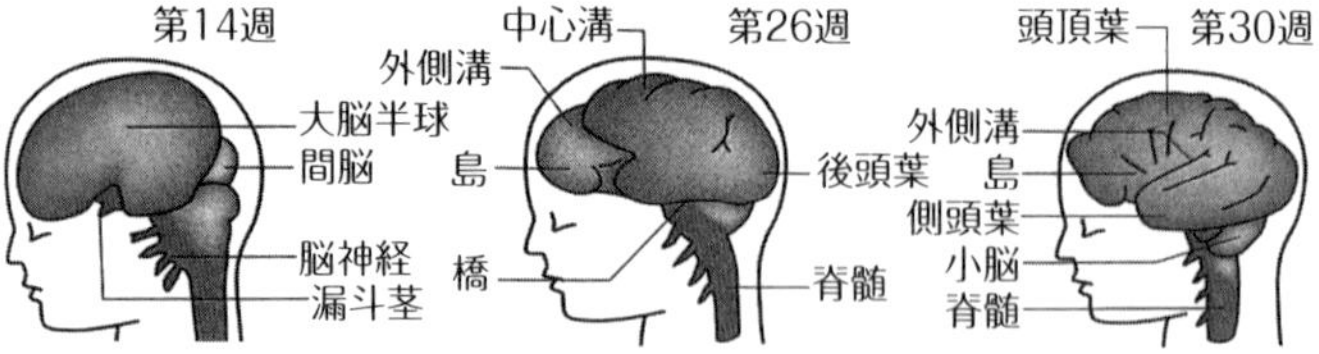

図３－３．胎児の脳の形態変化
出所：Moore & Persaud (2007)

ています。在胎週数九週の胎児は、自分の手が口元に触れたとき、口をもごもごと動かします（Habek et al., 2006）。胎児期初期から中期にかけて、胎児は、自分の手が口に触れたときの触感覚を感じはじめるようになります。

触覚に続いて、味覚と嗅覚、聴覚、視覚の順に発達していきます。味覚については、在胎週数一四～一五週の胎児は、羊水に含まれる味覚（甘みと苦味）を区別して反応します。聴覚については、一九週頃から機能しているといわれていて、胎児は五〇〇Hzと一〇〇〇Hzという異なる高さの音を聞き分けることができます（Hepper & Shahidullah, 1994）。

視覚については、在胎週数一六～二〇週頃に、ゆっくりとした眼球運動がみられます。光は、眼球から網膜という膜を通って、視覚野という脳の領域に送られます。在胎二八週で生まれた早産児が明るい光に対して瞬きをしたり顔をしかめたりすることから、視覚を処理する神経のはたらきはこの頃までに出来上がっているようです。しかし、子宮内はほぼ真っ暗であるため、視覚を通して外界の情報を知覚する能力は、出生後急速に発達していきます。このように、三〇～三六週にかけて脳のしわはさらに増えていきます。運動を司る小脳や側頭葉の内側におりたたまれるように島《とう》が分化していきます（図3-3右）。胎児の感覚は、出生する前からはたらいているのです。

胎児期後期の脳の発達と社会的環境

第3三半期（third trimester：在胎週数二五週以降）になると、胎児の身体や脳は、子宮の外にでて生存できるための準備をはじめます。大脳の大きさはますます大きくなり、胎児の動きも活発になります。

胎児は子宮の中で過ごしているため、外界についての知識を何ももっていないと思われるかもしれません。しかし、実際には、胎内での経験を通して、胎児は様々なことを学習しているのです。

たとえば、妊娠三八～四〇週の胎児に、スピーカー越しに「母親の声」と「見知らぬ女性の声」を聞かせたときの胎児の心拍が計測され、分析されました。すると、胎児の心拍は、見知らぬ他者に比べ母親の声を聞いたときに上昇し、その状態がしばらく続きました（Kisilevsky et al., 2003：図3-4）。

胎児は、母親の子宮の中で、骨盤を通って振動して伝わってくる母親の声を、それ以外の人の声よりもたくさん聞いています。胎児は、出生するよりも前から、母親の声を聞く経験

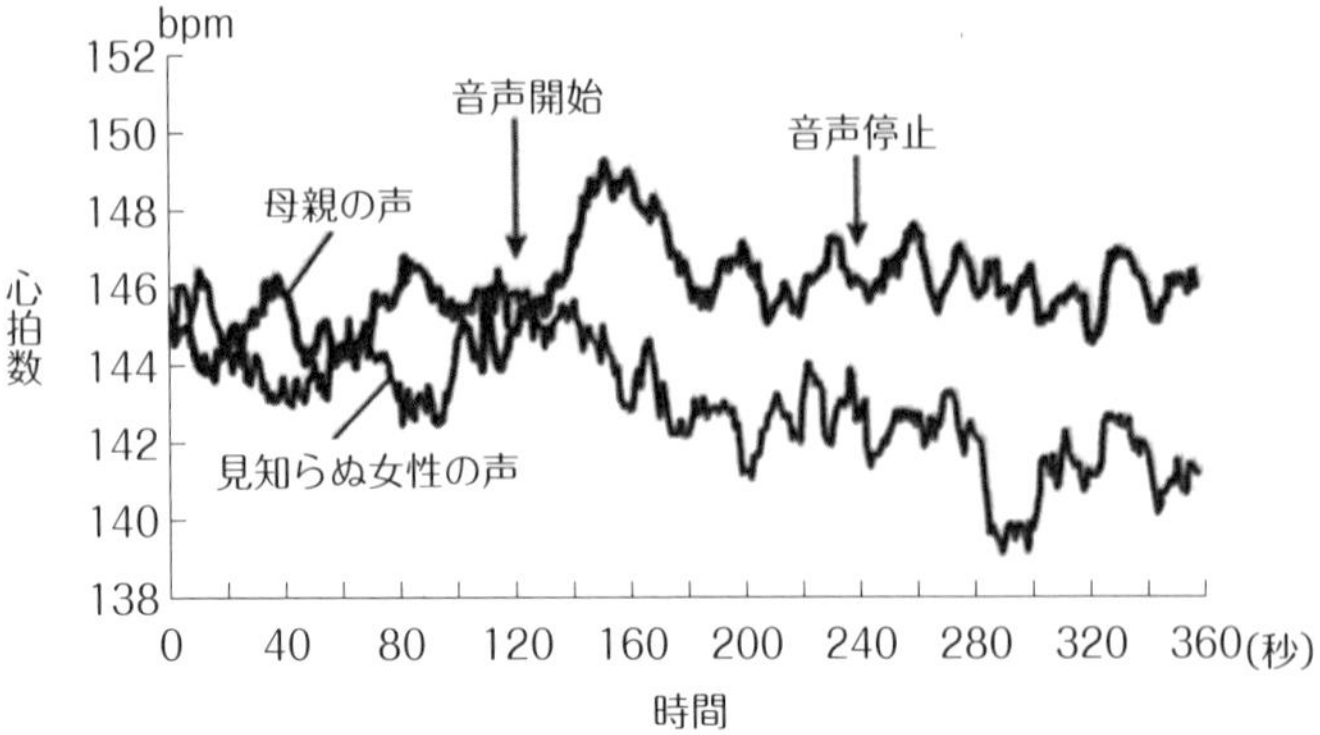

図3-4. 母親の声と見知らぬ女性の声をスピーカー越しに聞いたときの胎児の心拍数の変化

注：音声が開始した後も音声が停止した後も，母親の声を聞いたときの方が見知らぬ女性の声を聞いたときよりも心拍数が高い状態が続いている

出所：Kisilevsky et al.（2003）より改変

を通して、母親とそれ以外の女性の声を聞き分けることができるようになっていることがわかります。

このほかにも、胎児期～出生後数日の経験が、母国語と母国語ではない音の発声に関わっているとする知見があります。マンペらは、フランス語圏で生まれた新生児の赤ちゃんと、ドイツ語圏で生まれた新生児の赤ちゃんの泣き声を録音し、泣き声の音のパターンを解析しました。その結果、フランス語圏で生まれた新生児の赤ちゃんは、泣き終わりにアクセントが推移するような泣き声のパターンを示し、ドイツ語圏で生まれた新生児の赤ちゃんは、泣きはじめにアクセントが推移するような泣き声のパターンを示しました（図3-5；Mampe et al., 2009）。アクセントとは、図3-5にあるように、音の大きさと、音高の高さのピークがくる位置のことを指します。実は、フランス語は一般的に、単語の多くが、語尾にアクセントがつきやすいという特徴をもっています。一方、ドイツ語はその逆で、語句の最初にアクセントがつくケースが多いのです。生まれて二～五日しか経っていないにもかかわらず、新生児の赤ちゃんの泣き声のパターンは、それぞれの母国語に一致する音響パターンをもっていることがわかったのです。この研究では、胎児期に、母親の子宮内で母国語の話者が話す声を聞く経験の蓄積や、出生後数日間の泣きの発声経験を通して、新生児の赤ちゃんが、母国語に近いパターンの泣き声を発することができたのではないかと考えられています。

　これらの知見をふまえると、部分的ではあるにしろ、子宮内での経験を通して、胎児期からヒトはすでに特

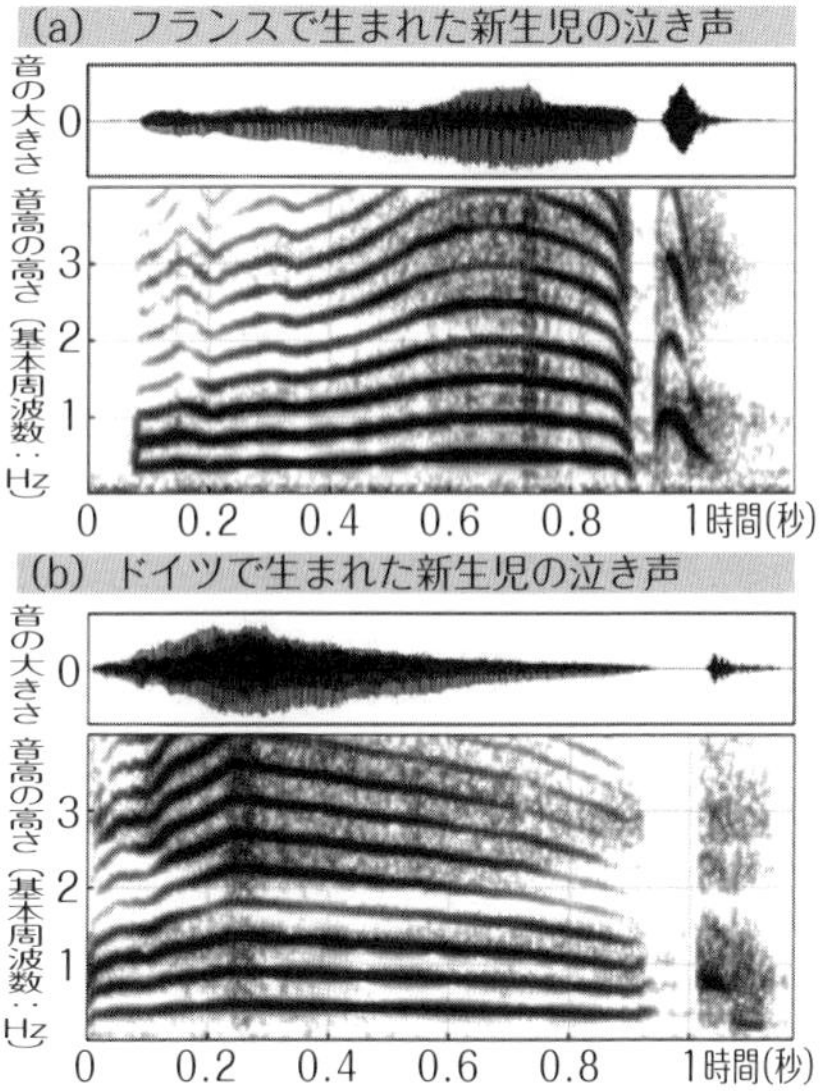

図3-5. フランス語圏で生まれた新生児の赤ちゃんと，ドイツ語圏で生まれた新生児の赤ちゃんの泣き声のアクセントの位置の違い

出所：Mampe et al.（2009）をもとに作成

定の情報を学習していることがうかがえます。心と呼ばれるものの萌芽は、胎児期にすでにみられるのです。

2 遺伝と環境は相互に関わり合う

エピジェネティクス

ここまで述べてきた胎児期の脳の発達について、細胞が分裂していくプロセスは、遺伝子によって規定される部分が大きいと考えられます。しかし、環境から受ける刺激の質や量が、胎児期の身体や脳の発達に影響を与えるということがいくつかの研究から明らかにされるようになってきました。

胎児は、刺激のない世界にいるのではなく、音や光、振動を含む様々な物理的刺激、あるいは化学的刺激（ホルモンや薬物）にさらされています。また、発現それ自体が固定的なものではなく、環境によって変化する可能性があります。遺伝情報（ＤＮＡ配列）ではなく、細胞分裂の過程で、何らかの影響を受けることによって、遺伝的な機能が変容してしまうことを「エピジェネティクス（epigenetics）」と呼びます。遺伝子がもつ情報（ＤＮＡ）自体は固定されていますが、遺伝子がたんぱく質へと合成される過程で、別の物質によって蓋をされたり、装飾されることがあります。こうした影響によって、遺伝的な機能がかわってしまい、身体や脳の発達に長期にわたって大きな影響を与えるといったことが起こります。

この代表例が、胎内環境による胎児期の遺伝子発現の変容です。たとえば、サリドマイドと呼ばれる薬剤は、胎児の四肢の変形をもたらします。また、風疹などのいくつかの感染症は、胎児期の母親への感染を通して胎児にも及びます。これを胎内感染症と呼びます。たとえば風疹は、近年、日本でも感染者が増えていますが、妊娠中の女性が風疹に感染し、胎児も感染すると、胎児の子宮内での発育に何らかの問題がみられたり、小頭症や精神遅滞などの症状が出るといわれています。このほかにも、妊娠中の女性の飲酒によって引き起こされる胎児アルコール症候群では、九四パーセントに頭が小さくなる小頭症がみられます(Volpe, 1995)。

胎内環境は、出生後の健康や心の発達に長期的に影響を与えます。たとえば、胎児期にアルコールに暴露された人は、成人になったときによりアルコールを好む傾向にあります(Spear & Molina, 2005)。これは、胎児期に母親が摂取した食物の味や香りを、母親の血液を介して記憶しているため、同じ味や香りのするものを好むようになるためだと考えられています(Marlier et al., 1998)。

妊娠期に極端な環境に置かれてしまうことが、胎児の発育不全だけでなく、精神遅滞やアルコール嗜好性といった心の側面にまで長期的に影響を与えてしまう危険性があるのです。

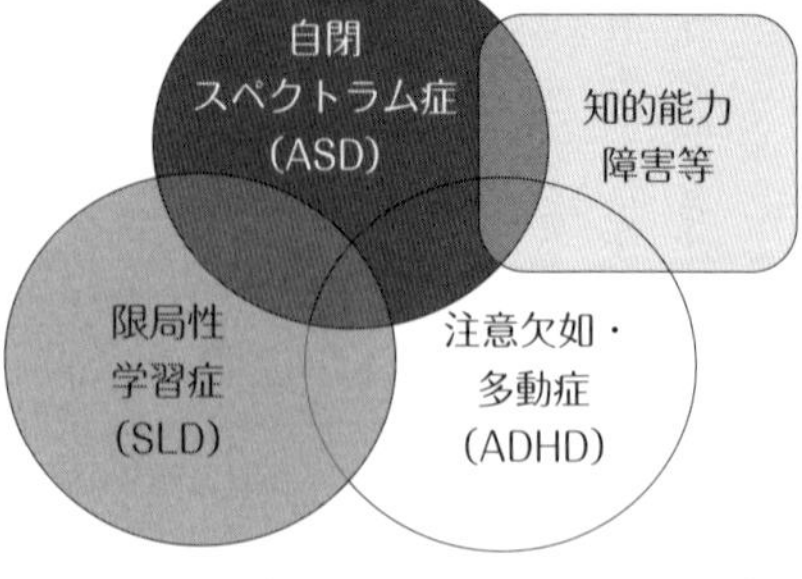

図3-6. 発達障害の種類（DSM-5より）

胎児期の環境と発達障害

胎児期の特異的な環境は、出生後の子どもの神経発達症（発達障害）の発症のリスクと関係する可能性も指摘されています。発達障害とは、脳の機能発達のかたよりによる障害とされ、自閉スペクトラム症（Autism Spectrum Disorder：ASD）、注意欠如・多動症（Attention-Deficit Hyperactivity Disorder：ADHD）、限局性学習症（Specific Learning Disorder：SLD）、その他の知的障害等があります（図3-6）。

ＡＤＨＤとは、不注意（inattentive）、衝動性（impulsive）、過活動（hyperactive）、という三つの症状によって特徴づけられる発達障害です。不注意には、ひとつの作業に集中し続けるのが難しい、簡単に気をそらされる、ケアレスミスをする、物事を忘れるといった行動が含まれます。衝動性（impulsive）・過活動（hyperactive）には、じっと座っていることができない、ほかの人を遮って絶え間なくしゃべり続ける、などが含まれます。

自閉スペクトラム症（ＡＳＤ）は、「社会的コミュニケーションの障害」と「限定された反復的な行動」によって特徴づけられる発達障害です。社会的コミュニケーションの障害には、日常的な会話のキャッチボールがうまくできない、話しているときにあまり表情が変わらない、視線が合いにくい、身振り手振りが少ない、などがあります。嘘や皮肉の理解が難しいこともあります。限定された反復的な行動とは、特定の対象に強い愛着を示し、おもちゃを一列に並べるといった定型的な振る舞いを繰り返すといったことが含まれます。また、こうした反復的な行動を妨げられるとひどく苦痛や不安を感じて、パニックになることもあります。このほかに、感情の不安定性や、ＡＤＨＤ、不眠、軽度の感染症と消化管障害が伴う場合もあります。感覚刺激に対する反応の異常があり、音や痛みに過敏な一方、他の刺激に鈍感なこともあります。

発達障害の罹患は、遺伝による影響を少なからず受けます。遺伝による影響は五〇～八三％であるといわれています（Bai et al., 2019）。しかし、逆にいうと、残りの部分は環境の影響を受けるといえます。また、遺伝による影響を受けるといっても、それが、遺伝子のもつ情報それ自体によるものだけでなく、先ほど説明したエピジェネティックな過程によるものである可能性も支持されています（Santos et al., 2019）。

実際、胎児期の環境は、いくつかの発達障害に影響を与えるようです。たとえば、胎児期に飲酒や喫煙にさらされた子どもは、ＡＤＨＤの発症リスク、犯罪や攻撃性の高さなどの問題行動、認知機能の低さが報告されています（Huizink & Mulder, 2006）。

このほか、予定される週数よりも早く（在胎週数三六週未満）に生まれてしまう、「早産」も発達障害のリスクと関係していることが示唆されています。満期産で生まれた赤ちゃんと比べて、早産で生まれた赤ちゃんは、ＡＤＨＤのリスクが四倍、自閉スペクトラム症のリスクが二～三倍高いといわれています。実際に、満期産で生まれた赤ちゃんと早産で生まれた赤ちゃんでは、出生してから生後一年までの心の発達、具体的には、ヒトが含まれる刺激に対する注意の向け方に違いがみられることが示唆されています（詳細は、Imafuku et al., 2017、今福、二〇一九を参照）。

ただし、これらの知見は、早産で生まれたすべての赤ちゃんが、発達障害に罹患してしまう、という意味ではありません。出生時の在胎週数や、合併症の有無、病院での治療経験や、退院後の様々な経験などによって、子どものその後の心の発達の道筋は変わりうるとみられています。たとえば、早産で生まれた赤ちゃんやその親御さんに対して行われる病院でのケアが、早産の赤ちゃんのその後の発育や心の発達に良い影響を与える可能性も示唆されています（Feldman & Eidelman, 2003 : Mekonnen et al., 2019）。

第１章のワディントンの図（図１-１）が示すように、心の発達は、連続していて多様なプロセスです。現在は、胎児期の胎内環境（子宮内環境）や、母体の血中の炎症性反応を含めた様々な環境が、子どもの側の心の発達に与える影響が調べられています。今後、こうした初期の環境の多様性が、遺伝的な特徴と絡み合いながら、どのようにして子どもの心の発達に影響を与えるのか、そのメカニズムを明らかにしていくことが課題です。

3　赤ちゃんはヒトらしいものが好き

前節の「環境」ということばは、主に物理的な環境のことを指していました。しかし、環境には、物質的な環境以外にも、人的な環境があります。先ほど、胎児期の後期には、母親の声といった、ヒトに関連する刺激を知覚する経験が、胎児の心に与える影響について紹介しました。出生後、赤ちゃんは毎日、他者（多くは養育者）と関わる経験をします。ここでは、こうしたヒトらしい刺激、つまり、社会的な刺激に対して、新生児期の赤ちゃんがどのような反応を示すのかについて説明します。

生まれたばかりの新生児の赤ちゃんは、出生してすぐに、「ヒトの顔や生き物らしい動き、母国語に近い音」といったヒトらしい刺激、つまり社会的な刺激を、他の刺激よりも好むことがわかっています。

たとえば、生まれて二～五日の新生児は、目と口が顔らしい配置パターンになっている刺激（正立顔）を、配置がごちゃ混ぜの刺激に比べてより長く注視します（Johnson et al., 1991）。また、新生児は正立顔を、上下で一八〇度回転させて逆さまにした倒立顔と区別してより長く見ます（Farroni et al., 2005）。図3-7は、新生児の赤ちゃんが、それぞれの刺激に対してどのくらい注意を向けたか、その注視時間を表しています。新生児の赤ちゃんは、倒立の顔

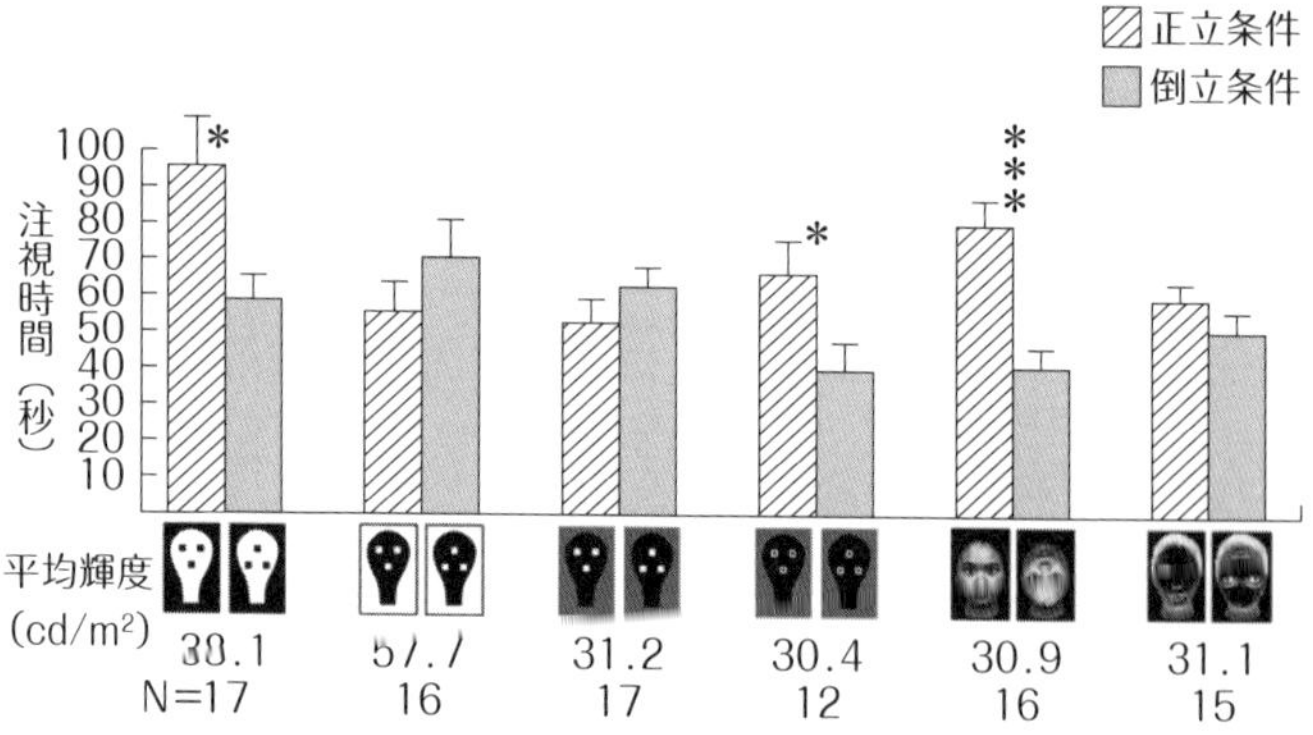

図3-7. 顔らしい刺激に対する新生児の注意の向け方

注：***$p<.001$，*$p<.05$

出所：Farroni et al.（2005）を改変

刺激よりも正立の顔刺激を長く見ることがわかります。さらに、しゃもじのような顔の形に目と口らしい点が配置された図に対しても、同様の効果がみられます。一方、顔の色に対して目の色が黒くなっていない刺激については、正立の刺激に対する選好の効果はあまりみられません。新生児の赤ちゃんの顔らしい刺激への選好は、目や口といったパーツの配置の位置と、色のコントラストによる影響を受けているようです。

同様に、新生児は、「生き物らしい動き（バイオロジカルモーション）」に対しても選好を示します（Simion et al., 2008）。バイオロジカルモーションとは、点の動きで生物らしい動きを模した刺激のことを指します（図3-8）。新生児は、バイオロジカルモーションを、同じ点の配置をバラバラにした刺激よりも選好します。また、バイオロジカルモーションを倒立させると、足が地面についていないような刺激になり、重力関係がおかしい刺激になります。すると新生児は、このバイオロジカルモーションに対して選好を示さなくなることから、新生児は、自身の重力の経験からバイオロジカルモーションを知覚することができると考えられています。

音の刺激に対しても、新生児は、純音を合成して作成した人工音よりも、ヒトの声を選好します（Vouloumanos & Werker, 2007）。さらに、新生児を対象に、音声言語に対する脳の反応性も調べられています（Gervain et al., 2008）。たとえば、日本語の音声刺激と、同じ音声刺激を逆再生した刺激を聞かせたときの脳の血流反応をＮＩＲＳ（ＮＩＲＳは、頭皮から皮質に向かって光をあて脳の血管で吸収される光を測ることで脳の血流動態変化を間接的に知ることができます）で計測しました。また、日本語の正再生音声と、逆再生音声に対する脳の活動パターンを比較すると、逆再生刺激よりも正再生の音声刺激

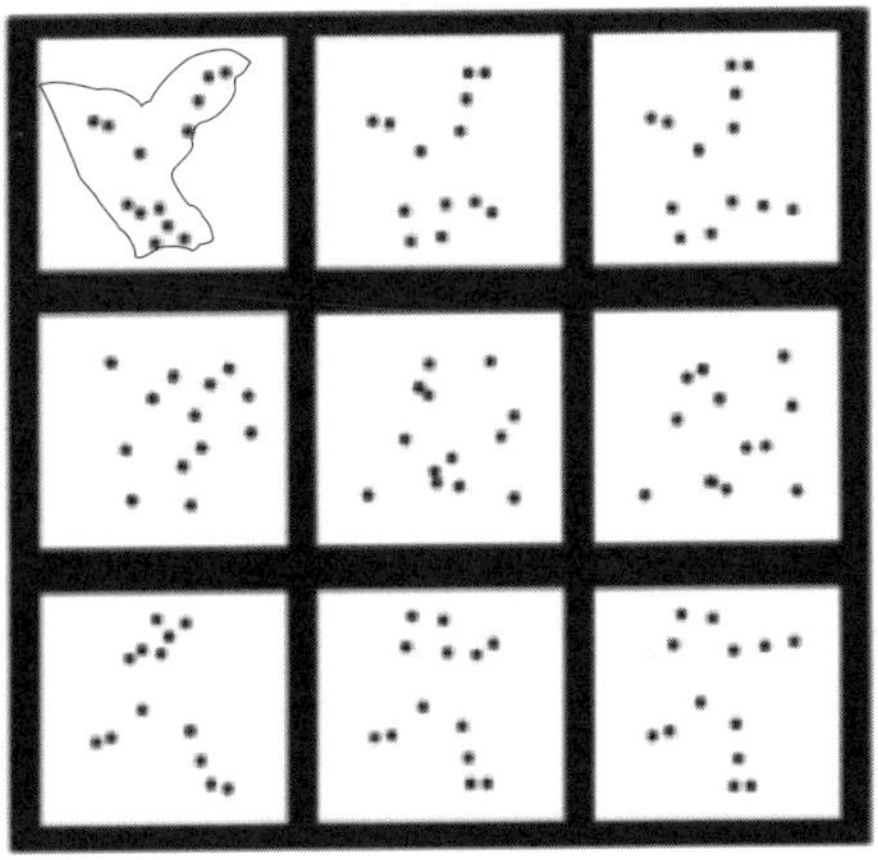

図3－8．バイオロジカルモーションの例

注：一番上列はメンドリが歩く刺激，中央列は，一番上の刺激の点の配置をランダム化した刺激，一番下列はメンドリのバイオロジカルモーションを上下反転させた刺激

出所：Simion et al.（2008）より一部改変

を提示したときの方が、左側頭領域の血流反応が強いことがわかりました（Sato et al., 2012）。左側頭領域には、ウェルニッケ野と呼ばれる、ことばを聞いて理解するときに活動する部位があります。さらに、この研究では、外国語の音声刺激を加えて新生児の赤ちゃんの脳血流反応を計測しました。その結果、正再生の外国語の音声刺激に比べて、正再生の日本語の音声刺激に対して左側頭領域がより強く活動しました。一方、逆再生刺激では、母語の影響はみられませんでした。新生児の赤ちゃんの脳の左側頭領域は、母語に特徴的な音刺激に対して敏感に活動することがわかりました。

4 赤ちゃんと大人の関わり方

先ほど、新生児の赤ちゃんは、社会的刺激を好むと述べました。赤ちゃんは、外の環境から与えられる社会的な刺激に対して注意を向けるだけでなく、他者（大人）に対して能動的にはたらきかけます。こうした赤ちゃんからのはたらきかけを受けて、大人もまた自分自身の振る舞いを変化させます。乳児期の赤ちゃんと大人のやり取りは、相互に影響を与え合うという、性質をもっています。赤ちゃんと大人の関わりは、赤ちゃんの発達に応じて質的に変化します。ここでは、乳児期の赤ちゃんの関わり方の特徴について述べます。

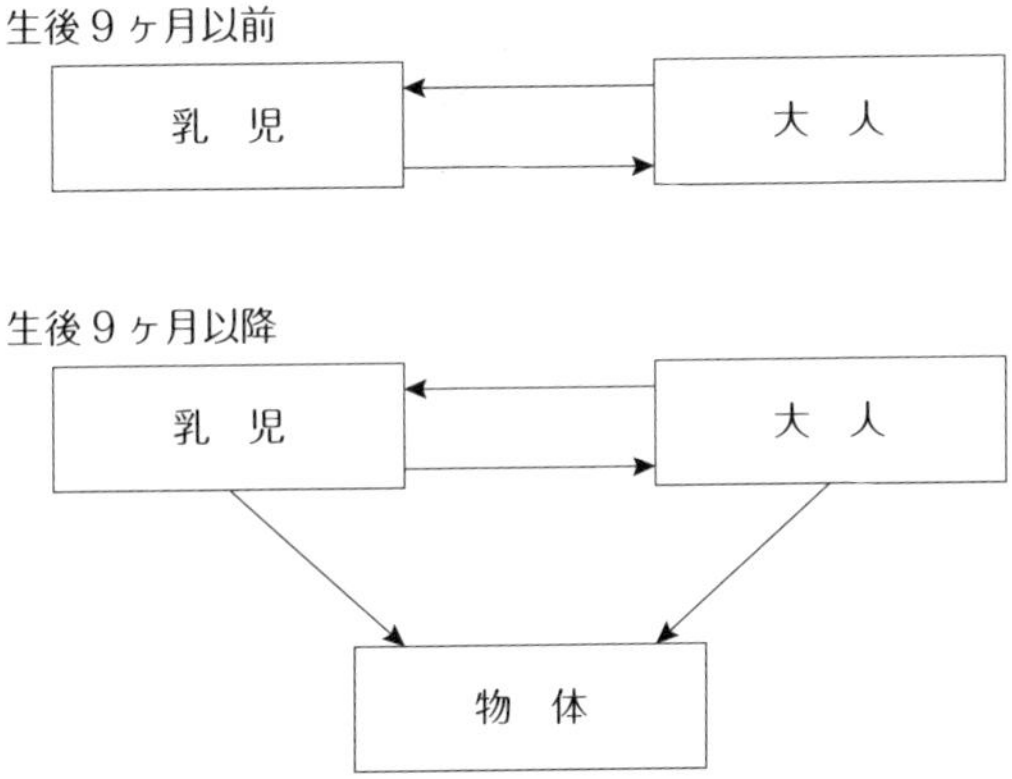

図３－９．二項関係と三項関係

注：生後九ヶ月前後の赤ちゃんと大人の関わり方の特徴を示す。生後九ヶ月以前の自分―他者という二項的相互作用から，生後九ヶ月以降，物体を介した三項的相互作用となり，他者が物体に注意を向けていることを理解するようになると考えられている

出所：Tomasello（1999）より一部改変

新生児期（出生から生後一ヶ月）

新生児期から生後九ヶ月頃までの赤ちゃんと大人との関わりは、「乳児―大人」という二項的な関係になります（図３-９上）。大人との関わりの中で、赤ちゃんは、相手との関わりを維持させるために能動的にはたらきかけます。

たとえば、新生児期の赤ちゃんは、他者の顔の表情や手の動きを真似します。メルツォフとムーアは、大人が舌を突き出す、口を開ける、唇を突き出す、指を動かす様子を新生児に見せると、新生児は大人の行為と一致した行為をみせます（Meltzoff & Borton, 1979）。これを「新生児模倣」といいます（図３-10）。新生児

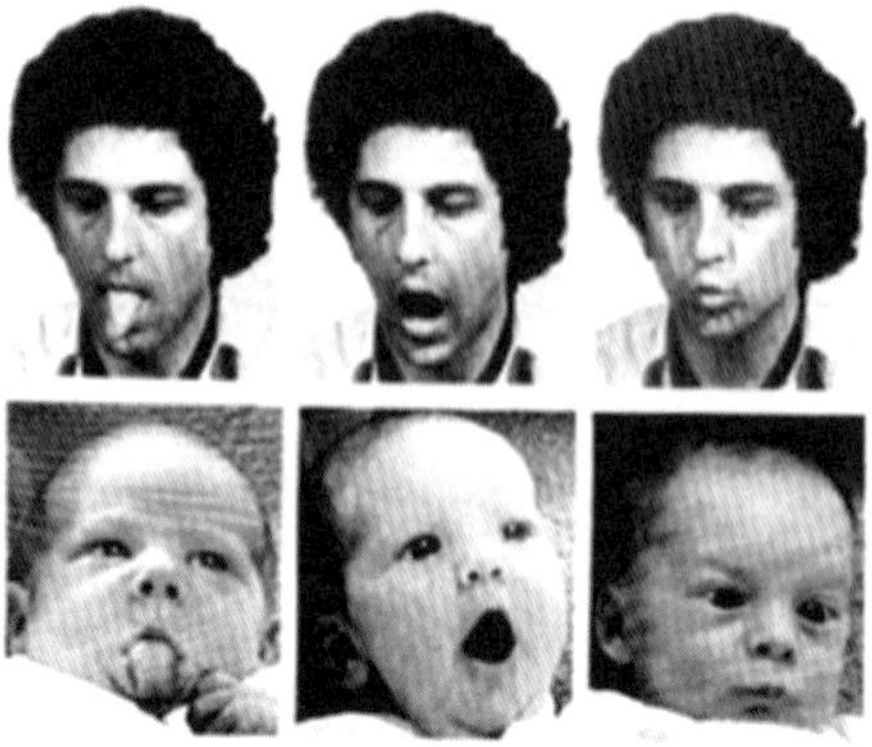

図３－10．新生児模倣の様子
注：大人が舌を出してみせると，新生児の赤ちゃんは舌を出す，同様に，口を開けると新生児は口を開け，口をすぼめる様子を見せると新生児は口をすぼめる
出所：Meltzoff & Moore（1997）を改変

模倣は、顔や手の動きを視覚的に見せなくとも、「声」だけでも生じます。新生児に対し「あー」という音声と「うー」という音声をスピーカー越しに聞かせると、新生児は「あー」という音声を聞いたときには口を開け、「うー」という音声を聞いたときには口をすぼめました（Chen et al., 2004）。

自分の顔を鏡でみたことのない新生児の赤ちゃんは、なぜ他者の口の動きや声を見聞きしただけで、それを模倣できるのでしょうか。新生児模倣が本当にあるのかどうか、新生児模倣があるとすればその背景にあるメカニズムは何か、これらの議論は現在も続いています。新生児模倣を発見したメルツォフとムーアは、ヒトは生得的に、観察した他者の動きを自分の運動のイメージに照合させる機構をもっているといいます（Meltzoff & Moore, 1997）。これに対して、新生児模倣は、模倣のように見える「反射」である、とする見方や、そもそも「模倣」と呼べるほど、十分に高い確率で起こるものではないとする見方もあります（Jones, 1996；Oostenbroek et al., 2016）。新生児模倣があるかどうかについてはまだ答えは出ていませんが、少なくとも新生児期の赤ちゃんは、すでに他者からのはたらきかけに対して特定の行動パターンで応答することができるという潜在的な能力をもっているようです。

乳児期前半（生後二～九ヶ月）

生後二ヶ月～生後半年頃の赤ちゃんは、「自分―他者」という二項的な関係の中で、アイコンタクトや笑顔、発声といった社会的手がかりを用いて能動的に他者と関わろうとします。たとえば、赤ちゃんは物体と他者をはっきり区別して関わりはじめます（Brazelton et al., 1974）。赤ちゃんは他者の顔に視線を向けるようになり、その時に笑顔を向けたり口を動かしたりします（Messinger et al., 1997；Trevarthen, 1979）。こうした赤ちゃんの振る舞いをみた親もまた、赤ちゃんの目を見つめ、笑顔を向けたり声をかけたりします。三ヶ月児の赤ちゃんと母親が対面で遊ぶ様子を観察すると、アイコンタクトや発声、笑顔などの同期（同じタイミングで同じ行動が起こること）がみられます（Messinger et al., 1997；Trevarthen, 1979；Tronick, 1989）。

二項関係的な親子の関わりでは、二者間の行動だけでなく、身体の生理状態も同期します。フェルドマンらは、生後三ヶ月の赤ちゃんとその母親が対面で遊んでいる最中の行動を計測しました。さらに、その時の母親と赤ちゃんの心拍を心電計によって計測し、母子間の行動の同期と心拍のタイミングの同期との関連を調べました。すると、同期的な行動が起こっている最中には、母子間の心拍のタイミングも同期することがわかりました（Feldman et al., 2011）。

こうした同期的な関わりでは、母親が赤ちゃんの変化に合わせるだけではなく、赤ちゃんもまた、母親の発声や笑顔に合わせた振る舞いをみせます（Cohn & Tronick, 1989）。乳児期前半のうちに、赤ちゃん自身が積極的に大人と同期的な関わりを行うようになることがわかります。

さらに、赤ちゃんは、自分の振る舞いに対して、親が同期的に応答してくれることを期待しています。これはスティルフェイスパラダイムと呼ばれる方法で検討されています（Cohn & Elmore, 1988；Cohn & Tronick, 1983）。このパラダイムはいくつかのフェーズに分かれます。図3-11にあるように、まず、赤ちゃんと母親が通常の関わりを行います（ベースライン期）。突然母親が（実験的な操作として）動きを止めて無表情になると（スティルフェイス期）、赤ちゃんは不快そうな表情や悶えるような動きを示し、母親から目を背けます。再び母親が通常の相互作用を行う（回復期）と、赤ちゃんもまた母親に注意を向け、声を発し

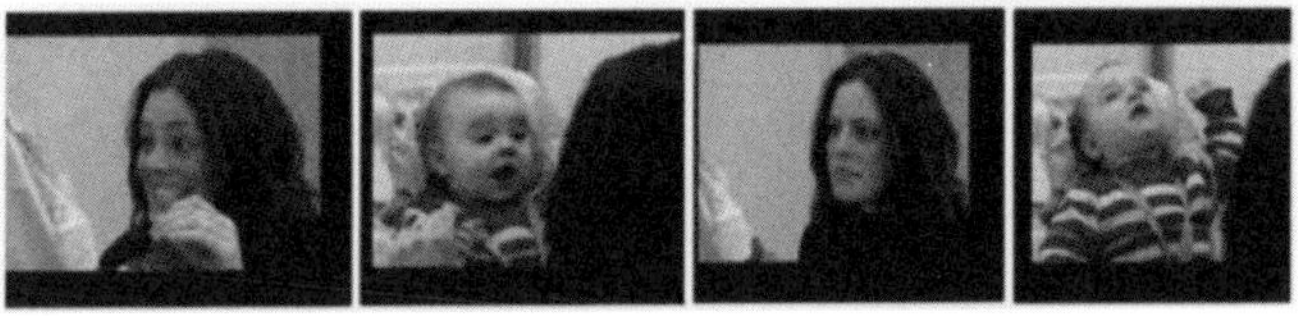

図３-11．スティルフェイスパラダイムの様子

注：左の２つの写真はベースライン期。通常の母子間相互作用において，赤ちゃんは母親の顔を注視し，発声や笑顔を表出する。右の２つの写真はスティルフェイス期。母親は無表情で赤ちゃんに対して一切関わりを示さない。この時，赤ちゃんは母親から顔を背け，不快そうな表情をみせる

出所：Lester et al.（2018）

ます（図３-11）。

赤ちゃんは、はたらきかけの有無だけでなく、大人からの応答のタイミングのズレにも反応します（Murray & Trevarthen, 1985；Nadel et al., 1999）。ビデオカメラやマイク、モニターなどを用いて、別々の部屋に分かれて入った赤ちゃんとその母親が、モニターに映った相手とリアルタイムで相互作用できる装置が作られました。ライブ条件では、モニター越しにリアルタイムで反応している母親の映像と音声が赤ちゃんの前のモニターに映し出されました。録画条件では、録画されていた母親の映像と音声が再生されました。その結果、ライブ条件では、赤ちゃんは母親への注視や笑顔や笑いの発声が多かったのに対し、録画条件ではこれらの頻度が減少し、さらには目を背けたり、ぐずったりすることが多くなりました（Nadel et al., 1999）。赤ちゃんは自分の行動に随伴的に応答してくれる他者とそうでない他者を区別して認識しているようです。

乳児期後半（生後九〜一八ヶ月頃）

乳児期後期、生後九ヶ月頃になると、赤ちゃんと大人の相互作用の形態が変容します。この時期から、「自分―物体―他者」という三項関係的な関わりをするようになります（Bakeman & Adamson, 1984：図3-9下）。たとえば、赤ちゃんは、他者が見ている視線の先に注意を向けたり、自分が見ているものを他者と共有するために指差しをしはじめます。

このように、生後九ヶ月以降、赤ちゃんは、他者との関わりの中で、共同注意（joint attention）という行動を示すようになります。共同注意には、他者の視線を追ってその先の対象に目を向ける（視線追従）、新奇な状況に遭遇したとき大人の情動や態度（笑顔やポジティブな声かけをしてくれるか、怯えた様子をみせるか）を参考にして、自分の行動を選択する（社会的参照）、赤ちゃん自身も指さしを用いて他者の注意を操作するなどが含まれます。共同注意は、生後九ヶ月から一二ヶ月にかけて立て続けにあらわれることから、この時期を「九ヶ月革命」と呼ぶこともあります（Tomasello, 1999）。共同注意は、行為学習や言語発達の基盤となる現象であると考えられており（Desrochers et al., 1995：Tomasello et al., 2005：Zukow-Goldring & Arbib, 2007）、この時期の赤ちゃんの認知発達の評価としても使われます。

このように、乳児期からすでに、赤ちゃんと他者は双方向的に影響を与え合いながら関わっていることがわかります。

5 他者との関わりが赤ちゃんの脳に与える影響

赤ちゃんと大人の関わりにみるマルチモーダル性

ここでは、赤ちゃんと大人の関わりの特徴について、もう少し詳しくみていきます。赤ちゃんと大人が遊ぶ様子をイメージしてみてください。母親は赤ちゃんの顔を見つめながら笑顔を向け（視覚的手がかり）、対乳児発話で語りかけます（聴覚的手がかり）。さらに、母親は赤ちゃんの身体を撫でたり、抱き上げます（触覚的手がかり）。授乳の際には、母親から赤ちゃんに対して味覚や嗅覚的手がかりも伝達されます。

特に乳幼児期の大人―赤ちゃんの遊びは「マルチモーダル」であるといわれています。マルチモーダルとは、視覚や聴覚、触覚、味覚や嗅覚といった複数の感覚刺激を含むという意味です。複数の感覚を共有しながら関わり合うことを、マルチモーダル相互作用と呼びます（Gogate et al., 2000）。

大人と赤ちゃんの間にみられるマルチモーダルな関わりは、赤ちゃんの学習を促進する機能があるといわれています。たとえば、六～一〇ヶ月の赤ちゃんに対して、母親や実験者が、聴覚的手がかりと視覚的手がかりを同時に提示する方が、聴覚的手がかりだけを提示する場合よりも、より素早く正確に新しい単語を学習します（Gogate et al 2001；Gogate et al.,

2006）。

〔冗長性仮説〕

マルチモーダルな関わりは、なぜ赤ちゃんの学習を促進するのでしょうか。この問いに関する一つの仮説として、複数感覚間の冗長性仮説（Intersensory Redundancy Hypothesis：IRH）があります。この仮説は、環境の中にどのような刺激がどのような条件のもとに置かれると、赤ちゃんの注意と知覚処理が促進されるのかについて論じています（Bahrick & Lickliter, 2000）。

感覚間の冗長性とは、複数の感覚にわたって同じ情報（e.g., 速さ、リズム、持続時間、加速度）が時間的に同期する、または空間的に共起することをいいます。たとえば、他者が話している様子を見るとき、話者の口の動きと発声は時間的にも空間的にも共起しています。複数の感覚間に冗長性がみられると、その情報は、外の環境に存在する膨大な情報の中で特に情報量の高い（顕著な）刺激となります。多くの研究が、生後二ヶ月以降の赤ちゃんはこうした冗長性を検出することを示しています（Lickliter et al., 2017）。生後二ヶ月から四ヶ月以降の赤ちゃんは、一つの感覚刺激よりも複数の感覚刺激が同時に提示された方が、その刺激に注意を向けます（Farzin et al., 2009；Flom & Bahrick, 2007；Jordan et al., 2008）。環境内で冗長性が高い刺激は、そこに含まれる情報量が多くなるので、その刺激の顕著性が高くなります。顕著性の高い刺激に対して注意を誘引するという性質が、赤ちゃんの学習を促進すると考えられています（Kraebel, 2012；Lewkowicz, 2004, 2010）。

赤ちゃんの学習と多感覚統合

冗長性仮説というのは、赤ちゃんがマルチモーダルな刺激に注意を向けるという振る舞いをうまく説明できていると思います。

しかし、この仮説だけでは、「マルチモーダルである」ということが赤ちゃんの学習を促すためのプロセスを十分に説明できません。刺激の物理量を増やしたりすることで、単一の感覚刺激だけでも冗長性を高くすることができるからです。マルチモーダルな手がかりを見る、聞く、触れるという経験を通して、それがまとまりをもった一つのものである、ということを学習するためには、赤ちゃんは、マルチモーダルな情報をまとめあげて知覚しなければなりません。それでは、一体どのようにして、赤ちゃんは、こうしたことが可能になるのでしょうか。

マルチモーダルな情報をまとめあげて知覚することを、多感覚統合といいます。複数の感覚情報の統合には、脳が関わります。特に、脳の中で、複数の感覚情報が統合されるプロセスのことを、多感覚情報処理過程（Multisensory Information Processing：MIP）といいます。

ここでは、大人を対象として行われた研究の知見も借りながら、ＭＩＰのしくみについて

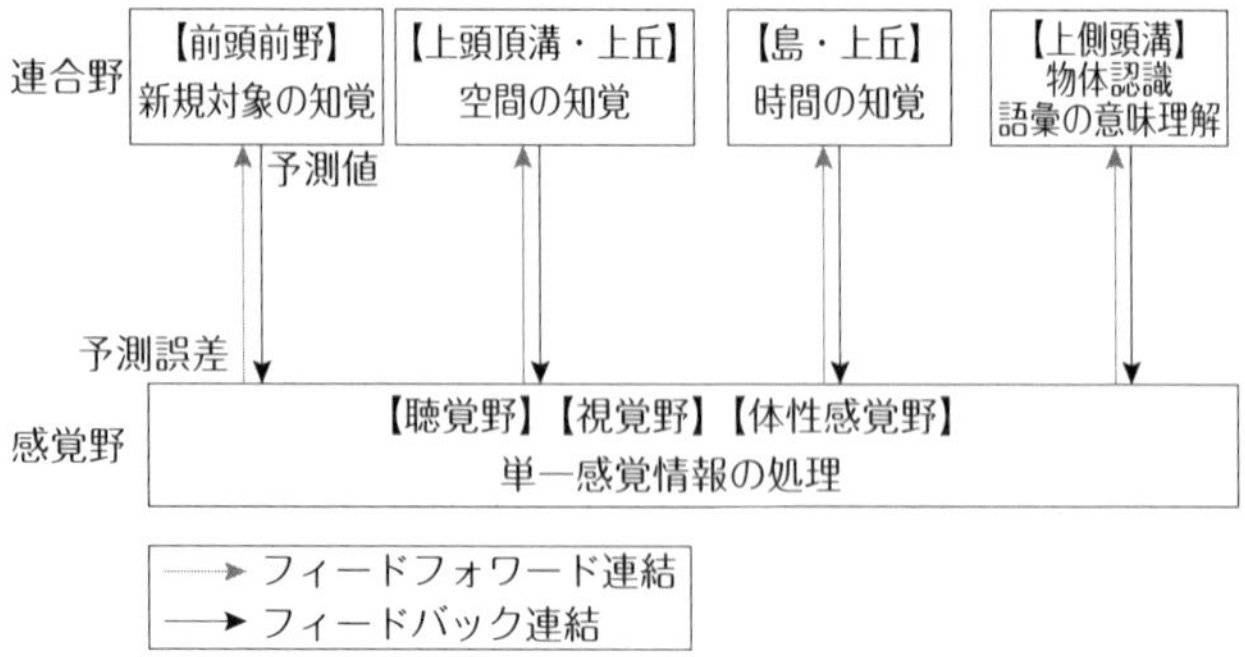

図3-12. 多感覚情報の統合の脳内プロセス
出所：Calvert（2001）を改変

説明をします。単一の感覚刺激、たとえば、聴覚刺激・視覚刺激・触覚刺激といったものはそれぞれ、対応する感覚の感覚野（聴覚野・視覚野・体性感覚野）で処理されます。感覚野で処理された情報は、連合野という領域で統合され、より複雑な情報の処理がなされます。図3-12のように、たとえば、上頭頂溝では視覚情報と触覚情報が統合され、それによって空間が知覚されます。上側頭溝（側頭葉に沿ってみられる大きな溝）は、複数の感覚情報を統合して物体を認識したり、語彙の意味を理解するときに関わります。このほか、複数感覚間の新しい組み合わせの関係を学習するときには、前頭前野という領域が関わります。

感覚野と連合野はそれぞれ独立して機能するわけではありません。これらの部位は、相互に情報を伝達し合います。外界から感覚情報が入ってきたときには、まず一次感覚野（以降すべて感覚野）で情報が処理され、連合野でそれらの情報が統合されると述べました。このとき、実は連合野からも感覚野に情報が伝達されます。

連合野から感覚野にはどのような情報が送られるのでしょうか。連合野からは、感覚野に入力されるであろう、「予測値」が送られます。脳は予測の臓器といわれています。脳は、あらゆる情報を素早く、かつ正確に処理するために予測をします。予測値とは、過去の経験をふまえて作られた仮説としての値です。感覚野はその予測値を受け取ると、実測値（実際に感覚器官を通して入力された情報）と予測値の間の差（誤差）を計算します。ここで計算された予測誤差という値は、連合野に送られます。連合野は、予測誤差が小さくなるように修正して、次の予測値をつくります。連合野と感覚野は、過去の経験にもとづいて、連携し合いながら情報を送り合っているのです。また、予測値や予測誤差は、外界から入力される実測値によって変化することから、外界の環境に応じて脳のはたらきが柔軟に変化していくこともわかります。

赤ちゃんの脳と多感覚統合

赤ちゃんを対象とした神経生理学的な研究から、赤ちゃんの脳でも、複数の感覚情報が統合されている可能性が示されています。

たとえば、生後七ヶ月の赤ちゃんの脳が、視覚的な情報と聴覚的な情報を統合して他者の感情を理解しているかどうかが調べられました（Grossmann et al., 2006）。この研究では、幸せ、悲しみ、怒りの表情を示す顔写真を赤ちゃんに見せました。その四〇〇ミリ秒後に、表情の感情に一致する、または一致しない韻律で話された単語をスピーカーから提示しました。たとえば、幸せな表情の顔写真が提示されたあとに、幸せそうな声の抑揚で「歩く」という音声が提示された場合、一致条件となります。一方、幸せな表情の顔写真が提示されたあとに、怒ったような声の韻律で「歩く」という音声が提示された場合、不一致となります。刺激が提示されている最中の赤ちゃんの脳波が計測され、その活動のパターンが条件間で比較されました。脳波は、第1章でも簡単に触れましたが、脳の皮質の神経細胞の活動を、頭皮上に設置された電極から検出して、記録するというものです。電極から計測できる脳波はとても微弱なので、同じ刺激を何度も繰り返し提示して、その刺激の処理に関連する脳波の活動パターンを評価する、という方法（事象関連電位、Event-Related Potential：ERP）をとることが一般的です。

こうした方法によって分析された結果、一致条件のＥＲＰと不一致条件のＥＲＰのパターンには明確な違いがみられました。図3-13には、前頭領域、頭頂領域、側頭領域、後頭領域にわたる一一の領域のＥＲＰが図示されています。実線は一致条件、点線は不一致条件です。ＥＲＰというのは、刺激が提示されてから数百ミリ秒の間、いつの時間に、どのようなピークを示すか、といった「波形のパターン」によって、どのような認知処理がなされているのかを推定することができます。

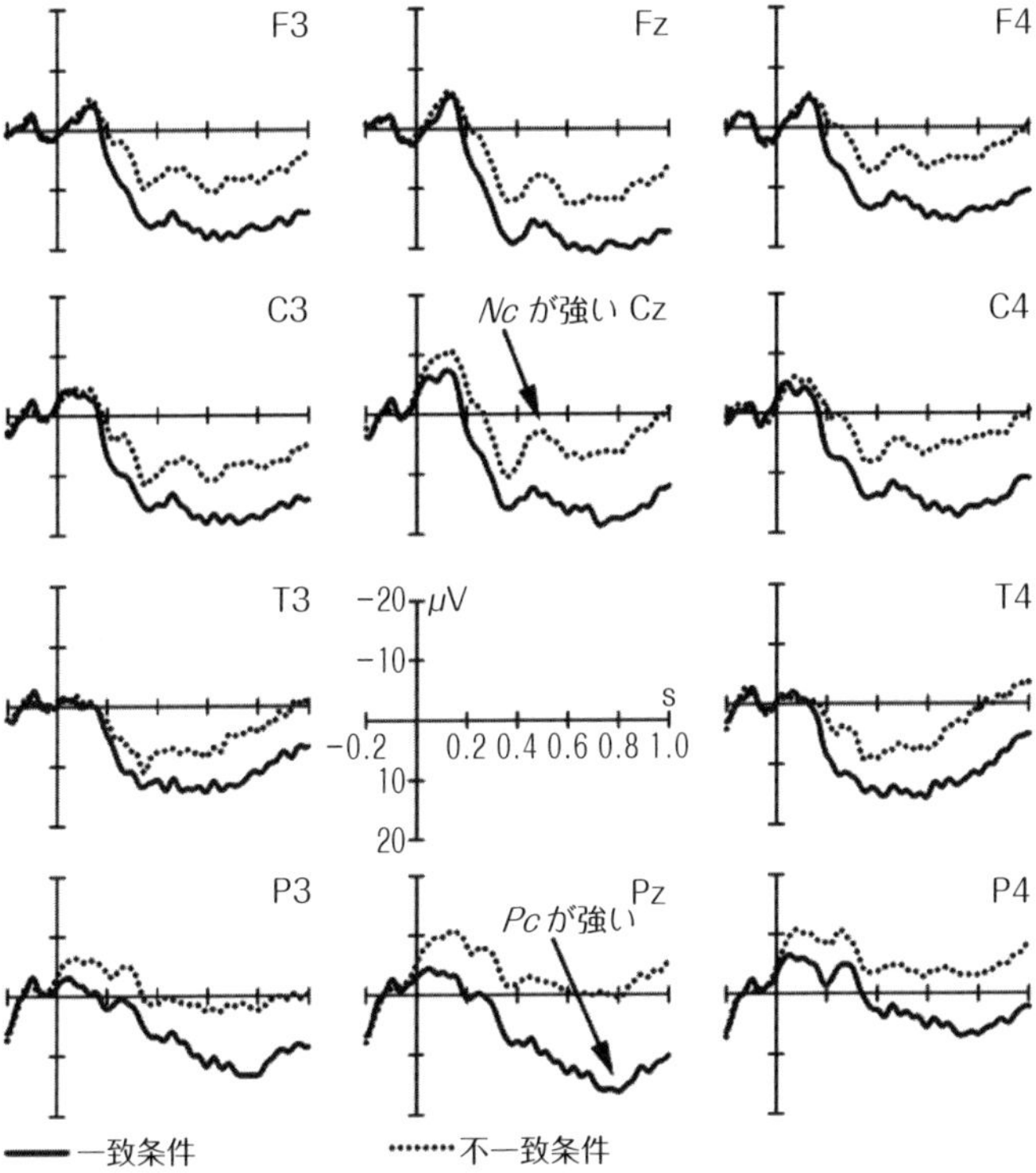

図3-13. 感情が一致する視聴覚刺激（一致条件）と一致しない刺激（不一致条件）に対する脳波の活動のパターン

注：1段目（F3, Fz, F4）が前頭領域, 2段目は頭頂領域（C3, Cz, C4）, 3段目が側頭領域（T3, T4）, 4段目は後頭領域（P3, Pz, P4）。各グラフの横軸は時間（0.2秒単位）, 縦軸は、脳の活動の振幅の大きさを示す

出所：Grossmann et al.（2006）を改変

この研究の結果では、新奇な刺激に対して強く反応するといわれている脳波の波形（Nc）について条件間で違いがみられました。一致条件よりも不一致条件の方が、Ncが強くあらわれました（図3-13）。たしかに、大人が幸せな表情をしながら悲しそうな声を出す、といったはたらきかけをする、といったことは稀ですから、乳児にとって、一致条件の刺激よりも、不一致条件の刺激の方が新奇な刺激であるということが理解できます。

一方、刺激が提示されてから〇・八秒付近にみられる、PcというERPの波形については、不一致条件よりも一致条件で活動が強いことがわかりました（図3-13）。Pcという脳波の形は、記憶や学習に関わる処理を反映しているといわれています。生後七ヶ月の赤ちゃんは、感情が一致しない視聴覚刺激よりも、感情が一致している視聴覚刺激をよりよく記憶していることがわかります。

ここから、七ヶ月児の脳は、複数の感覚の情報を統合して、他者の顔や声に共通してみられる感情を認識していることがわかります。

触覚を伴うマルチモーダル相互作用

これまで赤ちゃんの多感覚統合を扱った過去の研究のほとんどは、視覚刺激と聴覚刺激のみを対象にしてきました。

しかし、先ほどのマルチモーダル相互作用の例にもどりますと、日常の親子間相互作用に

料金受取人払郵便

山科局承認

1918

差出有効期間
2021年３月
31日まで

郵便はがき

607-8790

（受　　取　　人）

京都市山科区
日ノ岡堤谷町１番地

ミネルヴァ書房
読者アンケート係 行

◆ 以下のアンケートにお答え下さい。

お求めの
書店名＿＿＿＿＿＿＿＿＿市区町村＿＿＿＿＿＿＿＿＿＿＿＿＿＿＿書店

＊ この本をどのようにしてお知りになりましたか？ 以下の中から選び、３つまで○をお付け下さい。

A.広告（　　　　）を見て　B.店頭で見て　C.知人·友人の薦め
D.著者ファン　E.図書館で借りて　F.教科書として
G.ミネルヴァ書房図書目録　H.ミネルヴァ通信
I.書評（　　　　）をみて　J.講演会など　K.テレビ·ラジオ
L.出版ダイジェスト　M.これから出る本　N.他の本を読んで
O.DM　P.ホームページ（　　　　　　　　　）をみて
Q.書店の案内で　R.その他（　　　　　　　　　）

書 名 お買上の本のタイトルをご記入下さい。

◆上記の本に関するご感想、またはご意見・ご希望などをお書き下さい。
文章を採用させていただいた方には図書カードを贈呈いたします。

◆よく読む分野（ご専門）について、3つまで○をお付け下さい。

1. 哲学・思想　2. 世界史　3. 日本史　4. 政治・法律
5. 経済　6. 経営　7. 心理　8. 教育　9. 保育　10. 社会福祉
11. 社会　12. 自然科学　13. 文学・言語　14. 評論・評伝
15. 児童書　16. 資格・実用　17. その他（　　　　）

〒 ご住所 Tel　（　　）
お名前《ふりがな》　年齢　歳　性別　男・女
ご職業・学校名 （所属・専門）
Eメール

ミネルヴァ書房ホームページ　http://www.minervashobo.co.jp/

＊新刊案内（DM）不要の方は × を付けて下さい。 □

おいて、大人と赤ちゃんは、視聴覚的手がかりだけでなく、触覚的手がかりも共有します。触覚的手がかりとは、撫で、抱き、くすぐり、高い高いなど、身体の一部または全体が触れ合うこと全般を指します。これらの、触覚的手がかりは、視覚・聴覚的手がかりと同時に提示されます。たとえば、くすぐり遊びや歌遊びでは、母親は赤ちゃんの身体に触れるときに、笑顔を向けたり、歌を同期させたり、「こちょこちょ〜」といった発声を伴います（Fogel et al., 2000：Messinger et al., 2001：Negayama & Yamaguchi, 2005）。赤ちゃんの月齢が五〜六ヶ月になると、赤ちゃんは、母親に触れられるよりも前に、母親の発話や表情を手がかりに、自分がくすぐられることを予期して、母親の手を見たり、笑うようになります（石島・根ヶ山、二〇一三）。

赤ちゃんの脳は触覚—聴覚情報を統合する

赤ちゃんが母親の声（e.g., こちょこちょ〜という発声）を聞いただけで、母親から触れられることを予期するためには、赤ちゃんは、母親の声と、母親から触れられることの間に関連があることを知覚しなければなりません。この時、赤ちゃんの脳は、母親の声という聴覚刺激と、母親から触れられるときの触覚刺激を関連づけ、統合しなければなりません。

大人の研究から、聴覚刺激と触覚刺激を統合するときには、左の上側頭回という領域が活動することがわかっていました（Schneider et al., 2011）。これに対して、赤ちゃんの脳が、他者と身体接触を伴う相互作用経験を通して、聴覚刺激と触覚刺激を統合しているかどうかについてはまだわかっていませんでした。

そこで、実際に赤ちゃんの脳活動を計測することによって、身体接触を伴う関わり経験を通して、赤ちゃんの脳が聴覚刺激と触覚刺激を関連づけるようになるかどうかを調べました（Tanaka et al., 2018）。

この研究は経験フェーズとテストフェーズに分けられます。経験フェーズでは、実験者と赤ちゃんが対面で数分間遊びました。実験者は、赤ちゃんの身体に触れながら無意味な単語を発声する（e.g., とぴとぴ）条件（触覚—聴覚条件）と、触れずに別の単語（e.g., べけべけ）を発声する条件（聴覚のみ条件）を設定し、各条件下で赤ちゃんと遊びました。その後、テストフェーズでは、経験フェーズのときに聞いた音声を、スピーカーを通して赤ちゃんに提示しました。この時の音声刺激は、事前に同じ実験者の声を録音して、聞き取りやすく編集されたものでした。そして音声を聞いている間の赤ちゃんの脳波を分析しました。その結果、身体を触れられることなく聞いた音声に比べて、触れられながら聞く経験をした音声のほうが、左の側頭領域の脳の活動が高いことがわかりました。図3-14(a)はX軸が時間（ミリ秒）、Y軸が脳の活動の強さを示しています。実線が触れられながら聞く経験をした（聴覚—触覚）条件、点線は身体を触れられることなく聞いた（聴覚のみ）条件です。聴覚条件よりも聴覚—触覚条件の脳波の方がより強い活動を示しています。

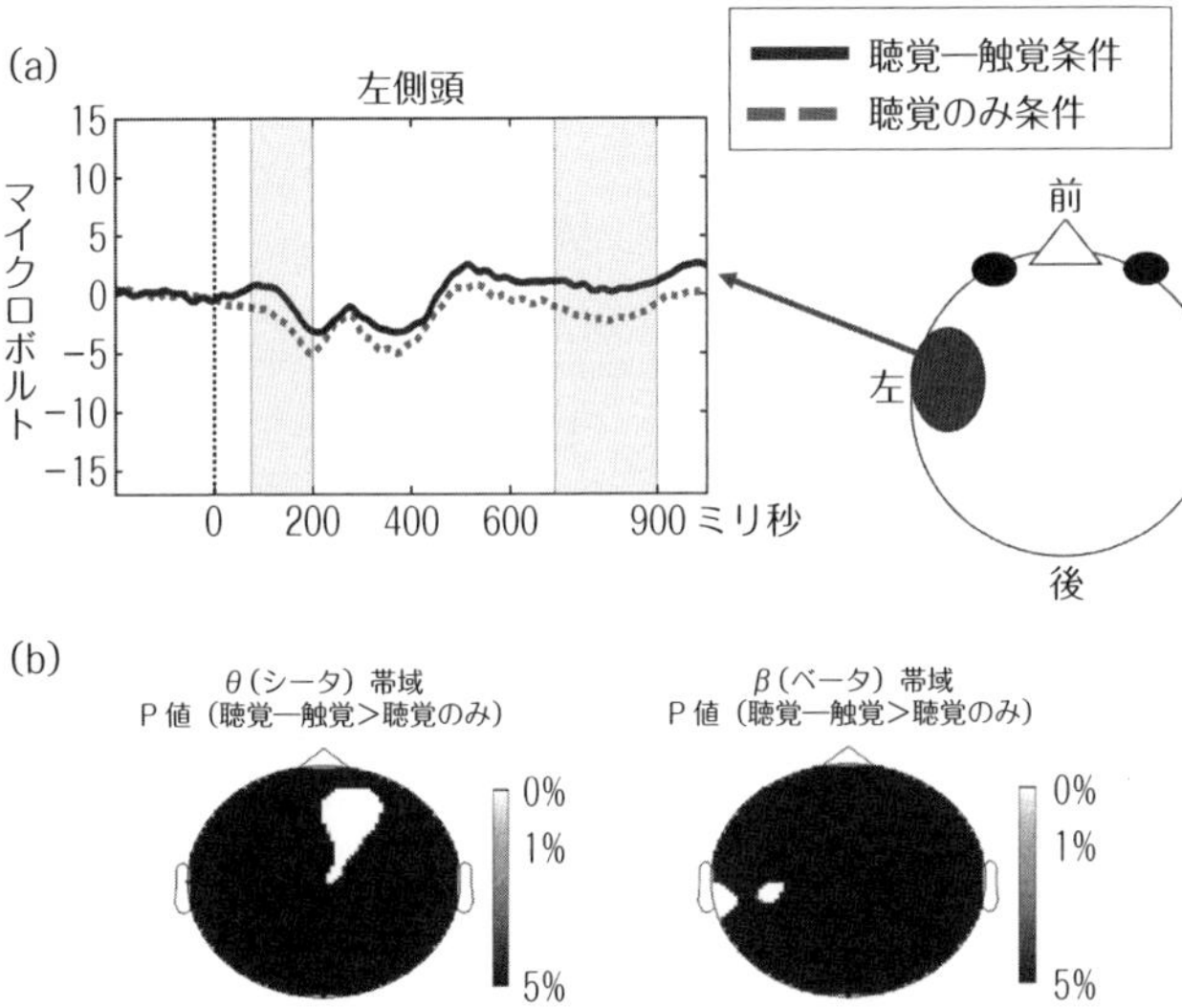

図3-14．テストフェーズ中，赤ちゃんが音声刺激を聞いている最中の脳の周波数活動

注：(a) 2つの条件の音声提示中の左側頭領域の ERP。淡灰色の帯は，条件間に違いがみられた時間幅（ミリ秒）を示す。(b) θ帯域（刺激提示から五〇〇～六〇〇ミリ秒），β帯域（刺激提示から七〇〇～八〇〇ミリ秒）における周波数活動の条件間比較。聴覚のみ条件に比べて聴覚―触覚条件においてより強い脳の活動がみられた

出所：Tanaka et al. (2018)

さらに、この脳波の活動パターンについて詳しく分析をしました。具体的には、周波数解析といって、脳波の波の形（周波数）を分解して、特定の波の形（周波数帯域）の脳の活動の強さを条件間で比較しました。その結果、左側頭領域のβ（ベータ）波と呼ばれる周波数帯域（一五―一八Hz）の活動が、聴覚のみ条件より聴覚―触覚条件の方が強いことがわかりました（図

3-14）。図3-14(b)では、聴覚のみ条件よりも聴覚—触覚条件で強い活動がみられた場所が白くなっています。θ波では前頭領域、β波では側頭領域において条件間差がみられたことがわかりました。

これに加えて、この周波数活動の源が脳の皮質のどの部位にあるのかを推定しました。その結果、このβ帯域の活動源は、左上側頭回という領域であると推定されました。この結果は、大人を対象として、左の上側頭回が触覚—聴覚間の感覚情報の統合に関わるという先行研究の結果と一致しました（Schneider et al., 2011）。これらの結果から、他者から触れられながら他者の声を聞く経験は、赤ちゃんの脳の触覚—聴覚間統合を高めていることがわかりました。

また、他の周波数帯域でも条件間に違いがみられました。それは、θ帯域という周波数帯域（五-七Hz）でした。聴覚のみ条件より聴覚—触覚条件の方がθ帯域の活動が強いことがわかりました。また、その活動源は内側前頭葉であると推定されました。赤ちゃんを対象とした過去の研究から、前頭領域のθ帯域の活動は、社会的な刺激に対する赤ちゃんの注意の高まり（Zhang et al., 2010；Begus et al., 2016）や、学習への内的な動機づけの高まり（Begus et al., 2015）を反映しているといわれています。この研究では、触覚刺激は身体接触、しかもくすぐりだったので、赤ちゃんの注意を引く刺激であった可能性があります。前頭領域のθ帯域の活動は、くすぐりに関連づけられた音声に対する注意の高まりを反映したのかもしれません。

これらの一連の結果から、生後七ヶ月の赤ちゃんの脳は、すでに他者と身体接触を伴う関わりの中で、音声刺激（聴覚刺激）と触れられる感覚（触覚刺激）を統合していることがわかりました。他者と身体を触れ合わせながら音を聞く、という経験が、赤ちゃんの脳の活動を高めたのです。

6　環境に敏感な時期を理解して子どもと関わる

敏感期とは

この章では、赤ちゃんの心の発達において、なぜ脳の「発達」を知る必要があるのか、脳の発達と赤ちゃんの学習の関係について考えてきました。

先ほど、身体を触れ合うという経験が、赤ちゃんの脳の活動を高める可能性について触れましたが、この効果は赤ちゃんが成長していく間、同じようにみられるものなのでしょうか。

赤ちゃんの脳の発達は、一定の速度で、線形に進んでいくわけではありません。ヒトの脳の発達の過程をみてみると、どうやら、脳は、環境から特に影響を受けやすい特定の時期というものがあるようなのです。この時期を「敏感期（sensitive period）」といいます。特に限られた期間にしか環境から影響を受けないとする意味を強調して、「臨界期（critical

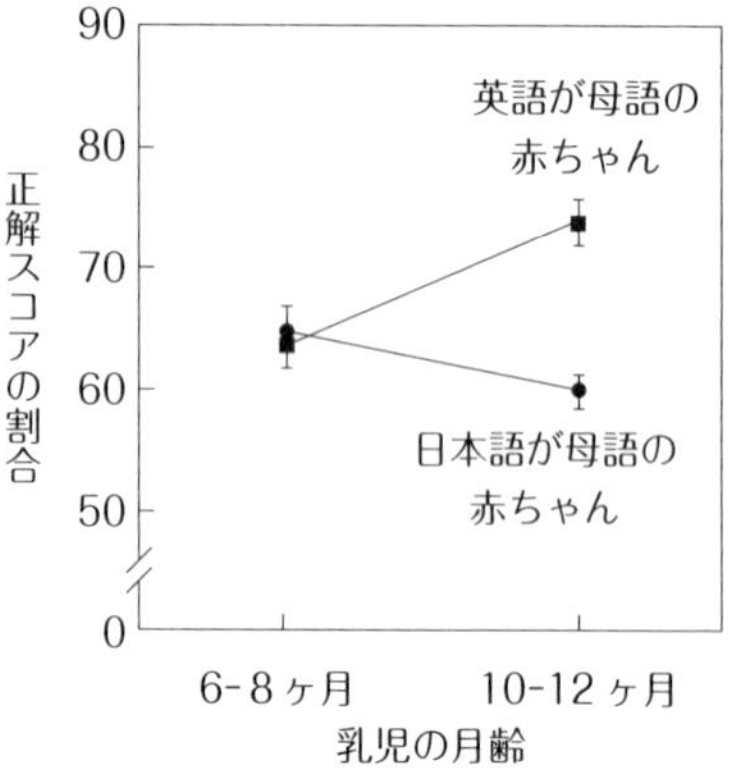

図3-15. la と ra を提示した際の赤ちゃん（母語が英語の赤ちゃんと母語が日本語の赤ちゃん）の聞き分けスコア

注：6-8ヶ月の赤ちゃんは，母語であるかにかかわらず L と R を聞き分けた。これに対して，10-12ヶ月児の赤ちゃんは，英語が母語の赤ちゃんは，より高い正解率で L と R を聞き分けたが，日本語が母語の赤ちゃんではむしろ正解スコアが低下した

出所：Kuhl et al.（2006）を改変

periods)」という言葉を使う場合もあります。

この代表例が「言語の獲得」とりわけ「音声の聞き分け」にみられます。クールという研究者は次のような研究を行いました。生後六～八ヶ月児と生後一〇～一二ヶ月児の日本人の赤ちゃんとアメリカ人の赤ちゃんを対象に「la」と「ra」を聞かせ、赤ちゃんがそれらの音を区別しているかどうかを調べました。日本語には「ら行」という音韻はありますが、「L（エル）」と「R（アール）」を区別するような音韻はありません。実験の結果、生後六～八ヶ月児は日本人の赤ちゃんもアメリカ人の赤ちゃんも、どちらもこの二つの音を区別しました。一方、一〇～一二ヶ月児では、アメリカ人の赤ちゃんは二つの音を区別しましたが、日本人の赤ちゃんはこれらの音を区別することはできませんでした（Kuhl et al., 2006：図3-15）。

生後半年までの間の赤ちゃんは、あらゆる言語にみられる音韻を区別できるとされています。一方で、それ以降、加齢に伴い、自分の母語として聞かれる音韻のみが区別できるように、知覚的な能力が狭くなることが知られています。こうした現象を知覚的ナロウィング（perceptual narrowing）といいます。母語に特化した音韻のみが区別できるようになる背景には、聴覚野のシナプスの刈り込みが関連すると考えられています。

シナプスの刈り込みとミエリン化

シナプスの刈り込みとは何でしょうか。シナプスは、神経細胞（ニューロン）の末端に位置する部位のことを指します。シナプスは、ニューロン同士の結合に関わります。シナプスは、軸索を通って伝えられた電気の強さによって、神経伝達物質を放出します。それが、反対側にある別のニューロンと結びついて、反対側の神経細胞の電気変化を引き起こします。このようにして、シナプスを介して、ニューロン同士が結合し、情報を伝達するのです。

このように、シナプスは、ニューロン同士の情報伝達に欠かせない存在ですが、シナプスの数は、発達によって変化します。ハッテンロッカーは、死後の人の脳の解剖によって、様々な年齢の人のシナプス数を調べました（Huttenlocher, 1982）。その結果、シナプスの数と密度は、胎児期から乳児期に急増し、一歳頃をピークに減少することがわかりました（図3-16）。

発達初期、特に乳幼児期になぜシナプス密度が減少するのでしょうか。こうした事実を説

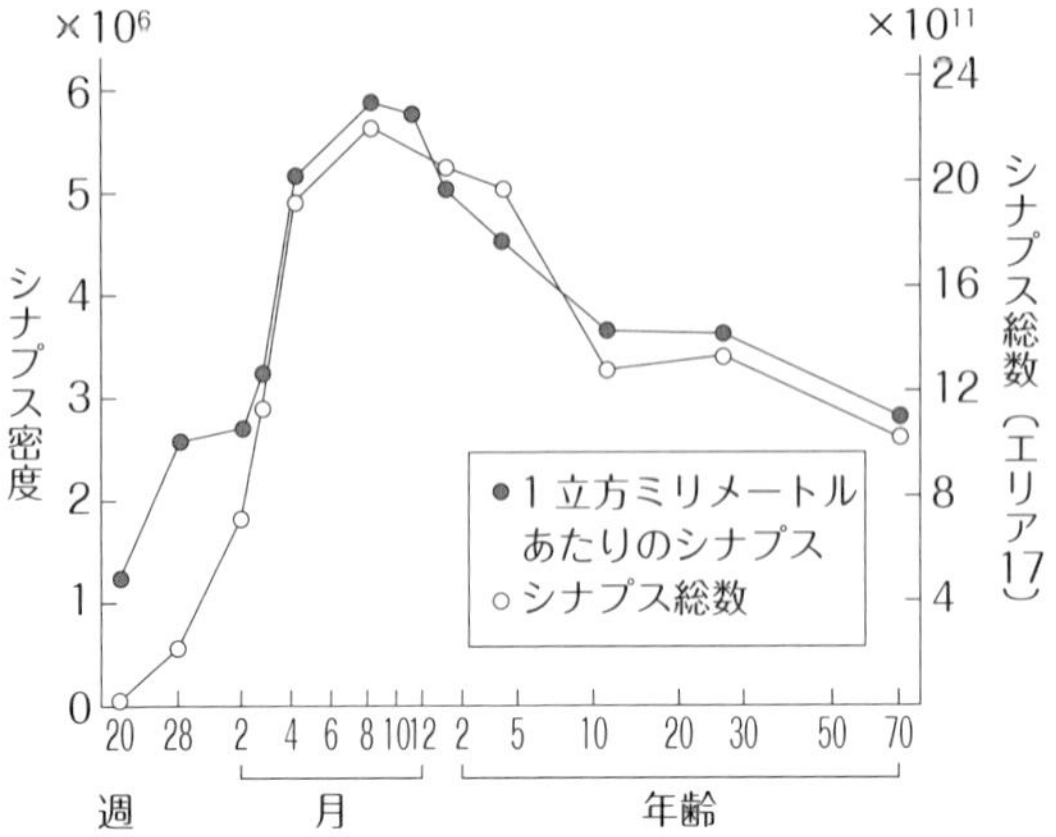

図 3 - 16. 視覚野のシナプス密度の年齢変化
出所：Huttenlocher（1982）より改変

明するのがシナプスの刈り込みと長期増強現象です。

シナプスの刈り込みとは、木の枝を剪定するように余分なシナプスが刈り捨てられていく過程のことです。たくさん存在するシナプスのうち、情報の入力に対して一番効率よく電位変化を起こすものが残り、情報伝達に効率の悪いシナプスは刈り込まれます。

シナプスの形成と刈り込みの時期は、脳の部位によって異なります。感覚や運動に関わる皮質はシナプス形成と刈り込みの時期が最も早く、乳児期にピークがあります。これに対して、前頭前野はシナプス形成と刈り込みの時期が、児童期から青年期にかけて起こります（図 3 - 17）。

シナプスの数が減ると、結果的に、そのシナプスに情報が伝達される回数が増えます。シナプスは、頻回に使われるとその機能も向上しま

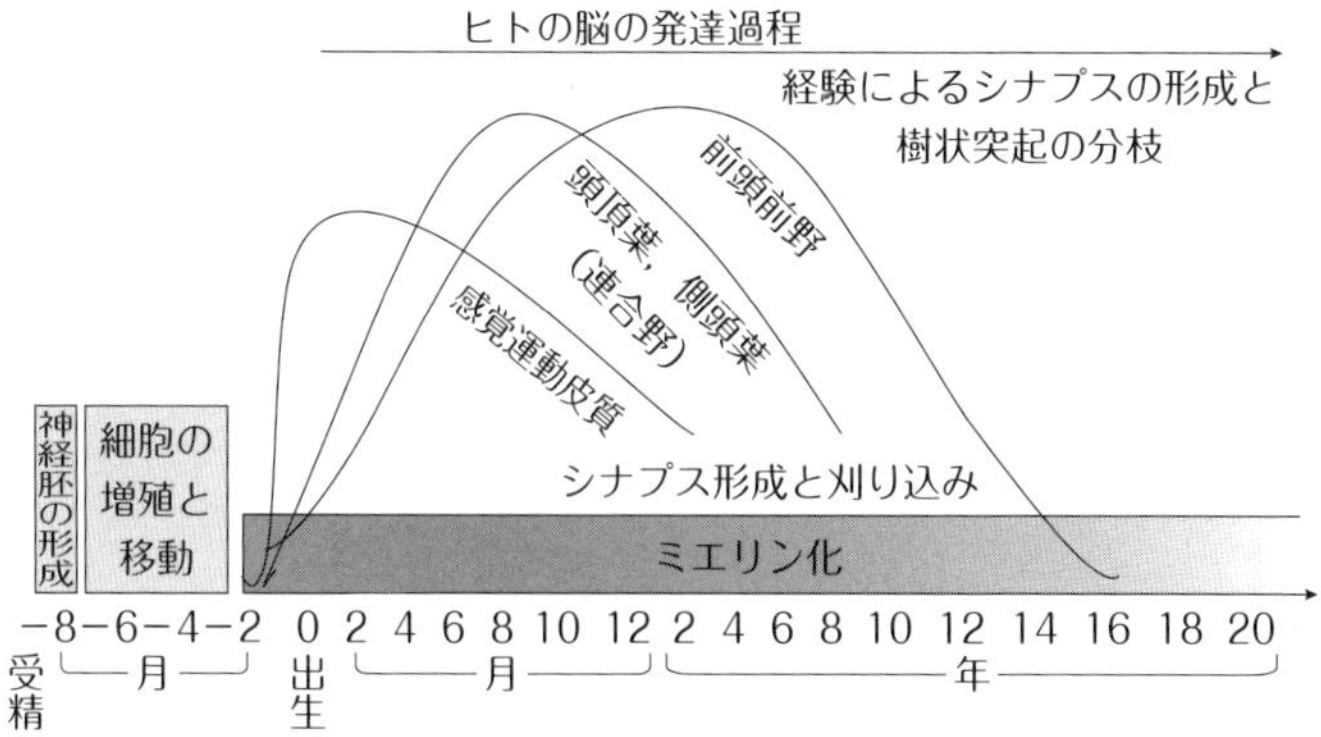

図3-17．各脳領域におけるシナプス形成と刈り込みの年齢
出所：Casey et al.（2005）を改変

す。シナプスが繰り返し使われると、一回の情報伝達の際に、ニューロン内外の電気変化が大きくなり、その効果が長く持続するようになります。これを長期増強現象（long term potentiation）と呼びます。この長期増強現象は、記憶や学習の神経学的基盤であると考えられています。

脳の敏感期をふまえて子どもの心を理解する

先ほどの言語学習の敏感期の例にもどりましょう。なぜ、音韻の聞き分けに敏感な特定の時期が生じるのでしょうか。聴覚野シナプスの刈り込みは出生後七～八ヶ月までにピークを迎えます。刈り込みの過程で、周りの大人が話す音の響きに対して応答する神経細胞がよく発火する一方で、聞きなれない外国語のみにみられる音の響きに対して応答する神経細胞は活動しないので刈り込まれ、その結果として、母語に特化した音韻の聞き分けができるようになるようです。

何に対して脳が敏感に反応するかは、子どもの年齢や脳の発達段階によっても異なります。たとえば、依存症に対する脆弱性は、青年期に臨界期があるとされています（Crews et al., 2007）。青年期（一二～二四歳）には、子どもは第二次性徴を迎え、身体的には大人と同等の機能をもつようになります。しかし、脳はまだ発達途上です。青年期の脳は、感情を喚起させるような刺激に対して過敏に反応しますが、自分の行動を抑制するときにはたらく、前頭前野の機能はまだ大人ほど成熟していません。その結果、青年期の子どもは大人が見れば危険だとわかる行為をしてしまう一方で自己の欲求を抑制できなくなり、依存症や反社会的行動などのリスクの高い行動を選択してしまうとみられます。

このように、私たちの心の発達と脳の発達は密接に関わっています。しかし、その関係性は直線的なもの、あるいは単純なものではありません。また、脳の各部位の機能的発達自体（シナプスの刈り込みやミエリン化、長期増強）も、子どもの月齢や年齢によって異なります。環境が子どもの心に与える影響について考える際には、こうした脳の敏感期を考慮することが重要なのです。

第3章のまとめ

① ヒトの生涯発達を軸にしてみたとき、ヒトの心のはじまりは、胎児期にある。
② 発達初期の環境は、ヒトの心や脳の発達に大きな影響を与える。
③ 新生児期から乳児期のヒトは、社会的な刺激に敏感に応答し、他者に対して能動的にはたらきかけようとする振る舞いを見せる。
④ ヒトの乳児の脳は、他者との身体接触を伴う関わり経験を通して、新しいことを学習していく。

第4章　身体を通して育ち合う親子の脳と心

1 子育てにおける身体接触

第2章、第3章では、親子間の関わり、とくに身体接触をともなう関わり経験が、養育者と乳児双方の脳の活動を高めることがわかりました。それでは、なぜ、身体接触が養育者と乳児双方の脳の活動パターンに影響を与えたのでしょうか。本章では、「身体」という点に着目しながら、乳児期の親子間の身体接触の機能について、もう少し詳しく説明します。

まず、身体接触とは、身体同士が触れ合うことを意味します。ヒトを含む哺乳類の身体接触は、親子間だけでなく、友人や恋愛関係のある個体との間にもみられます。身体接触の形態によって、他の個体を傷つけるような攻撃的な行動として出現することもあれば、舐めや抱きのように、他の個体をむしろ保護する行動としてあらわれることもあります。

次に、養育場面における身体接触についてみていきましょう。ヒトを含む哺乳類の親が仔どもに養育を施すとき、多くの場合において親仔の身体は接触します。養育行動中の身体接触、とりわけ抱きや舐めは、仔どもの体温を維持し、仔どもの身体についた汚れや害虫を除去し、衛生状態を向上させます（Montagu, 1986）。さらに、母親からの舐めは、仔どもの免疫耐性を向上させ（Denenberg, 1968）、成長を促すホルモンの分泌を促すといいます（Kuhn & Schanberg, 1998 : Schanberg & Field, 1984）。このように、哺乳類の親仔の身体接触は、ホメオスタシスの維持という、生命維持のために不可欠な役割を果たしていると考えられてきました（Hofer, 1993）。

身体接触とオキシトシン

親子間の身体接触は、赤ちゃんの側のみならず、親側の身体生理状態にも影響を与えています。親子間の身体接触は、親の体内の、ある内分泌物質の分泌を促進します。その内分泌物質の一つが、オキシトシン（Oxytocin）です。オキシトシンとは、分娩や授乳時に放出されるホルモンであり、視床下部の室傍核と視索上核の神経分泌細胞で合成され、下垂体後葉から分泌されます（図4-1）。オキシトシンの機能はもともと、乳汁射出や子宮収縮を促すことが知られていました。しかし近年では、大脳辺縁系や脳幹など、脳の中枢神経系に対してはたらきかけ、いくつかの社会的行動を調整するともいわれています（Barberis & Tribollet, 1996）。たとえば、ラットの母

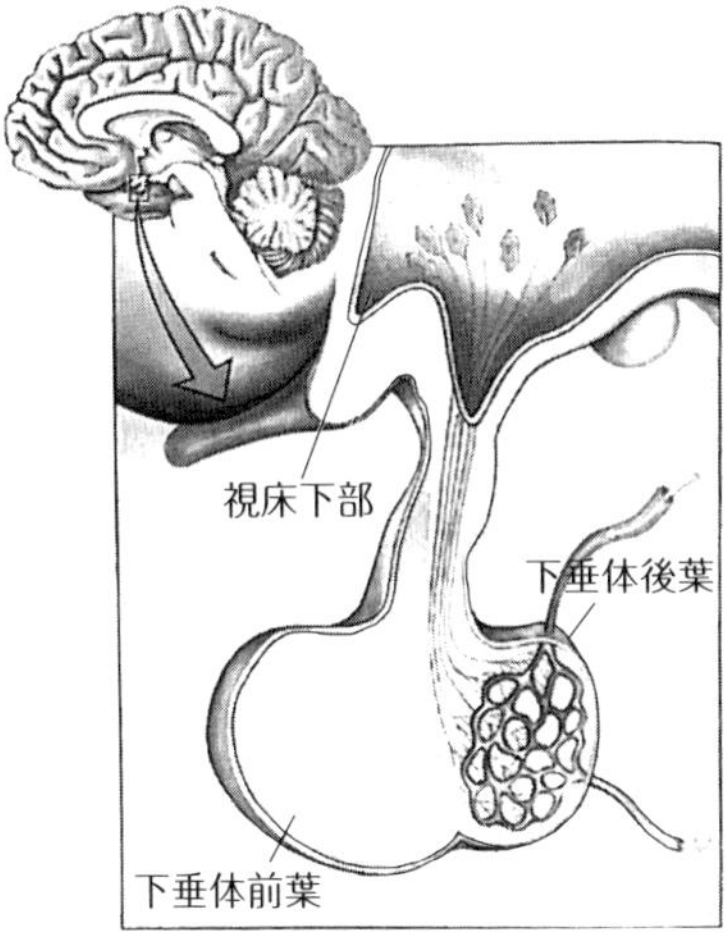

図4-1．脳の断面図
出所：Bear et al.（加藤ほか訳）（2007）をもとに作成

親のオキシトシン合成を阻害すると、親は養育行動がうまくできなくなってしまいます(Insel & Harbaugh, 1989)、オキシトシンは哺乳類の養育行動に深く関わるホルモンであると考えられています。

2 「触れる」「触れられる」感覚

ここまで、親と子の身体接触について説明してきましたが、そもそも私たちはどのようにして「触れられる」ということを感じるのでしょうか。この節では、「触れる・触れられる」という感覚、つまり「触覚」について、説明しておきます。さらに、触れる、触れられることに関する発達的な起源や、触覚刺激に対する新生児の赤ちゃんの脳の反応について紹介します。ここで、いかに「身体」というものが発達初期のヒトの脳と心の発達において重要であるかについて考えたいと思います。

私たちが身体を触れ合わせることによって感じる感覚は、「触覚」と呼ばれています。細かくいうと、触覚には、自己受容感覚と皮膚感覚が含まれます。自己受容感覚とは、身体を動かしたときに変化する、筋肉や骨格の感覚のことを指します。皮膚感覚とは、皮膚に刺激が与えられたときに感じる感覚のことを指します。身体接触によって感じる感覚は、皮膚感覚による寄与が大きいとみられます。ただ、親子の身体が触れ合うとき、たとえば、親が子どもを抱き上げたりするときには、親子の姿勢の変化などが含まれますので、自己受容感覚も変化するといえます。日常場面でのヒトの親子間の身体接触の多様性を鑑みて、本書では、身体接触によって感じる感覚として、「触覚」ということばを使います。

触覚に関する神経生理学的プロセス

私たちの皮膚には、触覚刺激に反応する受容体が存在しています。受容体には、様々な種類があります。たとえば、圧力や温度に対して敏感に応答する受容体や、強度の強い刺激に対して敏感に応答する受容体などがあります。皮膚の受容体で受け取られた刺激は、末梢神経系を通って脊髄、脳へと向かいます。身体から脳へと情報が送られるときにはたらく神経の種類によって、私たちは、「痛み」や「心地よさ」といった異なる種類の触覚を感じます（この詳細については後ほど詳しく説明します）。

末梢から脊髄、脳へと伝達された触覚刺激は、一次体性感覚野で処理されます。一次体性感覚野は、脳の頭頂領域、運動野の隣に位置しています。一次体性感覚野は、体部位局在性という面白い性質をもっています。体部位局在性とは、刺激を受けた体の部位に対応して、体性感覚野の特定の部位が活性化するという性質です。図４-２は、体性感覚野のホムンクルスと呼ばれるものです。この図は、一次体性感覚野を垂直方向に切り、その断面からみたときに、身体のどの部位に刺激を受けたら、体性感覚野のどの部位が活性化するかを図示し

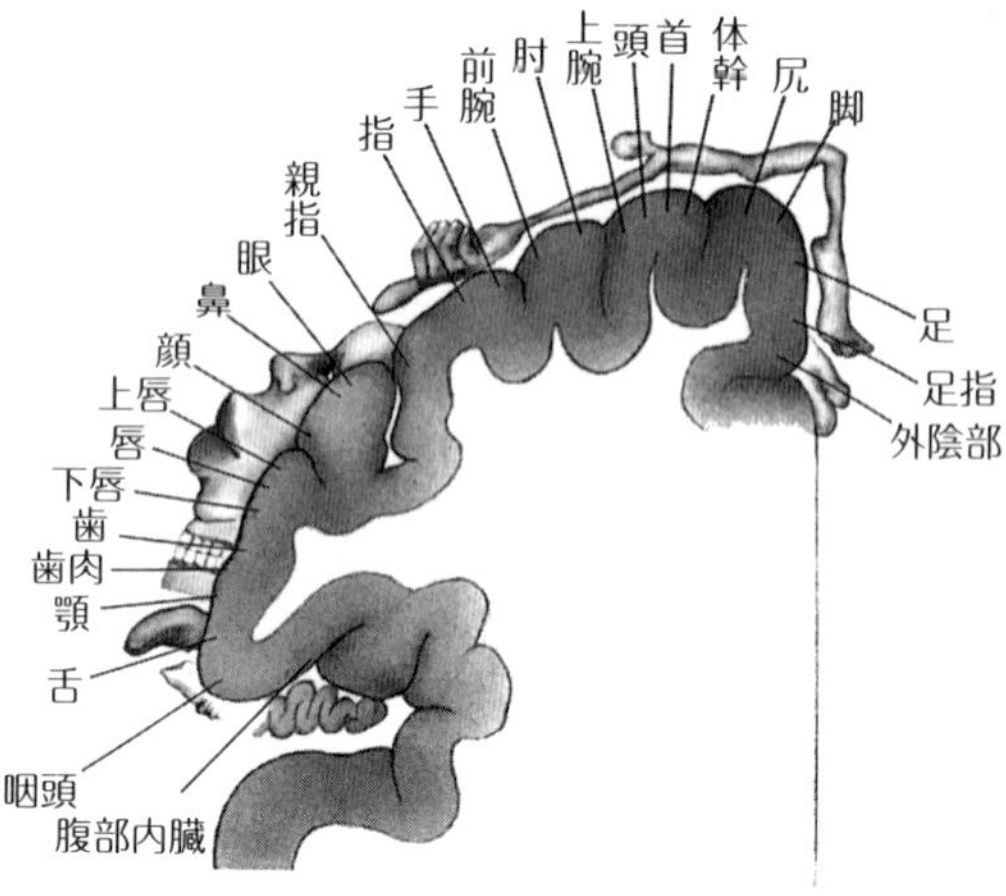

図 4 - 2. 体性感覚野のホムンクルス
出所：Penfield et al.（1954）をもとに作成

たものです。図の身体の形を見てみると、口唇部や、手指への刺激に対して活性化する領域は大きくなっていて、頭などに対して活性化する領域は小さくなっています。私たちは、食べ物を口に入れたり、手指でものをつかむときに、それらが危険なものではないかどうか、その食べ物や物体を瞬時に区別する必要があります。触覚刺激を精度よく識別するために、口唇部や、手指のホムンクルスは大きくなっていると考えられています。こうした脳のしくみになっているので、私たちは、誰かに触れられたとき、たとえその部位が背中や頭など、直接見て確認しにくい部位であったとしても、「どの身体部位が触れられたか」を瞬時に認識することができます。

体性感覚野のホムンクルスは、発達的にみていつ頃から機能しているのでしょうか。最近、サルを対象とした興味深い研究が発表されました（Arcaro et al., 2019）。

この研究では、新生児のマカクザルの手、足、顔にそれぞれ触覚刺激を与えたときの、脳の血流反応の変化がｆＭＲＩで計測されました。分析では、手、足、顔、それぞれに対して触覚刺激が与えられたときに、体性感覚野のどの部位が活動したかを調べました。その結果、新生児のマカクは、すでに手、足、顔に対して、それぞれ独立した部位が活性化しました。また、年配のマカクと新生児のマカクの体性感覚野の体部位局在性のマップを比較して見たところ、両者にはほとんど違いが見られませんでした。指の部分に限定して詳細に分析をしてみると、生後の経験が、指の体部位局在性の分化（細かい部分の変化）に影響していることがわかりました。少なくともマカクでは、新生児期からすでに、ある程度の体部位局在性のマップが脳内にできているようです。

なお、ヒトの赤ちゃんでは、脳波という別の間接的な神経指標を使って、七ヶ月児の脳が、手と足に対して与えられた触覚刺激に対して異なる応答をする、という知見があります(Marshall & Meltzoff, 2015)。しかし、もしかしたら、ヒトの体部位局在性マップも発達的にもっと早期に形成されているかもしれません。いずれにしても、霊長類では、触覚に関わる神経系の発達というのは、非常に早いことがわかります。

ヒトの胎児期から新生児期の触覚の発達

それでは、ヒトでは、触覚は発達的にみていつ頃、どのように機能しているのでしょうか。

第3章で簡単にご紹介しましたが、触覚は、胎児期初期から中期、在胎週数一〇週前後から機能しているとみられます。胎児は、手や足で子宮壁を押したり、へその緒を握ったり、自分の顔や体に触れることを通して、たくさんの、そして多様な触覚経験をつみます（Dieter et al., 2003 : Lagercrantz & Changeux, 2009）。胎児期の赤ちゃんは、触覚経験を通して、手で触れた物の手触り感覚の違いを区別することができることがわかっています。実際には、まだお腹の中にいる赤ちゃんではなく、本来ならばまだ子宮の中にいる時期に出生してしまった、在胎週数三六週未満で出生した早期産児（以下、早産児）を対象とした研究が行われています。

レジュネら（二〇一〇）は、在胎週数がおよそ三〇週で生まれた早産の赤ちゃんが、物を握れるくらいの生後日数が経った時点、つまり、在胎週数で換算すると約三三週以降の早産の赤ちゃんを対象に、次のような実験を行いました。この実験は慣化フェーズとテストフェーズから構成されました。慣化フェーズでは、早産の赤ちゃんに丸い形の筒状の物体（握ったときに滑らかな手触り）、または三角の形の筒状の物体（握ったときには尖った手触り）を握らせます。赤ちゃんに何度も同じ物体を握らせて、赤ちゃんが物体をすぐに手放してしまうまで（飽きるまで）繰り返します（図4-3）。テストフェーズでは、慣化フェーズと同じ物体、または慣化フェーズでは握っていないもう一方の物体のどちらかを赤ちゃんに握らせました。その時の、赤ちゃんが物体を握っている時間（保持時間）を記録しました。すると、早産児は、テストフェーズで新しい物体を持ったとき、慣化フェーズよりも保持時間がより長くなりました。慣化フェーズとテストフェーズで同じ物体を持ったときには、テストフェーズで保持時間が長くなることはありませんでした。ここから、早産児の赤ちゃんは、手で握ることで得られる感覚をたよりに、物体の形の違いを区別したことがわかります。

さらに、この課題を満期産の（在胎週数三七週以降で生まれた）新生児の赤ちゃんにも実施し、両者の結果を比べました。すると、早産児の赤ちゃんと満期産新生児の赤ちゃんの間に、テストフェーズでの課題の成績に違いはありませんでした。むしろ、早産児の赤ちゃんの方が、慣化フェーズで物体に慣れるまでの時間が短くなりました。ヒトの赤ちゃんの触覚は、出生する前からすでに非常に発達していることがわかります。

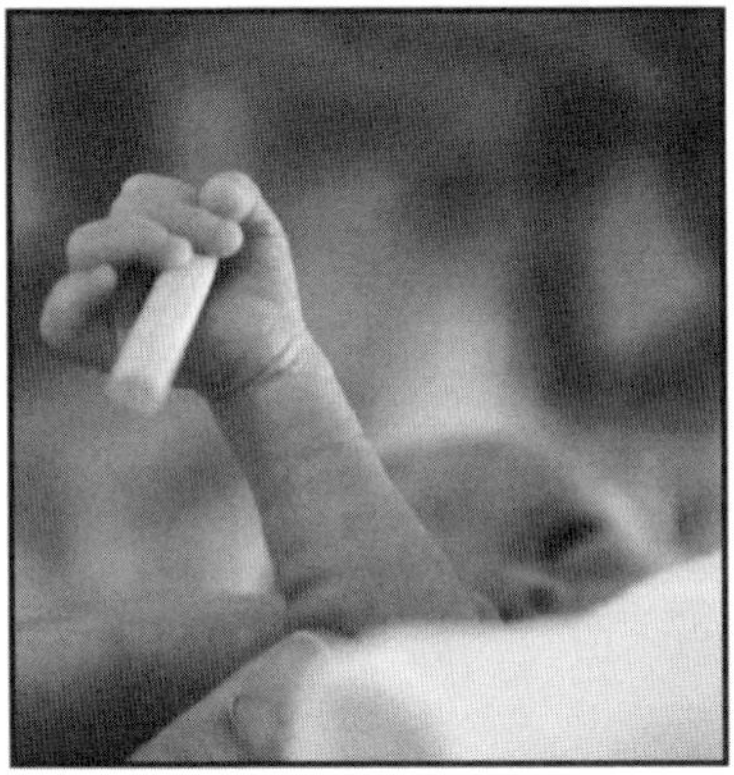

図4－3．早産児の赤ちゃんが丸い筒状の物体を握っている様子

出所：Lejeune et al.（2010）

新生児期の赤ちゃんの触覚

これらの研究から、胎児期からヒトの触覚は非常に発達していることがわかりました。それでは、出生した後についてはどうでしょうか。新生児の赤ちゃんもまた、物体を見ずに手に持

つだけで、その物体の重さや粗さ、温かさをある程度区別して知覚できることがわかっています（Molina & Jouen, 2003 : Hernandez-Reif, et al. 2003）。

さらに、新生児の赤ちゃんはすでに、「自分で自分の体に触れる」ことと、「他者から触れられる」ことを区別しているようです。ロシャとヘスポス（一九九七）は、次のような実験を行いました。自分で触れる条件では、実験者が新生児の手をもち、新生児自身で自分の頬に触れさせました。他者が触れる条件では、実験者が新生児の頬に触覚刺激を与えました。その時の新生児の行動を記録し、分析しました。その結果、自分で触れる条件よりも、他者が触れる条件の方が、新生児は、頭や身体をより多く動かして反応することがわかりました（Rochat & Hespos, 1997）。新生児は、触れられるという感覚を通して、自分の身体とは区別された対象としての他者を知覚しているのかもしれません。

触覚がヒトの脳発達を牽引する

最後に、触覚が新生児期の脳の発達にも重要な役割を果たしている可能性について、お話しておきたいと思います。新生児を対象として、様々な感覚刺激を与えたときの、赤ちゃんの脳の血流動態変化が、全頭型のｆＮＩＲＳによって計測された研究があります（Shibata et al., 2012）（全頭型のＮＩＲＳとは、ぼうしのようなものを赤ちゃんの頭にかぶせることで、脳全体の血流動態変化を同時に計測することができます）。この研究では、視覚刺激（光）、聴覚刺激（音）、

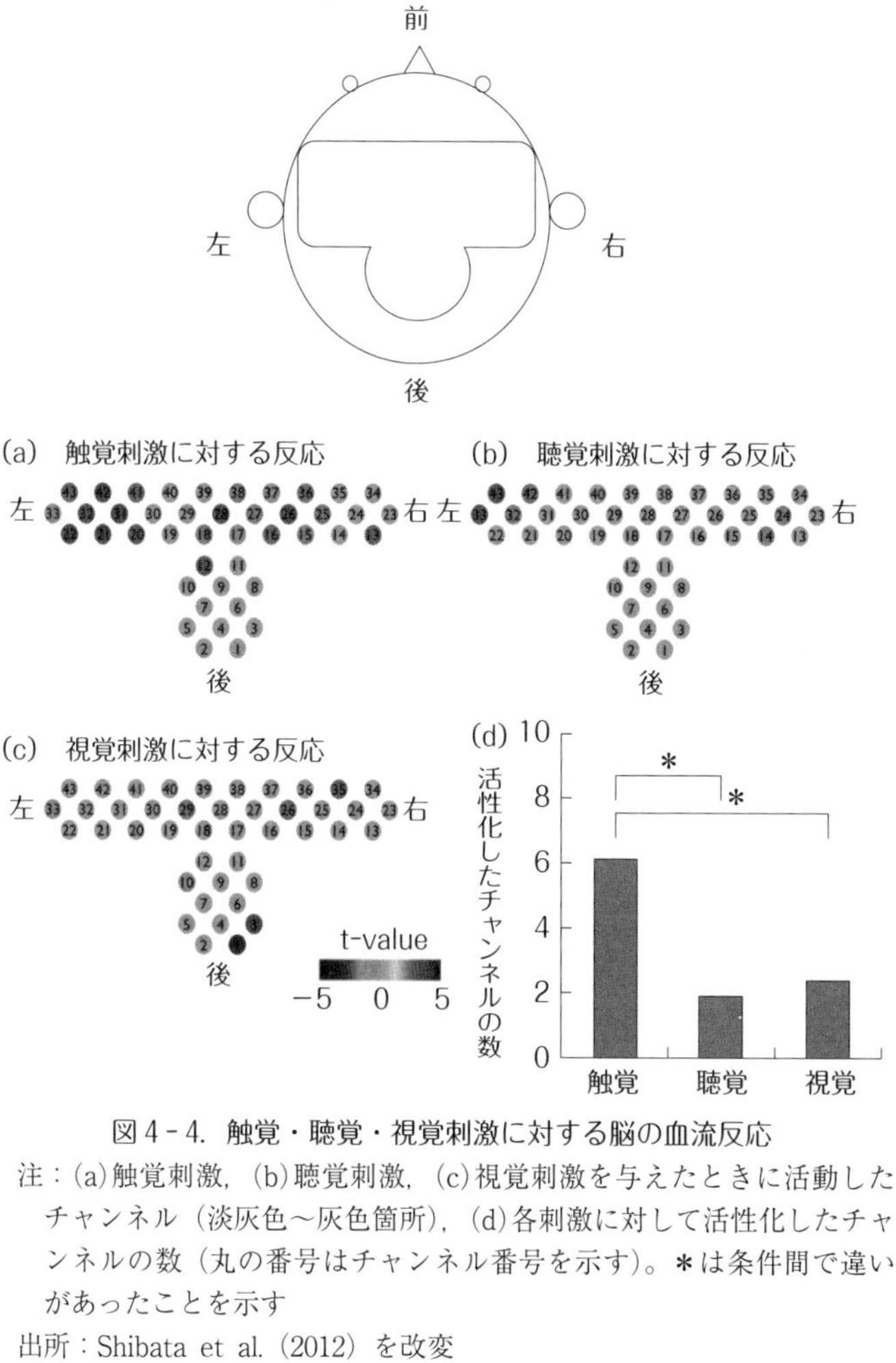

図４-４．触覚・聴覚・視覚刺激に対する脳の血流反応

注：(a)触覚刺激，(b)聴覚刺激，(c)視覚刺激を与えたときに活動したチャンネル（淡灰色〜灰色箇所），(d)各刺激に対して活性化したチャンネルの数（丸の番号はチャンネル番号を示す）。＊は条件間で違いがあったことを示す

出所：Shibata et al.（2012）を改変

触覚刺激（振動刺激）がそれぞれ提示されました。成人の脳では、視覚刺激は後頭領域、聴覚刺激は側頭領域、触覚刺激は頭頂領域にあるそれぞれの感覚野で処理されます。図4-4(b)(c)をみると、新生児の赤ちゃんの脳でも、視覚刺激に対しては後頭領域に位置するチャンネル、聴覚刺激に対しては側頭領域に位置する左右の端のチャンネルの血流が活性化しました。新生児の赤ちゃんの脳は、すでに視覚と触覚刺激に対して、対応する感覚野が機能局在してはたらいていることがわかります。

これに対して、触覚刺激を与えたときの新生児の赤ちゃんの脳は、体性感覚野（触覚の処理に関わる感覚皮質）がある頭頂領域に加え、側頭領域や後頭領域の広い範囲にわたって脳が活性化しました（図4-4）。ここから、触覚という感覚が、特に胎児期～新生児期の赤ちゃんの脳発達を牽引している可能性が示唆されます。

これらの知見から、発達初期（胎児期や新生児期）の心や脳の発達において、いかに「触覚」という感覚が重要な役割を担っているか、ということがわかります。

3 身体接触とストレスの関係

哺乳類の親子間身体接触とストレス

発達初期から触覚が発達している、つまり、赤ちゃんが触れられることを感じるということには、新生児以降のヒトの心の発達においてどのような意味があるのでしょうか。ここでは、ヒトの親子間の身体接触の機能について考えたいと思います。

ヒトの親子間の身体接触は、次の三つにまとめることができます（Gliga et al., 2019）。①子どもの側のストレスを緩和し、探索行動を促進する（regulation）、②コミュニケーションにおける意図や感情を伝達する（communication）、③他者との感情的な絆を調整する（social affiliation）。この三つについて以下に詳しく説明していきます。

まず、親子間の身体接触は、ヒト以外の哺乳類と共通して、身体接触が子どものストレス反応を低下させるという保護的な機構があります（Meaney, 2001）。保護的な機能の例は、先ほどのマウスの舐めや毛づくろいに加え、ヒトでは新生児や乳児に対するカンガルーケアやベビーマッサージが含まれます。カンガルーケアとは、出生後すぐの新生児を一定時間、母親の胸の上に直接乗せて過ごすという医療的ケアです。出生後すぐのカンガルーケアは、赤ちゃんの体温を上げ、心拍の低下と心拍数変動を高めます（これは副交感神経系の活性化の指標です）。これらに加えて、退院までに重篤な疾患にかかりにくくなる、体重が順調に増えていく、などの長期的な効果をもたらします（Mellis, 2016）。

親が赤ちゃんに触れることは、赤ちゃんのホメオスタシス（恒常性）を維持します。つまり、親が赤ちゃんに触れることで、赤ちゃんの身体生理状態が整えられます。その結果、赤ちゃんはその環境の中でより適応的な状態で過ごせるようになります。具体的には、身体接触によって赤ちゃんの身体生理状態が調整されると、新規刺激に対するストレス反応の減少と探索の増加を促します。たとえば、サルの子どもを親から早期に引き離し、親と接触できない環境を実験的に操作します。そして、親ザルの代わりにヒトの実験者や親ザルを模した人形と対面させたときのサルの行動変化を観察します。こうした方法によって、赤ちゃんが置かれた環境を厳密に統制することができ、接触それ自体の効果について因果関係が推論できるようになります。

ハーロウは、アカゲザルの赤ちゃんを対象に、次のような実験を行いました。この研究では、生まれて間もないアカゲザルの赤ちゃんを親から引き離しました。そして、母親ザルの形を模した二つの人形が置かれたケージ内に赤ちゃんを入れ、その行動を観察しました。人形のうちの一つは、哺乳瓶がはめ込まれた針金で作られており、もう一つは、哺乳瓶はないが肌触りが良い綿で作られていました。その結果、アカゲザルの赤ちゃんは、たとえミルクが針金で作られた人形からしか得られなくとも、大部分の時間を綿の人形にしがみついて過ごしました（図4-5）。この結果から、アカゲザルの赤ちゃんは栄養を摂取する機会が多く得られることよりも、親と体が触れ合うときに得られる触覚刺激を得ることを求めていることがわかりました（Harlow & Zimmermann, 1959 ; Harlow, 1969）。ハーロウはまた、アカゲザルの赤ちゃんが怖がるモノ（虫の模型など）を提示したときの赤ちゃんの探索行動や、その後の寿命などについて、赤ちゃんの成長を追いながら長期的に観察しました。その結果、

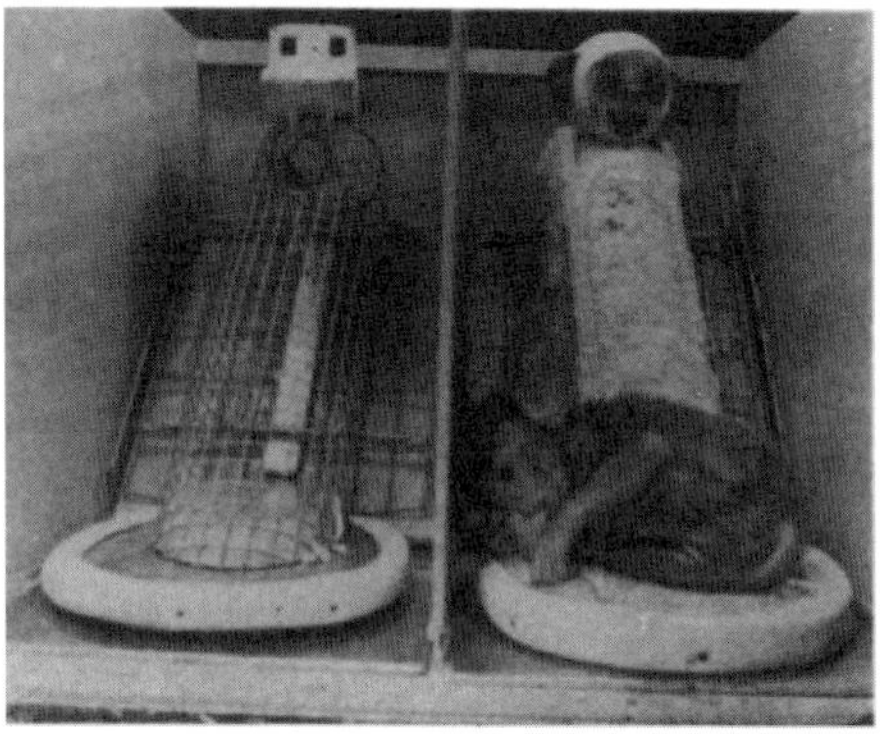

図4-5. 針金の人形と綿の人形
出所：Harlow & Zimmermann (1959)

針金でできた人形と過ごしたアカゲザルの子は、親ザルや綿の人形と過ごした子と比べて、不安行動が多く、探索行動が少なく、寿命が短くなりました。これらの一連の研究から、アカゲザルの赤ちゃんにとって、脅威や不安が近づいてきたときに、親（ないし親に類似した社会的手がかりが得られるエージェント）と接することは、親からの保護を意味していること、一方で、そうした機会が得られない赤ちゃんは、その後の社会情動発達に深刻な影響を受けることがわかりました。

このほかにも、隔離飼育された新生児のサルは、実験者から撫でられる経験をすると、新規の物体に近づくまでの潜時が短くなり、新しい実験者と対面したときの不安行動が少なくなりました（Simpson et al., 2019）。

ヒトの親子間身体接触とストレス

ヒトでも同様に、親と身体が触れ合うことで赤ちゃんのストレスが緩和されます。たとえば、赤ちゃんの他者に対する行動に関しては、スティルフェイスパラダイムを使って検討されています成ります。母子間の自然な対面での関わりを行った（通常期）後、母親は中立表情になり乳児からのはたらきかけに対してまったく応答しなくなりました（スティルフェイス期）。スティルフェイス期には、一般的に、乳児はネガティブな情動表出を多く示し、母親から顔をそむける行動が増えます。この課題のときに、二つの実験条件を加えました。一つは、スティルフェイス期に母親と赤ちゃんの身体が触れ合った状態（接触条件）、もう一つは、通常どおり、母親と赤ちゃんの身体が触れることのない状態（接触なし条件）でした。スティルフェイス期の赤ちゃんの表情や発声、視線などの行動が分析され、条件間で比較されました。その結果、母親と接触していなかった乳児に比べ、接触していた乳児は、スティルフェイス期にぐずりや泣きが少なく、笑顔をよく見せ、また、母親に対する注視時間が長くなりました（Stack & Muir, 1990 ; Stack & Muir, 1992）。

身体接触がストレスを緩和し、探索を促すという効果は、子どもが安全を確保するために親に頼る必要のある乳幼児期にみられます。一方で、親からの独立を求める時期、具体的には青年期には身体接触の制御的な効果はみられなくなるようです（Brummelman et al., 2019）。乳幼児期の赤ちゃんや子どもが親と接触できない環境に置かれると、子どもは新しい刺激に対して接近すべきかどうかを自分で決定しなければなりません。一方で、親から独立を求める時期になると、自分の意思で環境と関わるかどうかを決定する傾向が強くなるので、親との身体接触の効果は相対的に弱くなるとみられています。

4　触れられる経験が赤ちゃんの行動に与える影響

ヒトの乳児期の親子間では、子どもの衛生状態を整える目的以外の社会的な関わりにおいても多様な身体接触が観察されます。それらには、「抱き」「撫で」「おんぶ」など、日常の養育場面で用いられるタイプの触れ方や、「くすぐり」「高い高い」「手遊び歌」など、遊びの文脈で用いられる触れ方などが身体接触に含まれます。

乳児期の赤ちゃんと親の身体接触のタイプ

新生児期から乳児期の赤ちゃんとお母さんの間の数分間の自然遊び場面を観察すると、観察時間のうち、三〇%から八三%の割合で両者の身体は接触しています（Field 1984 : Kaye & Fogel, 1980 : Symons & Moran, 1987 : Feldman et al., 2006）。赤ちゃんの月齢や文化によって、接触時間にこのような幅がみられます。また、赤ちゃんと親の身体接触には、いろいろな触れ方があります。身体のどの部位に、どのくらいの強さや速さで触れるかといったことを基準に、身体接触はいくつかのタイプに分類されます（Jean et al., 2009 : Campos, 1994 : Ferber et al., 2008 : Nishimura et al., 2016）。たとえば、ファーバーらは、乳児期の乳児―養育者間の遊びにおける身体接触を次の三つのタイプに分類しています。ひとつめは情愛的接触（affectionate touch）と呼ばれ、抱きや愛撫、キス等が含まれます。乳児期においては、情愛的接触の生起頻度が最も高くなります。ふたつめは刺激的接触（stimulating touch）と呼ばれ、つつくや揺するなどが含まれます。最後は道具的接触（instrumental touch）と呼ばれ、衣服や姿勢の調整などのために用いられる接触が含まれます（Ferber et al., 2008）。

情愛的接触が赤ちゃんの振る舞いを変える

こうした多様なタイプの身体接触のうち、どのタイプの身体接触が、赤ちゃんのどのような振る舞いに影響を与えるのでしょうか。これまで「身体が触れ合っているかどうか」という量的な観点から、赤ちゃんの行動が評価されてきました。それに対して、日常の母子間の関わりにみられる多様な身体接触のうち、特定のタイプの身体接触が赤ちゃんの特定の行動、特に他者や物体に対する探索行動や注意などにどのような影響を与えるのかはわかっていませんでした。

そこで、田中らの研究において、母子間の関わりにおいて起こる身体接触が、赤ちゃんの対人・対物行動に与える影響が検討されました。この研究では、生後六～八ヶ月の乳児とそのお母さんを対象に、次の三つの課題を二回、行いました。①見知らぬ他者に対する接近・回避行動（外的ストレスに対する赤ちゃんの行動調整）、②物体探索（赤ちゃんの探索行動）、③

社会的刺激に対する選好（赤ちゃんの社会認知）。一回目と二回目の課題の間に、赤ちゃんとお母さんの遊び場面の行動観察を五分間行いました。この時、身体接触が赤ちゃんの行動に与える影響を確認するために、赤ちゃんと母親のペアは次の二つのいずれかの条件に割り当てられました。ひとつは、身体接触の多い条件（以下、多接触条件）――母親は、歌遊びやくすぐり、高い高いなど、家でよく行う、身体を使った遊びをします。身体接触の少ない条件（以下、少接触条件）――母親は、いないいないばーや歌遊びなど、家でよく行う対面遊びをします。こうした母子間の遊びの前後で、先ほど述べた三つの課題がそれぞれどのように変化したかを条件間で比較しました。さらに、母子間で起こった身体接触のタイプを三つに分類し、それぞれのタイプの身体接触の生起頻度が、赤ちゃんの課題の成績に影響を与えたかどうかを分析しました。

その結果、①見知らぬ他者に対する接近・回避行動と、②物体探索については、条件間で明確な違いが認められました（図4-6）。少接触条件に比べ、多接触条件では、赤ちゃんは、見知らぬ他者に対する回避行動がより少なくなりました。同じように、少接触条件に比べ、多接触条件では、最初に物体に触れるまでの時間がより短くなり、より長い時間物体を探索するようになりました（図4-7）。

さらに、三つのタイプの身体接触のうち、情愛的接触のみが、これら二つの課題の変化量を予測しました。ほかの二つのタイプの身体接触は、三つの課題のうちどの課題とも関連し

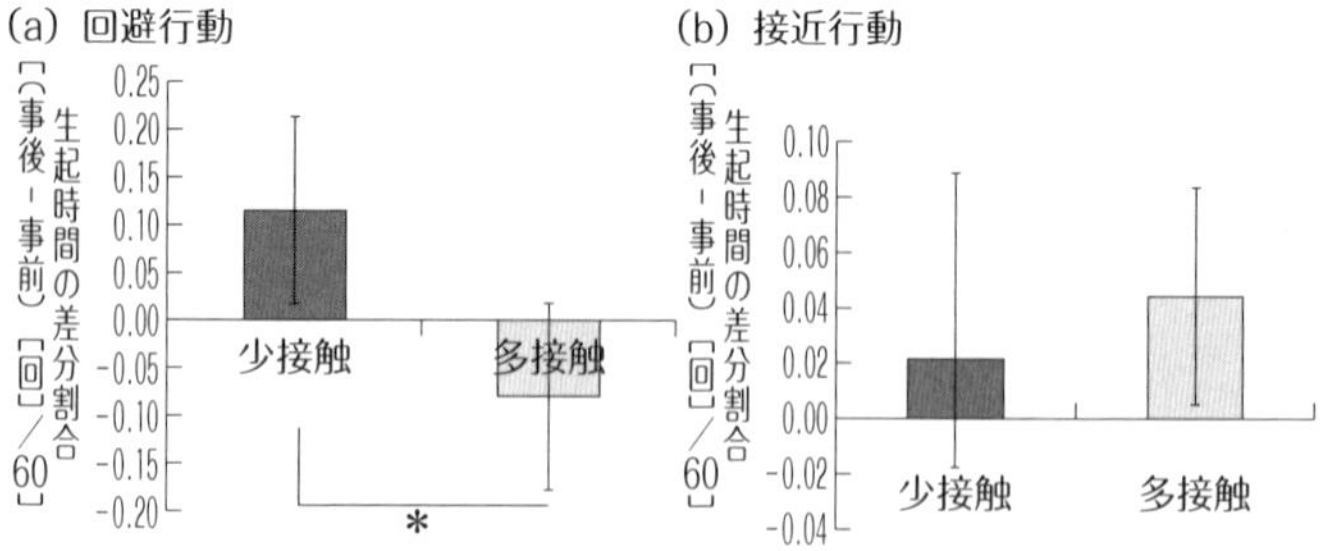

図4-6. 見知らぬ他者に対する乳児の振る舞いのスコア（事後課題-事前課題の変化量を示す）

注：＊は条件間に差があることを示す

ませんでした。

また、③社会的刺激に対する選好については、条件間に違いが見られませんでした。三つのタイプの身体接触のうち、いずれのタイプも社会的刺激に対する選好のスコアとは関連しませんでした。

ここから、赤ちゃんとお母さんの遊びの中で起こる身体接触、優しくゆっくり撫でる、抱くといったタイプの触れ方を経験すると、赤ちゃんは、他者に対する回避行動を見せなくなり、物体の探索を積極的に行うようになることがわかりました。身体接触の制御的な機能をふまえると、身体接触が赤ちゃんのストレスを下げて探索を促した結果、他者や物体に対する赤ちゃんの行動に変化が起こったと解釈できそうです。

5 コミュニケーションを支え学習を促す身体接触

ストレスを緩和する機能に加えて、乳児期の赤ちゃん

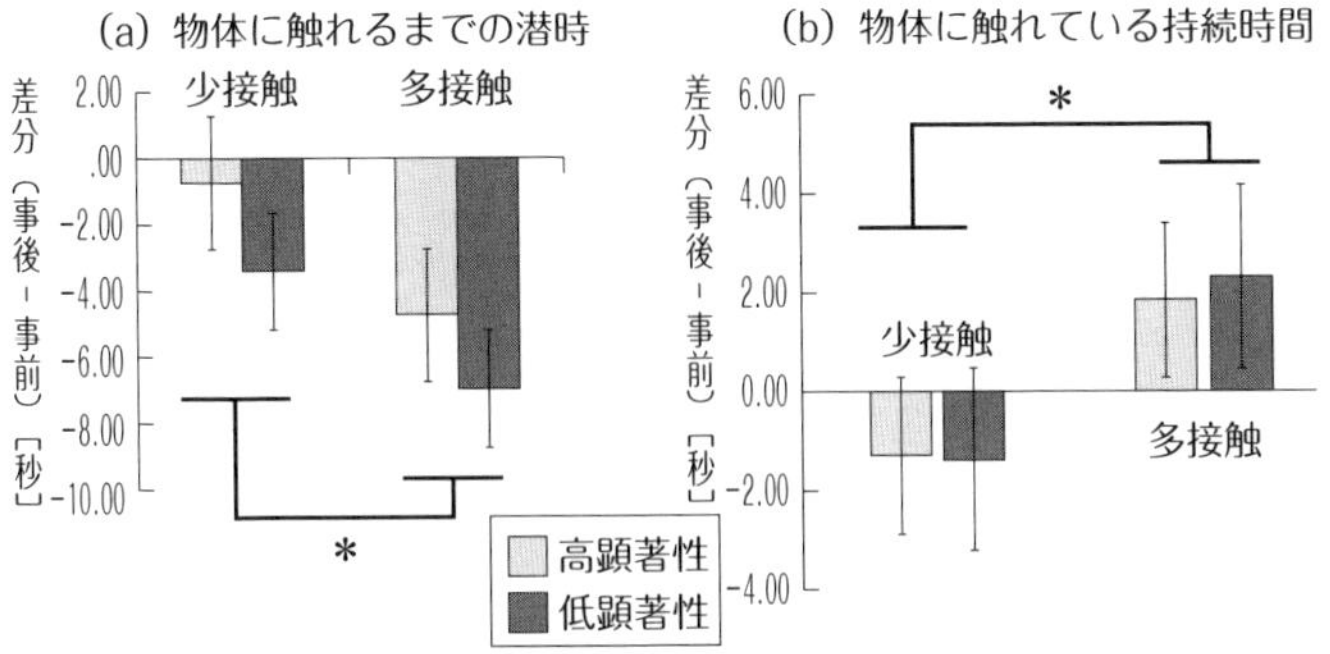

図4-7. (a)物体探索課題での物体に最初に触れるまでの潜時の変化量，(b)物体に触れている持続時間の変化量

注：*p <0.05.

出所：Tanaka et al., under review

と母親との関わりの中で、身体接触にはコミュニケーションとしての機能もあるといわれています。特にまだ言語を話す前の赤ちゃんでは、異なる触れ方に対して、異なる情動の反応を示します。たとえば、実験者が赤ちゃんに対して、刺激的接触（つつく）をしたときと、情愛的接触（なでる）をしたときの、赤ちゃんの反応が調べられました。その結果、つつかれているときに比べ、なでられているときの方が、赤ちゃんは実験者の顔に注意を向け、実験者に笑顔を向け、またよりぐずりや泣きが少なくなりました（Peláez-Nogueras et al., 1997）。

身体接触と予期

さらに、赤ちゃんは、特定の文脈でお母さんが触れようとすると、触れられることを予期して、それに備えて身体が反応します。生後三ヶ月の赤ちゃんに対して、次のような実験がされました。赤ちゃんを筋電マットの上に寝かせます。この筋電マットは、背中から脇にかけての赤ちゃんの体の筋肉の動きを検出することができます。赤ちゃんの母親が、赤ちゃんの目の前に対面で立ち、普段どおりの方法で赤ちゃんを抱き上げました。この時の赤ちゃんの筋肉の動きを分析すると、赤ちゃんは、母親が赤ちゃんの腹部に触れるよりも前に、赤ちゃんは背中~脇の筋肉に力が入っていることがわかりました（Reddy et al., 2013）。赤ちゃんの体は、日常生活の中で母親に抱かれるという経験を通して、実際には触れられるよりも前に抱かれることを予期し、それに備えているのです。こうした予期的な行動調整は、乳児期の親子間の関わりを円滑にするはたらきがあるとみられます。

身体接触と赤ちゃんの学習

このようなコミュニケーションとしての身体接触は、コミュニケーションそれ自体を円滑にするだけではありません。こうした関わりを通して、赤ちゃんは言語や他者の顔を学習します。たとえば、次のような研究があります。まず経験フェーズでは、生後四ヶ月の赤ちゃんと実験者が対面で座ります。実験者は、赤ちゃんの肘と頬、または膝と眉毛を交互に繰り返し触れながら、無意味な単語を発話します（図4-8上）。

この時、たとえば肘と頬に触れるときにはいつも「dobita」といいます（いつも条件）。一

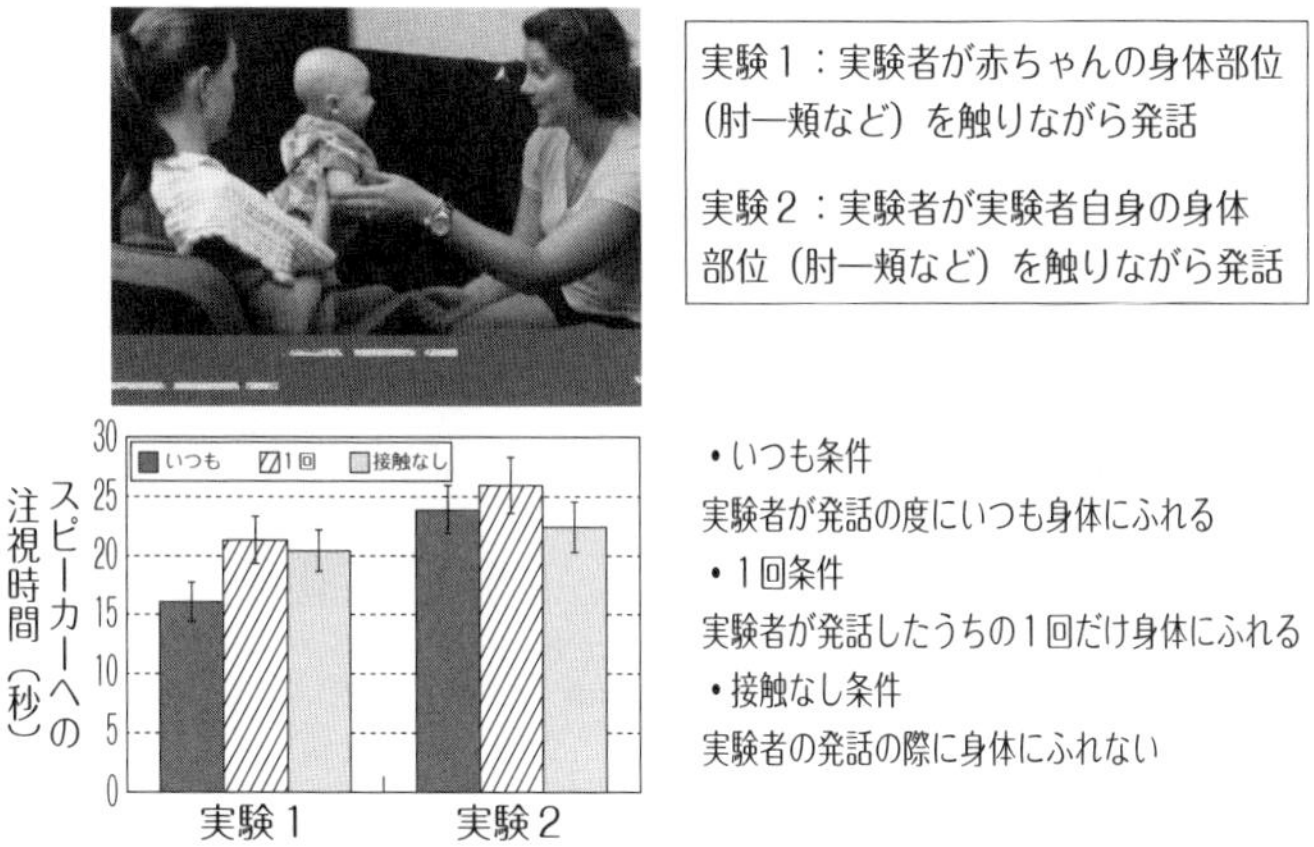

実験1：実験者が赤ちゃんの身体部位（肘―頬など）を触りながら発話
実験2：実験者が実験者自身の身体部位（肘―頬など）を触りながら発話

・いつも条件
実験者が発話の度にいつも身体にふれる
・1回条件
実験者が発話したうちの1回だけ身体にふれる
・接触なし条件
実験者の発話の際に身体にふれない

図4-8．身体接触経験が赤ちゃんの単語の聞き取りに与える影響
上図：経験フェーズの様子，下図：テストフェーズの結果
出所：Seidl et al. (2014)

方、膝と眉毛に触れるときには、繰り返し触れたうちの一度だけ「lopoga」といいます（1回条件）。最後に赤ちゃんの身体には触れずに「bipota」といいます（接触なし条件）。いずれの発話も、実際にある言葉ではなく、実験のために作られた意味のない単語です。こうした関わりを行った後、経験フェーズで聞いた単語の聞き分けテストを行いました（テストフェーズ）。テストフェーズでは、赤ちゃんは、無意味なことばの羅列で構成される、文章のような音声刺激を聞きました。この時、一連の音声の中には、経験フェーズで聞いた無意味語が含まれていました。スピーカーが左右に置かれ、音声は左右のうちのいずれかひとつのスピーカーから流れました。この時、赤ちゃんがスピーカーを見続けた持続時間を計測しました。その結果、一回条件

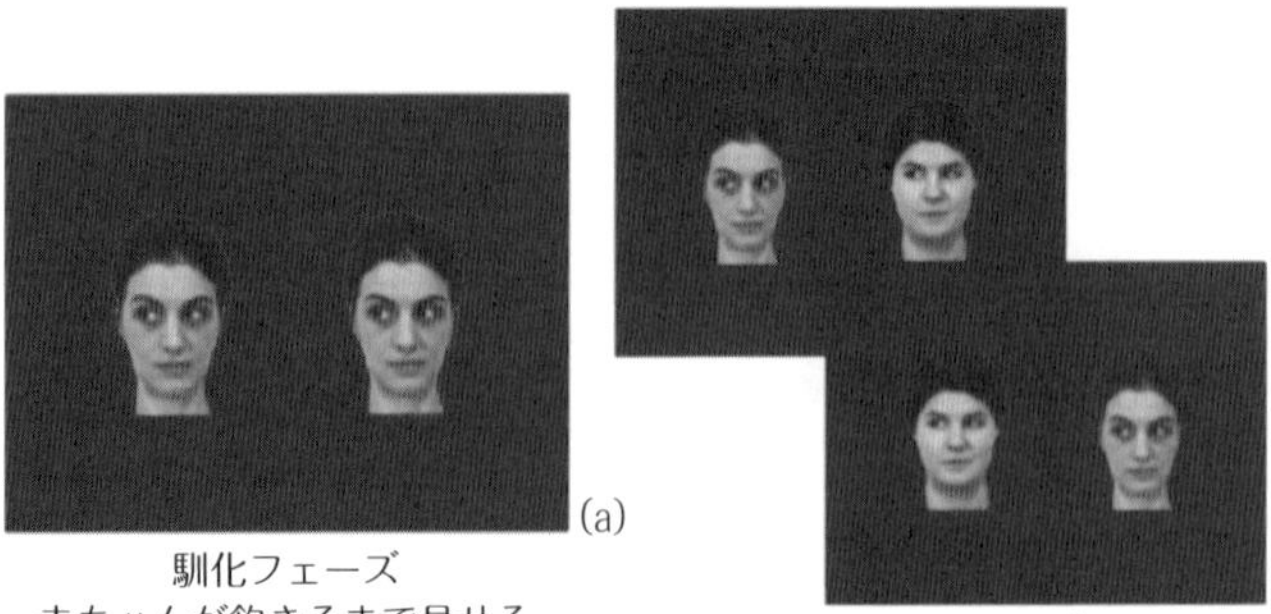

(a)

馴化フェーズ
赤ちゃんが飽きるまで見せる

(b)

テストフェーズ
赤ちゃんが二人の顔を区別してみるか
どうかを調べる

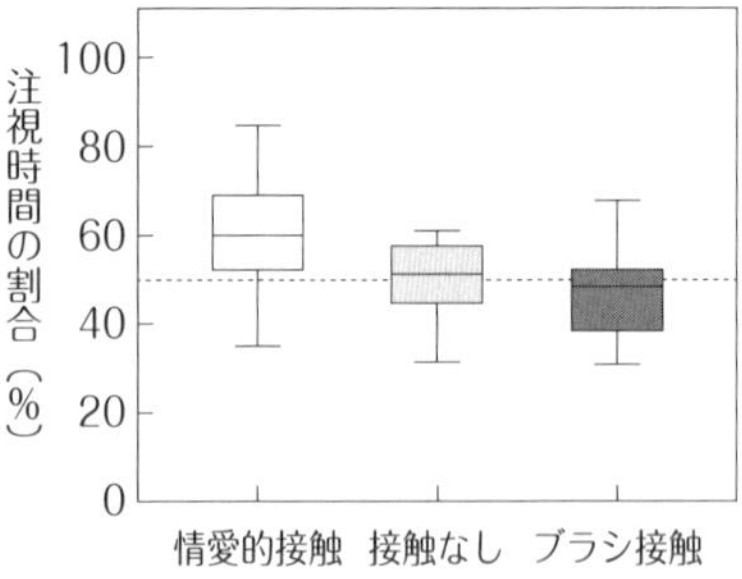

図4-9. 情愛的接触が赤ちゃんの学習に与える影響
上図：(a)馴化フェーズ，(b)テストフェーズ。
下図：三つの条件における顔への注視時間割合

注：点線は50%を示す
出所：Langa et al.（2019）

や接触なし条件に比べて、いつも条件の単語がスピーカーから聞こえてきたときには、赤ちゃんはスピーカーに注意を向けつづける時間が短いことがわかりました（図4-8下）。さらに実験2では、この結果が、他者から触れられることによる影響かどうかが確かめられました。実験2では、経験フェーズで実験者が発話するときに、実験者が自分自身の身体部位を触れるという手続きでした（実験1と同じ三つの条件を設けました）。その後、同じ手続きで単語の聞き取りテストを行いました。その結果、赤ちゃんがスピーカーに注意を向ける時間は、条件によって違いが見られませんでした。これらの結果から、他者から触れられる経験をしながら音声を聞くことが、赤ちゃんの音声単語の学習を促したと解釈されています（Seidl et al., 2014）。

同様の効果は、見知らぬ他者の顔を学習するときにもみられました（Longa et al., 2019）。この研究では、生後四ヶ月の赤ちゃんに、目を背けた女性の写真を画面に提示してみせます。この時、赤ちゃんは、①母親が赤ちゃんの身体を優しく撫でる、②実験者がブラシで赤ちゃんの身体をつつく、③身体接触なし、のいずれかの条件に割り当てられます。こうして女性の顔写真を赤ちゃんが飽きるまでみせます。そのあと、今度は、再び画面上に、先ほど見た女性の顔写真（既知顔）と、新規の女性の顔写真（未知顔）をならべて赤ちゃんに提示します。すると、①の条件の赤ちゃんでのみ、既知顔と未知顔を区別して見たのです（図4-9）。目を背けた人の顔写真を区別してみることは四ヶ月児の赤ちゃんにとっては難しいことです。

それにもかかわらず、母親から優しく撫でられるという経験は、赤ちゃんの、他者顔の学習を促進したことがわかります。

6 身体接触と親子関係

乳児期の親子間の身体接触、特に情愛的接触の機能として重要なのは、お互いの感情的な絆や親和的感情を強め、集団としての帰属意識を高めるというものです。この鍵となるのは、C線維と呼ばれる神経線維のはたらきです（McGlone et al., 2014）。

C線維のはたらき

脳や脊髄などの中枢神経から分岐し、全身の器官や組織に分布する神経のことを末梢神経といいます。末梢神経には、信号の伝導速度によって大きく三つの神経線維に分けられます。A、B、C線維です。一般に、線維の直径が大きく、絶縁性の髄鞘で覆われていれば伝導速度は速く、直径が小さく、髄鞘で覆われていなければ伝導速度はゆっくりとなります。一般に、部位のはっきりした、早い痛みの皮膚感覚は伝導速度の速い神経線維（A線維）を、交感神経の活動や鈍く遅い痛みなどは伝導速度の遅い神経線維（B、C線維）を経由して伝えられます。情愛的接触には、C線維が関与しているとみられます。C線維は体毛の多い皮膚

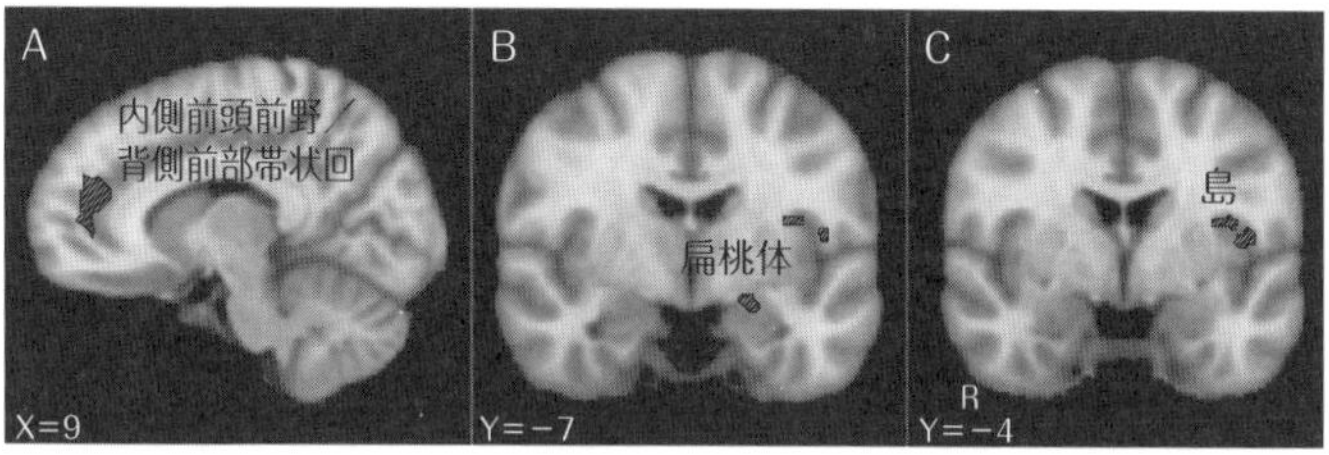

図４-10.　Ｃ線維を介した触覚刺激に対して活動する脳ネットワーク
出所：Gordon et al.（2013）より改変

下に多く分布していて、大人では毎秒三～一〇cmの速度で軽くなでられた場合に特に活性化します。この条件で他者から身体をなでられると、活性化されたＣ触覚線維から島皮質後部に信号が伝達されます（Olausson et al., 2002）。島皮質後部は、島皮質前部分と連結して、触覚刺激の強度や温度から心地よさを評価するときに関わります。接触に関する刺激を、触れるときの身体部位や強さ、速さなどから情愛的接触と識別的接触（discrimitive touch）に分類します。それぞれの触覚刺激に対する脳反応を調べると、識別的な接触に比べて情愛的接触に対して、後部島はより強く活動します（Morrison, 2016）。いわゆる情愛的接触と呼ばれるものは、Ｃ線維を介して活性化する後部島のはたらきと関係があるかもしれません。

Ｃ線維は手のひらよりも腕や足などに多く分布していて、手のひらを撫でるよりも腕を撫でた方が、後島は強く活動します。さらに、腕を撫でられたときには、左の島と扁桃体の活性化とともに、内側前頭前野（mPFC）と背側前部帯状回（dACC）のネットワークが活性化します（図４-10：Gordon et al., 2013）。

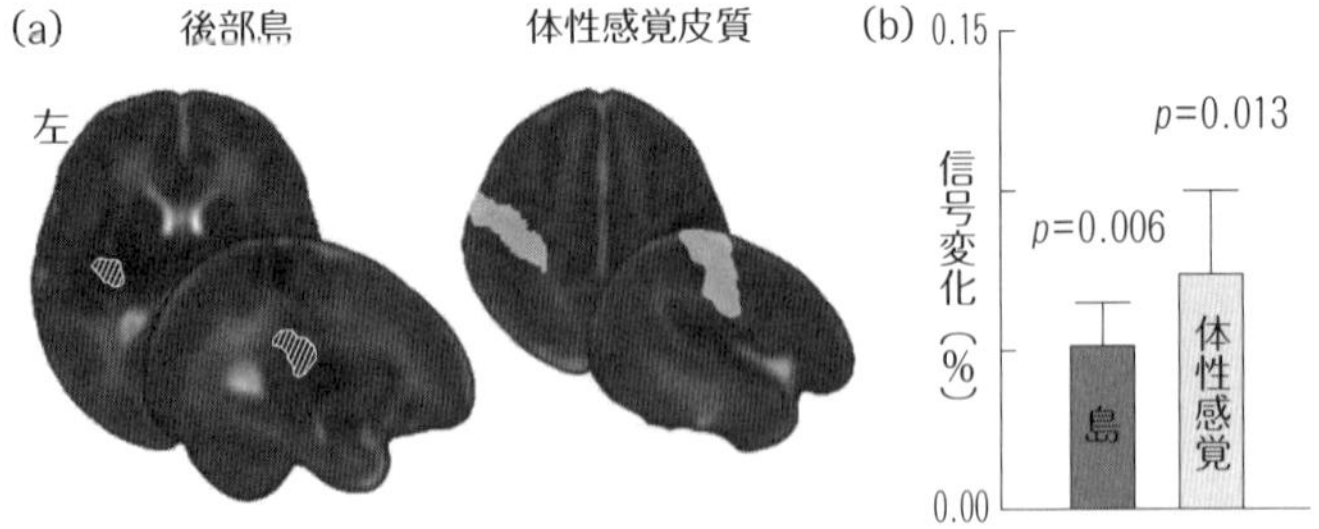

図 4 - 11. やさしく撫でられたときの新生児の赤ちゃんの脳の血流反応
(a)後部島，体性感覚皮質の場所，(b)やさしく撫でられたときの２領域の脳活動
出所：Tuulari et al.（2019）を改変

mPFC はメンタライジングネットワーク（意図の推論などに関わる）の部位、dACC は自己や他者の感情の認識に関わる部位です。こうした脳のネットワークが活性化することで、私たちは、情愛的接触に対して「心地よい」と感じるようです。

C 線維は「気持ちよさ」を高める

C 線維を経由して知覚される心地よさは、オピオイドと呼ばれる、化学物質の分泌に関わっているとされています。オピオイドとは、中枢神経や末梢神経に存在する特異的受容体（オピオイド受容体）への結合を介して、モルヒネ（鎮痛薬）に類似したはたらきをする物質の総称です。内因性のオピオイドは、いわゆる「快楽」の感情と関連します。大人では、C 線維を活性化させるような身体接触を経験しているときに、内因性のオピオイドの神経システムが活性化することがわかっています（Nummenmaa et al., 2016）。

Ｃ線維を介した触覚刺激に対して、赤ちゃんの脳はどのように反応するのでしょうか。新生児の赤ちゃんの脳のｆＭＲＩを計測すると、やさしく撫でられている最中に、脳の島皮質後部が活性化しました（図４-11：Tuulari et al., 2019）。さらに生後二ヶ月になると、速い速度で撫でられるよりも、ゆっくりとした速度で撫でられた方が、島皮質は強く活性化しました（Jönsson et al., 2018）。出生後の非常に早い段階から大人と同じように、他者からゆっくり優しく撫でられると赤ちゃんの脳の後部島がはたらくことがわかります。

また、Ｃ線維を介した接触は、脳だけでなく、末梢神経を介して、赤ちゃんのからだの状態にも影響を与えます。生後九ヶ月児では、毎秒二〜三cmくらいの速度で触れられると心拍が安定することがわかっています（Fairhurst et al., 2014）。他者からゆっくり優しく撫でられる、つまり情愛的接触は、体と脳の両方にはたらきかけて、赤ちゃんにも「心地よい」という感覚をもたらしている可能性が示されています。

これまでハーロウを中心として、発達初期の身体接触が親子の感情的な絆を深めるということが長年議論されてきました。しかし、なぜ身体と身体が触れ合うことが、お互いの親和性を高めるのか、そのメカニズムについてはわかっていませんでした。近年のこうした研究から、Ｃ線維を介した触覚刺激が脳内で「心地よい」と評価されること、そして、こうした経験を通して特定の他者との身体接触が快楽になることが、親子間の密接な社会的関係の形成と維持の鍵となっているようです。

7 身体接触とアタッチメント

身体接触を通して感じられる心地よさは、赤ちゃんと親の間の安定した「アタッチメント」の形成基盤であると考えられてきました。アタッチメントとは、養育者と子どもの間に築かれる、安定した信頼関係のことを指します（Bowlby, 1969）。ヒトを含む哺乳類や一部の鳥類は、乳児期に特定の大人（多くは親）との間にアタッチメントを形成するとみられています。アタッチメントを反映する特定の行動（これをアタッチメント行動と呼びます）には、親への後追い、泣き、親の顔や声の記憶などの行動が含まれます。ヒトを含めた哺乳類や鳥類は、捕食者から身を守るためにこうしたシステムを進化の過程で獲得してきたと考えられています。

他方で、哺乳類の赤ちゃんが、特定の親にこうしたアタッチメント行動を示すためには、親と身体が触れ合っていないときにも、「親が誰か」を理解していなければいけません。「親」という存在についてもつ、安定したイメージ（表象）を「親の概念」といいます。生後一年未満の赤ちゃんは、どのような方法で「親」の概念を獲得していくのでしょうか。どうやら赤ちゃんの脳は、自分の身体外部の感覚（外受容感覚）だけでなく自身の身体内部の感覚（内受容感覚）も同時に利用しているようなのです。

内受容感覚とアロスタシス

まずは内受容感覚について説明します。内受容感覚とは、内臓感覚ともいい、胃腸や心臓などの身体内部の状態が変動することによって得られる感覚のことを指します。たとえば、ご飯を食べてから六時間ほど経つと「お腹が空いた」と感じると思います。脳は、食物を消化することによって起こる胃腸の内部状態の変動を事前に予測しています。そして、「このまま食物を食べないと死んでしまう（ホメオスタシスが崩れてしまう）」というときに空腹感が意識として立ち上ってくるようになっています。このように、ホメオスタシスが維持されるように、事前に身体内部の生理状態を予測して行動に起こすための脳の機構を「アロスタシス（allostasis）」といいます（Sterling & Laughlin, 2015）。

哺乳類の乳児期には、このアロスタシスの機能が成熟しきっていません。そのために、赤ちゃんは、空腹や排泄、眠気を含む身体生理状態の著しい変動に対して、泣きや後追いなど、親による世話を求めます。親は、赤ちゃんの要請に答える形で、授乳やおむつ交換、寝かしつけ等の世話をします。その結果、赤ちゃんのホメオスタシスが均衡状態に戻ります（図4-12）。

赤ちゃんの脳は内受容感覚と外受容感覚を統合する

親から世話をしてもらっているときの赤ちゃんの脳は、親に関連する外受容刺激（親の顔

図4－12．赤ちゃんと親の関係におけるアロスタシス調整のイメージ
出所：Atzil et al.（2018）を改変

や声、ぬくもり等）と、赤ちゃん自身の内受容感覚の変動（血糖値の安定、覚醒度合いの安定）の関係を統合（相互に関連のあるものとして処理）しているとみられています（Atzil et al., 2018）。親からの世話を受けると、赤ちゃんのホメオスタシスが安定するので、赤ちゃんにとって親と関わることが快い報酬になります。すると、赤ちゃんはさらに親と関わることを求めます。一貫した養育を決まった他者から受ける経験を積み重ねることで、赤ちゃんの脳は、親に関連する外受容感覚と自己の内受容感覚を統合していきます。その結果として、「自己のアロスタシスを調整してくれる対象としての親」という、まとまりをもった概念が獲得されると考えられています。

　赤ちゃんの脳が外受容感覚刺激と内受容感覚刺激を統合するときにはたらく脳の領域は「島《とう》」です。島の前部分（Anterior Insula：AI）は、多感覚統合に関わる部位です。身体の末梢からくる内受容感覚刺激は島の後部（Posterior Insula：PI）に送られます。AIはPIと双方向に連結し、情報

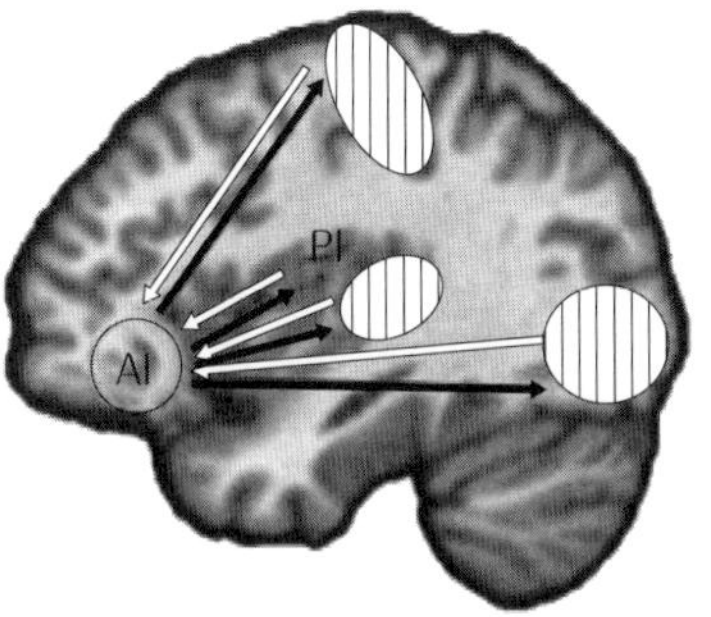
島後部（Posterior Insula；PI）
・末梢から送られる内受容感覚刺激はここに伝えられます
島前部（Anterior Insula；AI）
・外受容の一次感覚野から伝えられた感覚情報と，島後部から送られた内受容感覚刺激を統合して，多感覚の「親」概念を表現します
一次感覚野
AI：島前部
PI：島後部
予測信号
予測誤差信号

図4－13．外受容感覚と内受容感覚の統合の神経ネットワーク

注：予測信号とは，AI から PI，各感覚野に対して送られる，次に入力される刺激の予測値を指す。予測誤差信号とは，感覚野・PI から AI に対して送られる，実際の感覚信号の入力値と予測値の間の誤差の値

出所：Atzil et al.（2019）を改変

を伝達し合います。AIはトップダウンの（体から脳に向かう）内受容の予測信号をPIに送り、PIはボトムアップの（身体から脳に向かう）感覚入力をAIに送ります（図4－13）。第3章で、多感覚統合に関わる神経学的なしくみについて説明したときにも「予測値」と「予測誤差」の信号を伝達し合うことを述べました。内受容感覚と外受容感覚の統合にも、この予測と予測誤差を相互に送り合う、というしくみがはたらいていると考えられています。

親の顔や声といった外受容刺激は、AIで統合されます。繰り返しの養育経験によって、乳児はアロスタシスに関する内受容の入力と、養育者に関する外受容の入力を関連づけて、一つの多感覚経験（e.g., 授乳）として統合します。

赤ちゃんの脳内で、社会的な外受容情報とアロスタシスとの間の関係性が統合されると、両者のうちの一つの情報から、他方の情報を予測することができるようになります。つまり、島をはじめとする連合野は、多感覚情報を統合することによって、社会的情報の入力からアロスタシスを予測することができるようになるのです。赤ちゃんの脳は、内受容感覚と外受容感覚の統合というプロセスを経て、自分にとって信頼できる親としてのイメージ（概念）が、頭の中に存在するようになるのかもしれません。

こうした見方に関連する知見が報告されています（Aguirre et al., 2019）。ゆっくりと軽く（C線維が活性化する二〜三cm／秒）他者から触れられることが、乳児の心拍を安定させることはすでに述べました。アギーレら（二〇一九）の研究では、この時、実験的な操作を加えて、母親の顔あるいは知らない女性の顔のどちらかを赤ちゃんに見せながら、三種類の速度（毎秒〇・三cm、三cm、三〇cm）のいずれかで赤ちゃんの足に触れました。触覚刺激は、赤ちゃんの見えないところから、別の実験者が与えていました。この時の赤ちゃんの心拍数が分析されました。その結果、赤ちゃんの心拍数が最も安定したのは、母親の顔を見ながら三cm／秒の速度で触れられた場合でした。触覚刺激は、顔とは関係のない別の実験者が与えていたにもかかわらず、目の前にいる他者が違うと、赤ちゃんの心拍の反応が変化したのです。日常場面で母親から得る外受容感覚の情報（触覚―視覚）と、母親との身体接触によって生じる内受容感覚の経験（心拍の低下）が統合され、母親の存在が概念化されているために、こうした変化が起こったとみられます。

第４章のまとめ

① 触覚という感覚は胎児期から機能していて、触覚が発達初期の心や脳の発達を牽引している。
② 乳児期の親子間の身体接触には、⑴子どもの側のストレスを緩和し、探索行動を促進する、⑵コミュニケーションにおける意図や感情を伝達する、⑶他者との感情的な絆を調整する、という三つの機能がある。
③ 乳児期の親子間の身体接触、特に、優しく撫でる、抱く、といったタイプの身体接触は、物体や他者に対する赤ちゃんの行動を調整したり、赤ちゃんの学習を促すという効果がある。
④ 乳児期の親子の関わりにおいて、身体接触によって感じる心地よさや体温上昇といった内受容感覚と、親の顔や声といった外受容感覚を同時に知覚する経験をつむ。その結果、乳児の脳内で内受容感覚と外受容感覚が統合され、安定した「親」の概念が形成される。

第5章　進化する社会環境と子どもの心の発達

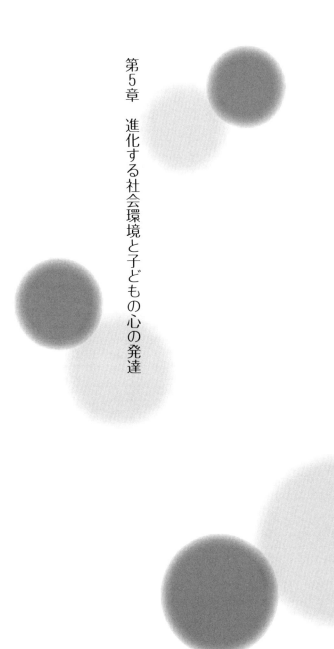

1 子育て環境の変化と子どもの心

生活環境の急速な「デジタル化」

ここまで、親子の心の発達について、脳と身体のはたらきをふまえながら述べてきました。その中で「環境」ということばを何度か使いました。紹介してきた環境の具体例は、これまで心の研究として長く扱われてきたもの、つまり、時代や文化にまたがって研究されてきたものを中心に紹介しました。たとえば、物質的環境の一例は、胎児期の物質暴露（アルコールや化学物質など）、人的環境の一例は、赤ちゃんが日常的に関わる相手としての他者（養育者）、などでした。

しかし、子どもが育つ環境というのは、時の流れとともに、そして社会の変化とともに劇的に変容しています。この一例が、テレビやスマートフォン、タブレット等を含む、デジタルメディアの普及です。

たとえば、私は仕事柄、パソコンやタブレット等を利用する時間が長く、その姿を子どもに見られることがありました。ある日、私が「これはママのパソコンだから触らないでね」というと、まだ二歳だった私の娘は、「うん。じゃあ私のパソコンは（どこ）？」と言うのです（図5-1）。これには驚きましたが、子どもの気持ちもわかります。生活の中で、靴や衣服、文具や食器など、親と自分にはそれぞれの所有物があります。子どもの立場に寄れば、親のパソコンがあるならば、自分のパソコンもあるだろうと期待するのも無理はないと思ってしまうのです（さすがに子どもにパソコンを買い与えてはいません）。スマートフォンやタブレット、テレビなどについても、大人が見ている姿をみて子どもが見たがる、使いたがるといったケースがあるのではないかと思います。

図５－1．パソコンに興味津々の娘

現代、そして未来の子どもが育つ環境を考える

先ほどの例にあるとおり、子どもたちがこうしたデジタルデバイスに触れる機会は、この十数年の間に飛躍的に増大しています。私たち大人が日々、生活に利用する物やサービスは、大人（養育者）を通して子どもの生活にも影響を与える可能性があります。それでは、こうした新しいモノやサービスに触れることは、赤ちゃんや子どもの心にどのような影響を与えるのでしょうか。

この問いに対して答えるためには、今まさに現代を生きる子どもの心や脳が、現代社会の環境の中でどのように育つのか、それを調べ、明らかにする必要があります。さらに、これから一〇年先の未来を考えたとき、今後の社会の変容が、子どもの心や脳の発達にどのような影響を与えていくのでしょうか。これはまさに未曾有の大問題です。本書では、これらの問いをふまえ、将来に生きる子どもの育つ環境についても考えてみたいと思います。

2 デジタルメディアと子どもの育ち

子どもがデジタルメディアに触れる生活

私たちの生活の中で、テレビや携帯電話、スマートフォンやタブレットなどのデジタルメディアはますます身近なものになっています。全世帯を対象にすると、スマートフォンの普及率は、二〇一一年には約三〇%であったのに対し、二〇一七年には七五%にまで急上昇しています（総務省、平成三〇年、情報通信白書）。また、就学前の子どもをもつ家庭を対象にした調査では、スマートフォンの所有率は二〇一三年から二〇一七年にかけて、六〇・五%から九二・四%にまで上昇しています（ベネッセ教育総合研究所、二〇一八）。

子どものスマートフォンの使用頻度については、一〜三歳の子どもの二四%がほとんど毎日、およそ二二%が週に一〜二日はスマートフォンを使用しているようです（ベネッセ教育総合研究所、二〇一八）。つまり、この二つのグループを合わせると、約半数の子どもが、日常的にスマートフォンに触れていることになります。なお、テレビについては、一～三歳の時点でおよそ七五％の子どもがほとんど毎日視聴しているようです。私たちの日常の生活の中で、赤ちゃんや子どもがデジタルメディアに触れる機会は非常に多いことがわかります。

デジタルメディアの使用と子どもの心の発達

こうしたデジタルメディアの使用は、子どもの心の発達にどのような影響を与えるのでしょうか。映像の視聴に関しては、ビデオディフィシットという現象があります。ビデオディフィシットとは、他人とのリアルなやりとりと比べて、映像からの学習効率が悪いことを指します。たとえば、三歳までの子どもでは、他者と対面した状態で他者の振る舞いを観察した場合に比べて、モニター越しに他者の振る舞いを観察した場合の方が、模倣の成績が低くなります（Anderson & Pempek, 2005）。同じような弊害は、音声から単語を聞き取る課題の成績においてもみられます（Kuhl et al., 2003）。ただし、映像を繰り返し見たり、画面をタッチパネルにしたり、映像を見ている最中に親子間に積極的なコミュニケーションがあると学習は起こるようです（Kirkorian et al., 2016 ; Courage et al., 2009）。

デジタルメディアを使い続けることは、子どもの認知や感情の発達に長期的な影響を与えることもわかっています。アメリカの一五～一六歳の高校生を対象とした大規模な研究によると、一日に何度もデジタルメディアに触れると回答した人は、二年後にＡＤＨＤ（注意欠如・多動症）と診断される確率が有意に高くなりました（Ra et al., 2018）。また、デジタルメディアを通してソーシャルネットワーキングサービス（ＳＮＳ）を長時間使うことが、若者（思春期前〜一〇代の子ども）の抑うつを高めることがわかっています（Selfhout et al., 2009）。思春期から青年期の子どもは、仲間や友人に受け入れられているかどうかに対して非常に敏感です。一方で、一〇歳頃から、私たちは他人に対する劣等感や妬みの感情をもちます（Herrmann et al., 2019）。ＳＮＳ上に、知人の楽しそうな写真や投稿が掲載されていると、仲間や友人から阻害されているような感覚や、劣等感や妬みの感情の高まりを誘発し、それが若者のうつにつながるとみられます。

デジタルメディアの利点を活用するためには

デジタルメディアの使用には、悪い面だけでなく良い面もあります。思春期前から青年期にかけて、子どもがデジタルメディアを使用することには、次のような良い効果があるといわれています（O'Keeffe et al., 2011）。①リアルな社会関係では実現できないような他者との交流やコミュニケーションを促進する、②子どもの学習の機会を増やす、③子どもが健康についての情報を受け取りやすくなる。

①については、たとえば、共通の趣味や目標をもつ海外の人と交流をすることが可能にな

る、といったことがあげられます。②については、家庭経済状況等で大学に進学して学問に触れることの難しい子どもが、メディアを使うことで安価（ないし無償）で教育を受けることができるようになっています。③については、たとえば、難病に苦しむ子どもが、SNSを通じて、同じ病気を患っている人の治療についての新しい知識を得たり、そこから社会的な交流が生まれる、といったことがあります。

デジタルメディアの利点を活用するために、これからの時代を生きる子どもたちに対して、情報通信技術（Information and communication technology：ICT）を活用する能力を育成するための教育が必須となってきています。ただし、こうした教育を、養育者である親の側が十分に受けられているかというと、必ずしもそうではないようです。デジタルメディアが子どもの心の発達に与える潜在的な負の影響をふまえると、子どもだけでなく、親に対するICT教育も必要でしょう。たとえば、デジタルメディアを操作する方法といった実用的な内容だけでなく、メディアを使用する際の倫理的配慮や、メディアに含まれる情報を批判的に評価することなど、総合的な内容を含む教育の実施が望まれます。

3 ロボットが子育てをする時代がくるのか

共働きの拡大と子育ての課題

さて、デジタルメディアの使用例をご覧になられた方の中には、「スマホに育児をさせるなんて良くない」、あるいは「親はスマホに育児を肩代わりさせて、自分は楽をしている」と思われた方もいるかもしれません。しかし、本当に今の子育て世代の人々は、スマホに育児をさせて悠々自適に自分の時間を過ごしているのでしょうか。

前節で述べた、就学前の子どもをもつ家庭のスマートフォン使用場面を詳細に調べて見ると、外出時の待ち時間や、親が家事で手をはなせないときなどに使用割合が増加しており、夕食後の二〇時以降に使用頻度が多くなります（ベネッセ教育総合研究所、二〇一八）。これらをふまえると、親は、一時的に子どもの注意をひくためにやむなくデジタルメディアに頼らざるを得ない状況に置かれているともとらえられます。実際、今、子育てを担っている家庭の多くは共働き世帯です。総務省統計局の「労働力調査（基本集計）」の二〇一六年平均の結果によると、夫婦がいる世帯のうち共働き世帯の割合は四八・四%、夫婦のうち夫だけが働く世帯は二六・四%、妻だけが働く世帯は四・一%、夫婦ともに無職の世帯は二一・一%となっています。さらに、このうち高齢者世帯を除くと、夫婦がいる世帯のうち共働き世帯の割合は六〇・九％にのぼります。共働き世帯は二〇〇〇年から徐々に増えており、一方で専業主婦の割合は全体的に減っています。

「親が働かねばならない時間に子どもの安全をいかに守り、その時間を可能な限り教育の機会として活用するか」ということは、現代社会の育児における一つの課題ではないでしょうか。この課題を解決するための方法は、各家庭や社会が子育てに対して提供できる資源によって変わります。たとえば、親が働かなければならない時間に、親以外の大人が子どもの世話をすることができれば、上記の課題は比較的簡単に解決できます。しかし、前にも述べたとおり、日本の多くは核家族世帯であり、親以外の大人が育児に関わることが物理的に困難な状況となっています。

ベビーテックと子育てロボットの開発

こうした状況に対して、新しいサービスや製品として注目されているのが「ベビーテック（Baby Tech）」や「子育てロボット」です。ベビーテックとは、妊娠期から出産、新生児～小学校の年齢の子育てを支援する IoT（Internet of Things）デバイスやアプリケーション、Web サービスなどの総称です。ベビーテックには、赤ちゃんや子どもの食事、安全、健康管理、不妊治療や妊婦さんの手助けなどが含まれます。たとえば、赤ちゃんや子どもの食事については、搾乳の補助やスマートフォンによるアレルギーモニターがあります。赤ちゃん

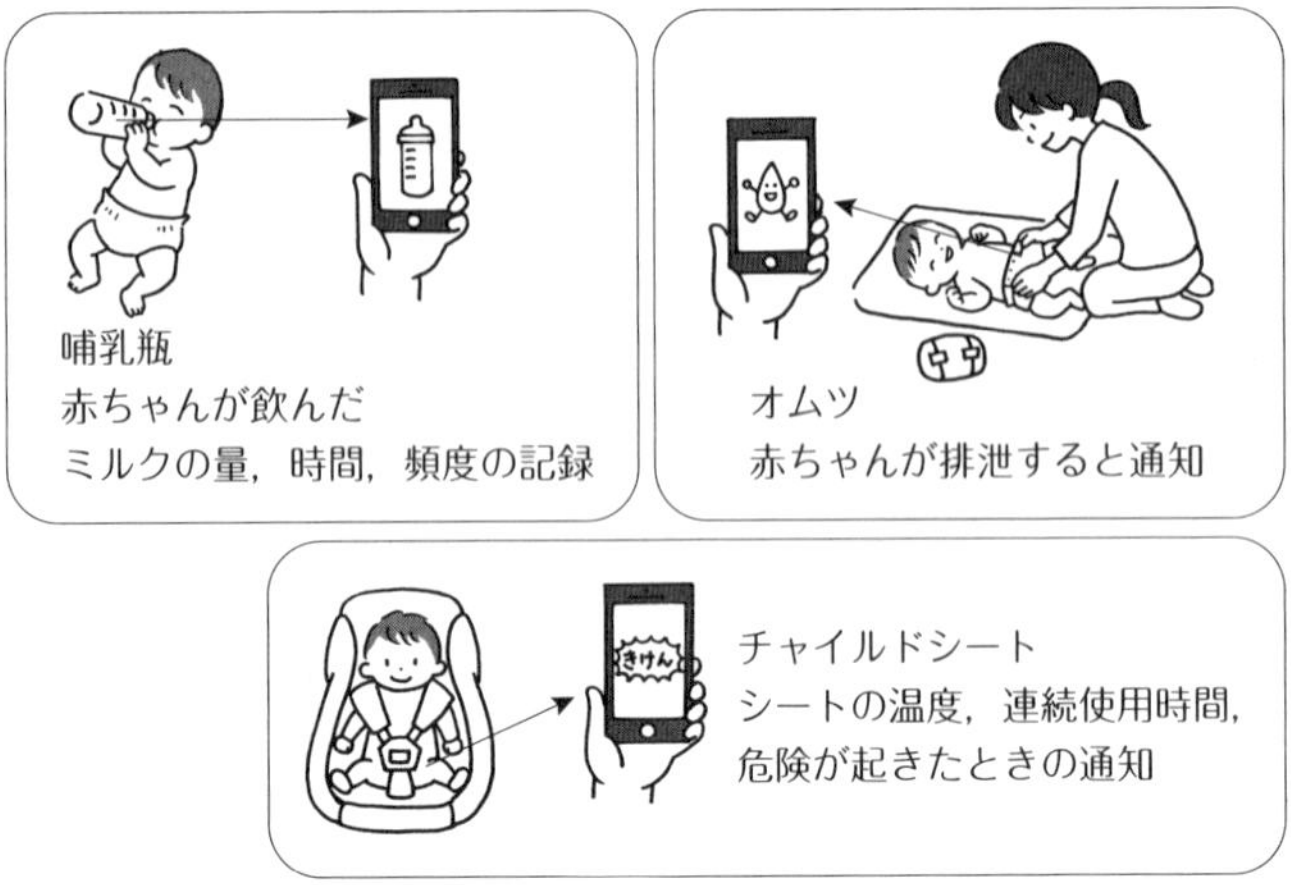

図5-2. ベビーテックの使用イメージ

の安全に関しては、乳幼児の安全を確保することをめざしたベビーカーやチャイルドシートが該当します。これらの製品はスマートフォンと連動しており、何かの異常があった場合に通知されるようになっています。ベビーテックの多くは、赤ちゃんや子どもの安全を確保するという機能をもっています。特に乳幼児期には、睡眠時に呼吸を確認したり、赤ちゃんが手に持っているものや口に入れるものに気をつけるなど、周囲の大人は安全面のケアを頻繁に行わなければなりません。しかし、そうした配慮を常に怠らないことは、特に一人で育児を担わなければならない状況では簡単なことではありません。ベビーテックなどをうまく利用しながら、赤ちゃんを見守ることで、物理的にも精神的にも育児の負担が軽減されることが期待されています（図5-2）。

ベビーテックは、今すでに存在する子育て用品に、センサーや通信機能を付加させているのに対して、子育てロボットやコンパニオンロボットは、ロボットとしての実体をもっています。そして、こうしたロボットの多くは「実際に子どもと関わる」ことが機能に含まれます。たとえば、二〇一六年には、子どもと遊ぶことができる、コンパニオンロボットが発表されました（iPal, Nanjing Avatarmind Robot Technology, 南京）。このロボットは歌ったり踊ったり、質問に答えることができるだけでなく、データベースに回答がない場合は人間の専門家がそれを引き継ぐことになっているようです。人の感情を推察する機能もあり、子どもと会話できるロボットとして注目されています。このほかにも、家族（子どもだけでなく、親も含めて）と関わったり、家族の見守り機能をもつコンパニオンロボットなどが開発されています（LOVOT, GROOVE X, 東京）。また、家庭ではなく保育園や幼稚園で、赤ちゃんの体調記録や登園記録を管理したり、センサーとの連動で昼寝時間や個別園児の情報を記録する保育ロボットもあるようです（VEVO, global bridge HOLDINGS, 東京）。

赤ちゃんや子どもはロボットから学ぶのか

「親の代わりに子どもと関わる」ロボットは、本当に人に取って代わるエージェントになり得るのでしょうか。これまで、ロボットとヒトに対する赤ちゃんの行動の違いが比較されてきました。たとえば、生後九ヶ月から生後一二ヶ月頃の赤ちゃんは、他者が向けた視線の

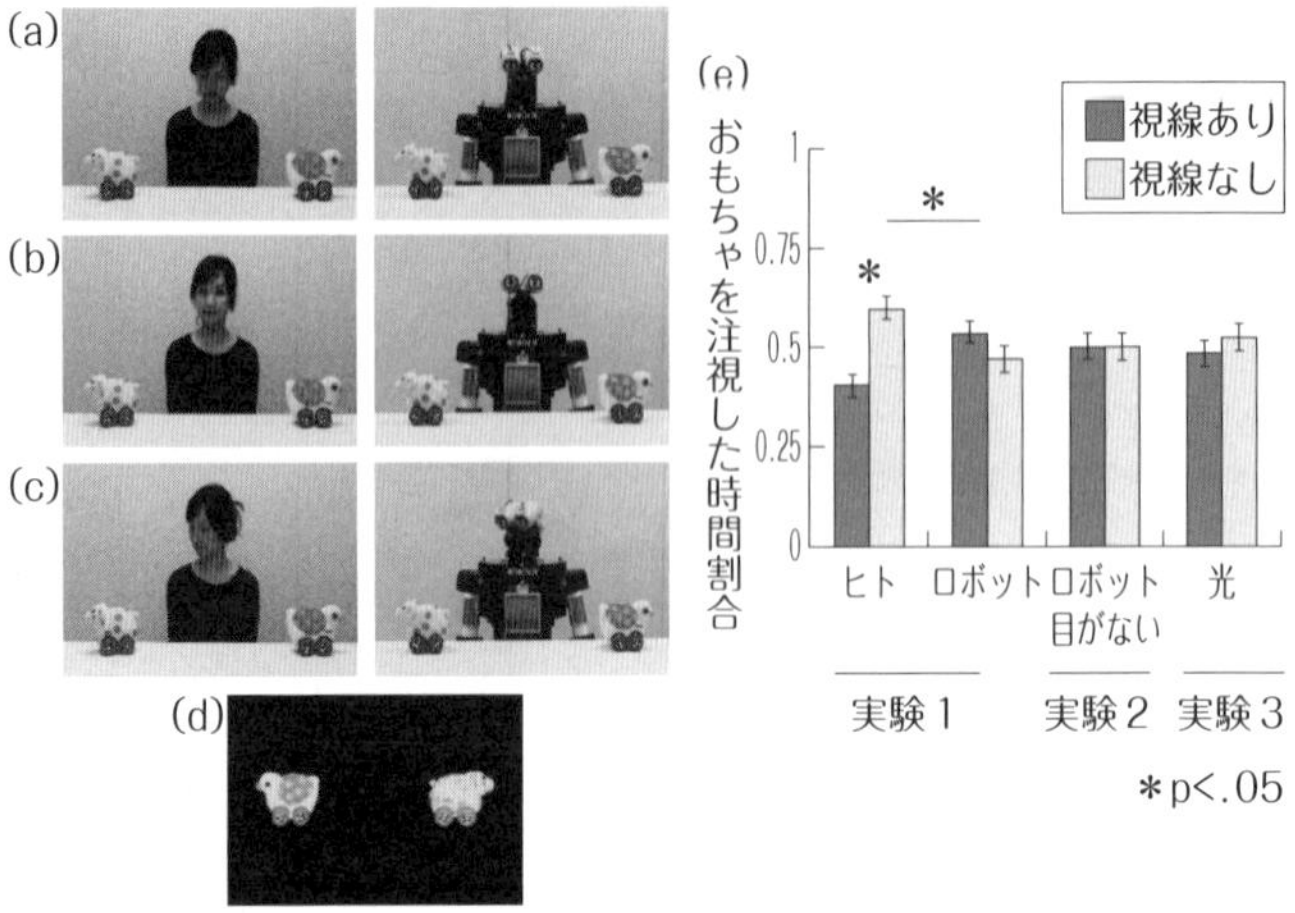

図5-3. 赤ちゃんがヒトあるいはロボットの視線を手がかりに物体を学習するかどうか。(a)-(c)それぞれのモデルが左右の物体に視線を向ける様子，(d)テストフェーズで提示された刺激，(e)テストフェーズでそれぞれのおもちゃを注視した時間割合

出所：Okumura et al.（2013a）を改変

先にある物体に注意を向けて、その物体の見た目の特徴を学習します。この性質を利用して、ヒトの赤ちゃんは、ロボットが向けた視線の先にあるものを学習するかどうかが調べられました（Okumura et al., 2013a）。この研究ではまず、大人のモデル、またはロボットが左右に置かれたおもちゃのうちのいずれかに視線を向ける動画を、生後一二ヶ月の赤ちゃんに見せました（図5-3(a)-(c)）。この時の赤ちゃんの視線反応が計測され、視線を向けた先のおもちゃを見たかどうか（つまり、赤ちゃんが視線追従したかどうか）が確認されました。次に、画面上の左右に、先ほどの動画で出てきたおもちゃと、新

規のおもちゃの写真を並べて提示しました（テストフェーズ，図5-3(d)）。この時，赤ちゃんがどちらのおもちゃを長く見たかが評価されました。赤ちゃんは，すでに知っているものよりも，新しく見た物に注意を向けるという性質をもっています。つまり，視線追従をしたおもちゃを見て，その物体を学習していたら，左右に並べられたもののうち，新しいおもちゃをより長く見ると予想されました。分析の結果，赤ちゃんは，大人のモデル，ロボット，両方の視線を追従しておもちゃを見ていることが確認されました。ところが，テストフェーズで赤ちゃんがどちらのおもちゃを長く見たかを調べてみると，赤ちゃんは大人のモデルの視線追従を行ったときにだけ，新規のおもちゃと先ほど見たおもちゃを区別して見ていることがわかりました（図5-3-(e)）。この課題では，赤ちゃんは，ロボットからは学習しなかったのです。この研究では，実験2では目がついていないロボットで同じ課題を行いました。実験3では，左右のおもちゃのどちらかに光をあてて物理的に赤ちゃんの注意を引いた場合に学習が起こるかどうかを確認しました。実験2でも実験3でも，赤ちゃんはおもちゃを学習しませんでした。

それでは赤ちゃんはなぜロボットからは学習しないのでしょうか。ロボットらしい見た目や動きが原因かもしれません。あるいは，ヒトと同じような方法で赤ちゃんと関わろうとするロボットがいれば，赤ちゃんはロボットをヒトと同じような対象として理解するかもしれません。別の研究によると，同じ課題の際，ロボットが赤ちゃんに語りかけると，赤ちゃんは、相手がヒトであるときと同様に、ロボットが視線を向けた物体を学習しました（Okumura et al., 2013b）。赤ちゃんは、話しかけられるなど、ヒトらしい社会的手がかりが提示されると、ロボットを社会的な対象として知覚するようになるようです。その結果、赤ちゃんはロボットからも新しい情報を学習することができたとみられます。

ロボットから学習するかどうかには、子どもの年齢も影響します。四〜五歳の子どもに対して、女性の大人（大人条件）、またはロボット（ロボット条件）が新しい物体に名前をつけるビデオをみせました。そのあと、子どもに対して、ビデオで聞いた単語を指す物体を選んでもらいました。すると、四歳児はロボットからは新しい物体の名前を学習しませんでしたが、五歳児はロボットからも新しい物体の名前を学習しました（Moriguchi et al., 2011）。ただし、全体的な正解率は、ロボット条件よりも大人条件の方が高くなりました。

赤ちゃんや子どもがロボットから学習するかどうかという問いへの答えはそれほど簡単ではないようです。ロボットにどのような性質を入れて設計をするか、利用する子どもの年齢、あるいは使い方によっては、ヒトからと同じように、ロボットからも学習することができるかもしれません。ただし、これらの研究は、ロボットと長期間関わることによって、赤ちゃんや子どもの学習が促されるのか、あるいは阻害されるのか、といった長期的な影響については検討されていません。ロボットが日々の育児の肩代わりになることを考えると、ロボットと子どもが関わることが長期的に子どもの心にどのような影響を与えるのかについても検討する必要があります。

4　新しい社会の到来

これからの日本の子育て

デジタルデバイスや、人工知能（Artificial Intelligence：AI）を搭載した製品やロボットの開発と普及は、今後ますます進んでいくと予想されます。なぜなら、日本では、少子高齢化という深刻な人口問題を抱えており、人口危機の問題を解決するために、こうした科学技術のますますの発展が期待されているのです。さて、人口問題と科学技術の間に一体どんな関係があるのでしょうか。ここでは、この一〇年間に劇的に変化しつつある私たちの生活スタイルの背景にある、社会全体の取り組みについて紹介しておきます。

今日本社会は、とても大きな社会課題を抱えています。その問題のひとつが、少子化です。問題の深刻さは、少子化が長期化していることからもうかがえます（図5‑4）。合計特殊出生率は、一九九五年以降、一・五を下回った状態が続いています。少子化が長期化することにより、若手の労働力はますます減少します。また、若年層の人数が減少することによって、相対的にますます高齢化が進んでしまいます。

内閣府は、こうした社会課題を解決するため、新しい社会の構造を打ち立てています。そ

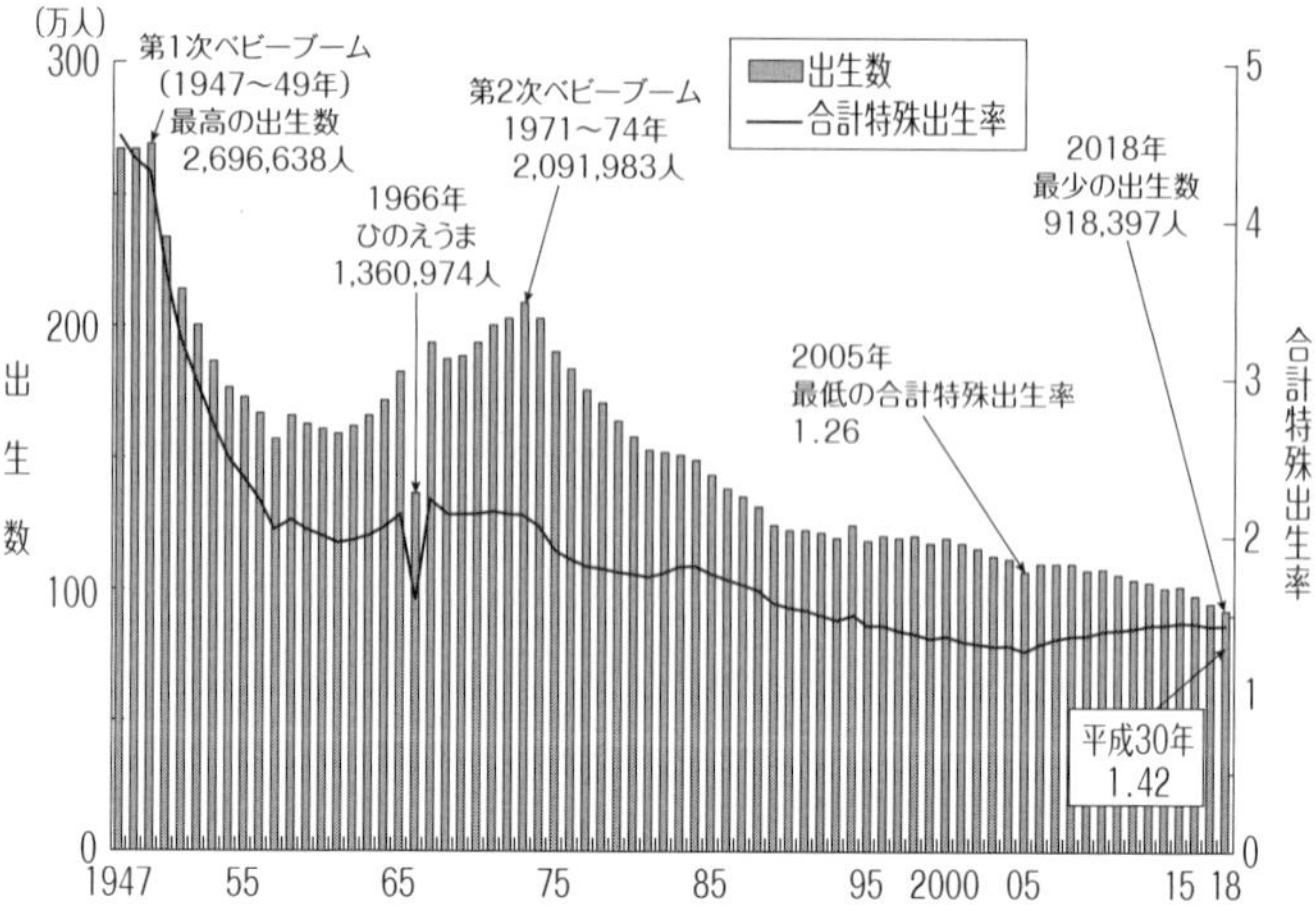

図５－４．日本の出生数と合計特殊出生率の推移
出所：厚生労働省（2011）平成23年人口動態統計月報年計

れがSociety 5.0です。Society 5.0は、狩猟社会（Society 1.0）、農耕社会（Society 2.0）、工業社会（Society 3.0）、情報社会（Society 4.0）に続く、新たな社会を指すもので、第五期科学技術基本計画において日本がめざすべき未来社会の姿として提唱されました。科学技術基本計画とは、一九九五年に制定された「科学技術基本法」により決められた、科学技術政策の方針のことです。政府はこの科学技術基本計画に沿って、長期的視野に立って体系的かつ一貫した科学技術政策を実行することになっています。二〇一六年一月二二日、平成二八～三二年度の第五期基本計画が閣議決定されました。

Society 5.0で実現する社会は、IoT（Internet of Things）ですべての人とモノがつながり、様々な知識や情報が共有され、今

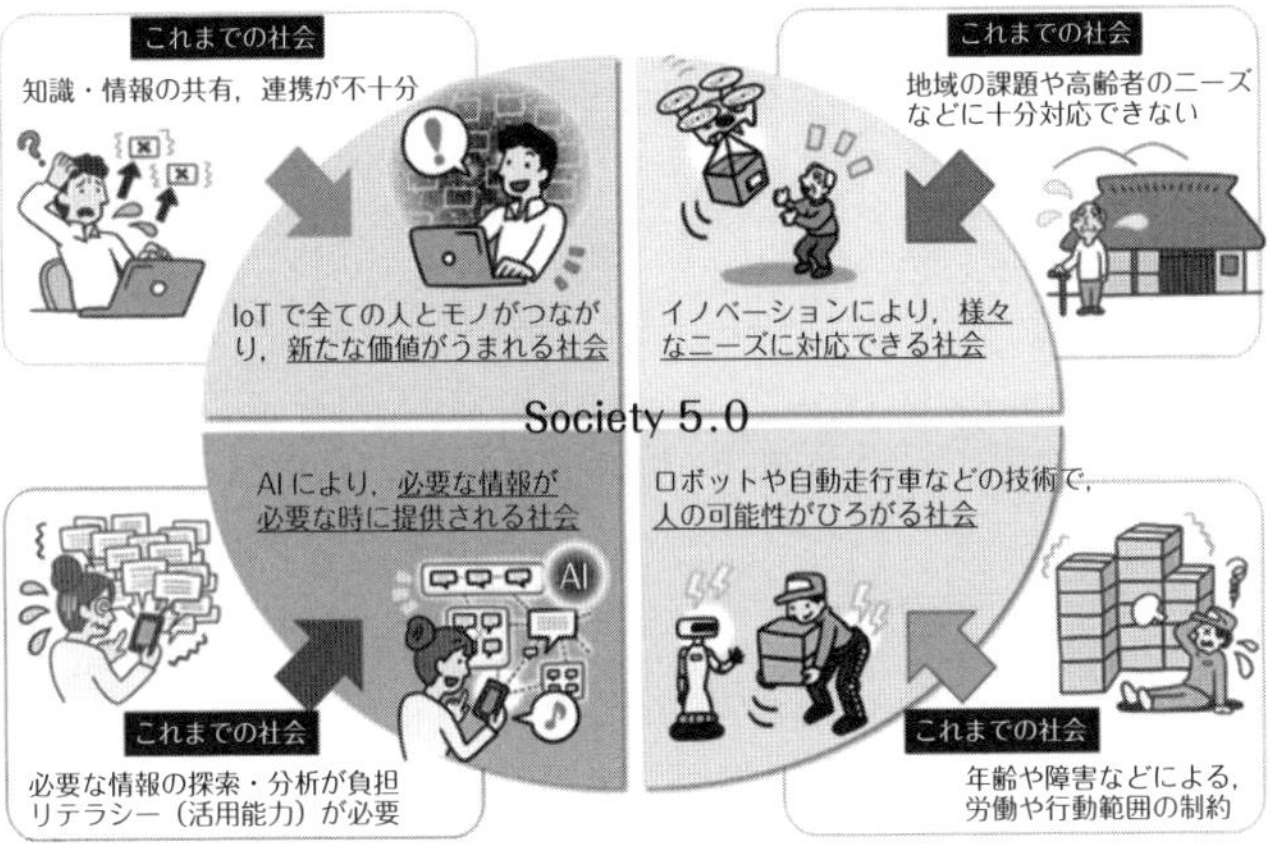
これまでの社会
知識・情報の共有，連携が不十分
IoT で全ての人とモノがつながり，新たな価値がうまれる社会
これまでの社会
地域の課題や高齢者のニーズなどに十分対応できない
イノベーションにより，様々なニーズに対応できる社会
Society 5.0
AI により，必要な情報が必要な時に提供される社会
AI
これまでの社会
必要な情報の探索・分析が負担
リテラシー（活用能力）が必要
ロボットや自動走行車などの技術で，人の可能性がひろがる社会
これまでの社会
年齢や障害などによる，労働や行動範囲の制約

図5-5. Society 5.0 で実現される社会
出所：内閣府　https://www8.cao.go.jp/cstp/society5_0/index.html

までにない新たな価値を生み出すことで、これらの課題や困難を克服すると期待されています。また、人工知能（Artificial Intelligence：AI）により、必要な情報が必要なときに提供されるようになり、ロボットや自動走行車などの技術で、少子高齢化、地方の過疎化、貧富の格差などの課題が克服されると期待されています。社会の変革（イノベーション）を通じて、これまでの閉塞感を打破し、希望のもてる社会、世代を超えて互いに尊重し合える社会、一人ひとりが快適で活躍できる社会となることをめざしています（図5-5）。

Society 5.0 の実現に向けた動きは、産学連携という形で推進されています。文部科学省は、潜在している将来社会のニーズから導き出されるあるべき社会の姿、暮らしのあり方として三つのビジョンを設定しました（図5-6）。そし

ビジョン1
少子高齢化先進国としての持続性確保：Smart Life Care, Ageless Society
キーコンセプト（function）Medical health, Mental health, Motivation, Sports, Food, Ties
→Happiness の実現

ビジョン2
豊かな生活環境の構築（繁栄し，尊敬される国へ）：Smart Japan
キーコンセプト（function）勘 ing thinking, Active thinking, Serendipity, Six senses
→革新的思考方法

ビジョン3
活気ある持続可能な社会の構築：Active Sustainability
キーコンセプト（function）Personalization, Resilience, Sustainability, Functionalization, Flexibility - Waste
→数世紀まちづくり

図5-6．文部科学省が設定した三つのビジョン

て、このビジョンをもとに一〇年後を見通した革新的な研究開発課題を特定し、二〇一三年度から「革新的イノベーション創出プログラム（COI STREAM）」を開始しました。このCOIプログラムでは、これまでにない革新的なイノベーションを産学連携で実現することをめざしています。現在、日本全国一八の拠点が、それぞれのビジョンに沿った技術開発を進めています。

私が所属している京都大学も、このCOI拠点のひとつです。京都大学のCOIのコンセプトは、「しなやかほっこり社会」の実現です。しなやかほっこり社会とは、あらゆる人に安心と安全をもたらす社会のことです。安心とは、不安の解消です。今、社会に暮らす人々は、健康に対する不安、災害に対する不安、出産・子育てに対する不安という大きな三つの問題を抱

えています。京都大学のＣＯＩは、この三つの不安に対して、科学と技術の力で解消する取り組みを行っています。私の研究室は三つめの不安解消に向けて、出産・子育てに関する研究を行っています。研究室と企業の共同研究を通して、出産・子育てに関する製品やサービスの開発に携わっています。

5　育児への喜びを高めるためのモノやサービスの開発

親としてのポジティブな心を育む

先ほど、ベビーテックや育児ロボットを含め、親の肩代わりをしてくれるモノやサービスの紹介をしてきました。もちろん、これらの製品やサービスは、育児にストレスを感じていたり、育児に負担を感じている親の負担を軽減するという点で、有効であるかもしれません。

しかし、日本の社会課題として掲げられた「少子化」を食い止め、各世帯での子どもの数を増やしていくためには、こうした育児に対するネガティブな側面を緩和させるだけでよいのでしょうか。私は、それだけではなく、日々の育児の中で、親が育児に対してやりがいを感じたり、育児へのポジティブな動機を高めることも重要だと思っています。私も、子育てには、喜びや癒し、やりがいといったものを感じます。しかし、毎日の育児に追われ、へとへとになっても誰にも褒めてもらえないときには、こうしたポジティブな感情は、大変さや疲れにかき消されてしまいます。これはとても残念なことです。親が育児へのやりがいや喜びを感じて、「もう一度子育てをしたい」と思える社会を実現したいものです。

育児自己効力感

育児に対するやりがいや、ポジティブな動機というのは、どうすれば高めることができるのでしょうか。心理学の研究でも、最近、育児に対する幸福感や自己効力感といった、いわゆるポジティブな心のはたらきに注目が集まっています。

育児に対する幸福感や自己効力感は、主に質問紙調査によって検討されています。たとえば、育児幸福感という、育児中の母親の肯定的な情動が調べられています（清水ほか、二〇〇七）。子どもの成長や親としての成長を含む八つの因子（側面）に関する幸福な感情が評価されます。育児幸福感は、育児ストレスの低さと関連しますが、その関連性は弱いことがわかっています。

育児幸福感に加え、育児自己効力感も、親としてのポジティブなこころのはたらきのひとつです。まず、自己効力感とは、「ある結果を生み出すために必要な行動をどの程度うまく行うことができるかという個人の確信」のことです（バンデューラ、一九七九）。育児自己効力感は、育児という状況において自分はうまくやっていくことができるという親としての能力に対する自信のことです（Coleman & Karraker, 1998）。育児自己効力感は、育児に対する

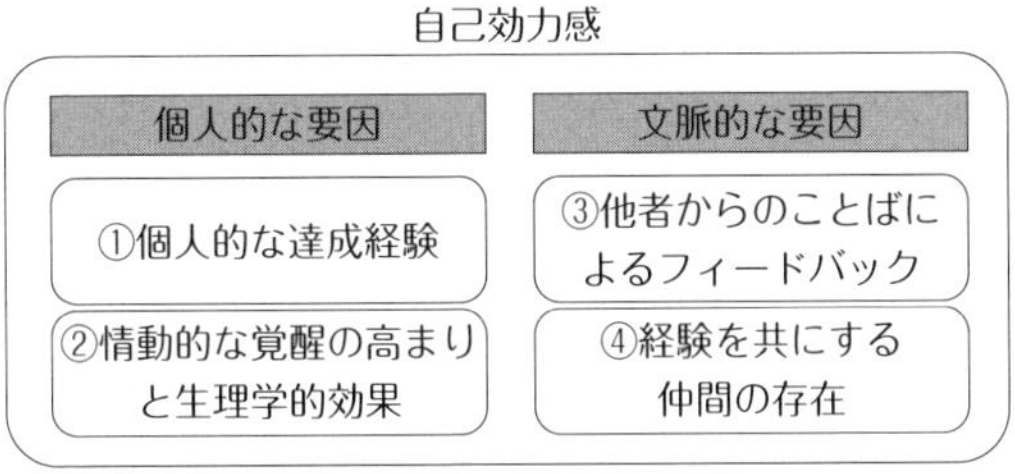

図5-7. 自己効力感を高める4つの要因

個人的な満足度や適応をはかるだけでなく、親の育児行動を改善し、子どもの心の発達を促進する重要な要素のひとつです。たとえば、家庭・経済状況が良好ではない家庭において育児自己効力感を高めることが、適切な育児行動を促進することが示唆されています（Teti & Gelfand, 1991）。

　自己効力感を高めることには、個人的な要因と文脈的な要因の両方が関わっています（Bandura, 1989）。個人的要因には、①個人的な達成経験（過去に自分がうまく育児をこなせたという経験）、②情動的な覚醒の高まりと生理学的効果（赤ちゃんや子どもの世話をするときに情動的な覚醒が高まるかどうか、同時に生理状態も変動するかどうか）があります。文脈的な要因には、③他者からのことばによるフィードバック（うまくできたと他人から褒められたり認められること）、と④仲間の存在（他の親と経験を共有すること）があります（図5-7）。

　これらの四つの要因のうち、文脈的な要因（③と④）を実験的に操作することによって、実際に育児自己効力感が高くなったという報告があります（Mouton & Roskam, 2015）。この研究では、四〜五歳児を養育中の母親とその子どもが大学の研究に参加しました。母子は実験群（介入を受ける群）と統制群（介入を受けない群）に無作為に割り当てられました。介入を受ける前と後に、すべての母親は育児自己効力感を含むいくつかのアンケートに回答しました。介入の段階では、母子のペアが実験室で一定時間、遊びや活動を行いました。実験群では、母親の行動に対して実験者がポジティブなことばによるフィードバックを行いました。統制群の母子も同様の活動をしましたがことばのフィードバックはありませんでした。また、介入群には、このプログラムに参加している（実際には架空の）他の親の情報を共有し、仲間の存在を意識させました。統制群にはこうしたはたらきかけはありませんでした。その結果、統制群よりも介入群において、育児自己効力感が高くなりました。この研究では、自己効力感に関わる個人的な要因を操作しませんでしたが、文脈的な要因を高めるような介入をすることによって、親としての自己効力感を高めることができるのです。

日々の育児に喜びをもたらすオムツ開発

これまで、育児自己効力感を高めるために、ほとんどの研究は、教育者やセラピスト、実験者が、直接的に親にはたらきかけるという形の教育プログラムや介入プログラムを実施してきました。これらのプログラムは親子で参加することが原則となります。こうした物理的な負担から、多くの場合、幼児期以降の子どもを養育中の親が研究の対象となってきました。

しかし、乳児期の赤ちゃんを養育中の各家庭の親に対してこそ、育児自己効力感や育児幸福感を高めることが必要かもしれません。特に、まだことばを話す前の乳児を養育中の親は、ことばを介して子どもとコミュニケーションをとることが難しく、日常の育児に対して、子どもから明示的なポジティブなフィードバックを受けることができません。そのため、親は、育児自己効力感を高める機会が少なくなってしまいます。

こうした問題を解決するために、私たちの研究室は、先ほどのCOIプログラムの取り組みのひとつとして、オムツの開発・販売企業であるユニ・チャーム株式会社と共同研究を行い、親の育児自己効力感を高めるためのオムツを開発しました。

赤ちゃんのオムツ交換は、赤ちゃんの排泄物の処理というイメージがあります。親御さんの中には、オムツ交換を作業的なもの、あるいは煩わしいものだととらえている人もいるかもしれません。こうしたオムツ交換の場を、「親御さんが育児をポジティブなものとしてとらえられる場」に変化させようと、オムツにある機能が付加されました。その機能は、おむつ交換の際に、オムツの前面にポジティブなフィードバックを親御さんに明示することです。従来品のオムツは、赤ちゃんが排泄をすると、排泄を知らせる青いライン（おしらせサイン）が浮き上がってきます。一方、開発品は、赤ちゃんが排泄をすると、「ありがとう」や「だいすき」といった、赤ちゃんのポジティブ感情を表すことばが浮き上がってきます（図5-8）。

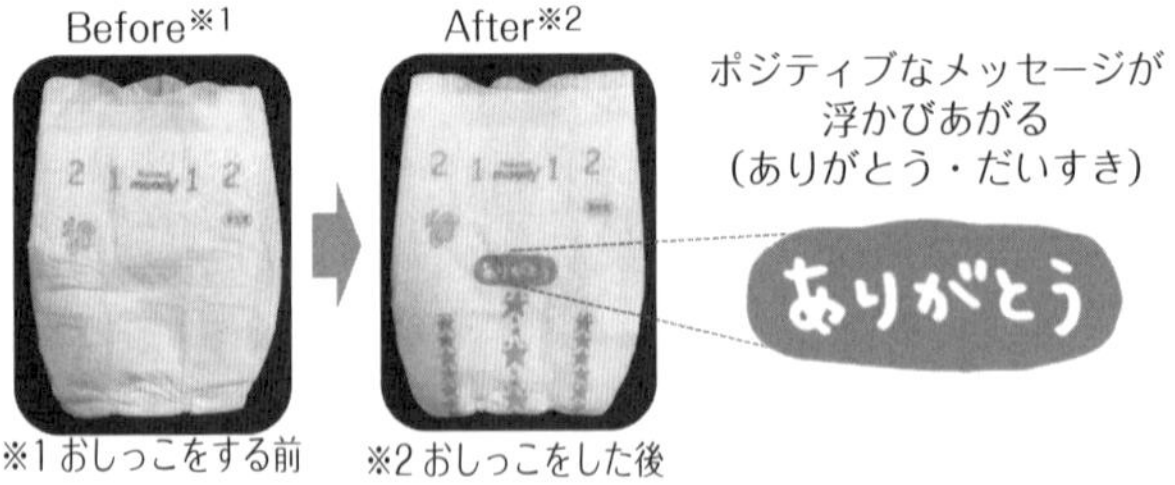

図5-8. 開発品のイメージ

オムツの前面に、赤ちゃんのポジティブな感情を表すことばをフィードバックとして親御さんに明示することで、親御さんは、オムツ交換に報酬を感じ、育児をポジティブなイベントとして記憶すると予想されます。これは、育児自己効力感を高める三番目の要素（③ことばによるフィードバック）にあたります。こうした新しい機能をもつオムツを使い続けることで、親御さんの育児の自己効力感が高まることが期待されます。

そこで、実験的な研究手法を用いて、実際に開発品オムツを使用する経験が、親のポジティブな感情を高めるかどうかを田中らの研究で検討しました。この研究では、生後二〜六ヶ月児を養育中の母親二八名にご協力いただきました。参加者の母親は、まず、開発品と従来品のオムツを三日間使用しました。これは、それぞれのオムツに慣れてもらうためでした。後日、参加者の母親に京都大学の研究室に来ていただき、母親のポジティブ感情を調べるための実験を行いました。まず、私たちは、事前に、生後三〜四ヶ月児の赤ちゃんのオムツ交換の様子を録画した動画を準備しておきました。この動画は、母親自身がオムツ交換を経験している状況をイメージしやすくするために、赤ちゃんと対面の視点から撮影し、赤ちゃんの顔の部分が見えないように編集しました。この動画には、次の二つの条件がありました。①開発品のオムツを交換する条件（「ありがとう」や「だいすき」ということばが浮き出ているオムツ）と、②従来品のオムツを交換する条件（文字ではなくイラストが浮き出ているオムツ）です。

手続きは次のとおりです（図5-9上）。参加者の母親は、開発品条件、従来品条件のオムツ交換動画をそれぞれランダムに一二回ずつ見ました。各動画を見たあと、母親は、その動画を見たときの自分の感情がどの程度ポジティブであったかを、1から5までのいずれかの数字のボタンを押して答えました。母親の主観報告によるポジティブ感情得点についても、条件間で比較しました。

これに加え、無意識レベルでの母親の感情を評価するために、動画を提示している最中の、母親の脳波を計測しました。脳波の分析では、前頭領域のアルファ帯域（七〜一一Hz）という脳波の波の形を解析し、その活動の強さを条件間で比較しました（これは、主観的なポジティブ感情に関する指標であるといわれています）。

その結果、母親の主観報告によるポジティブ感情得点についても、脳波の活動についても、従来品条件よりも開発品条件の方が高いことがわかりました（図5-9下）。これらの結果から、実際に開発品オムツを使う経験が、母親のポジティブ感情を無意識レベルでも、意識レベルでも高めることがわかったのです。

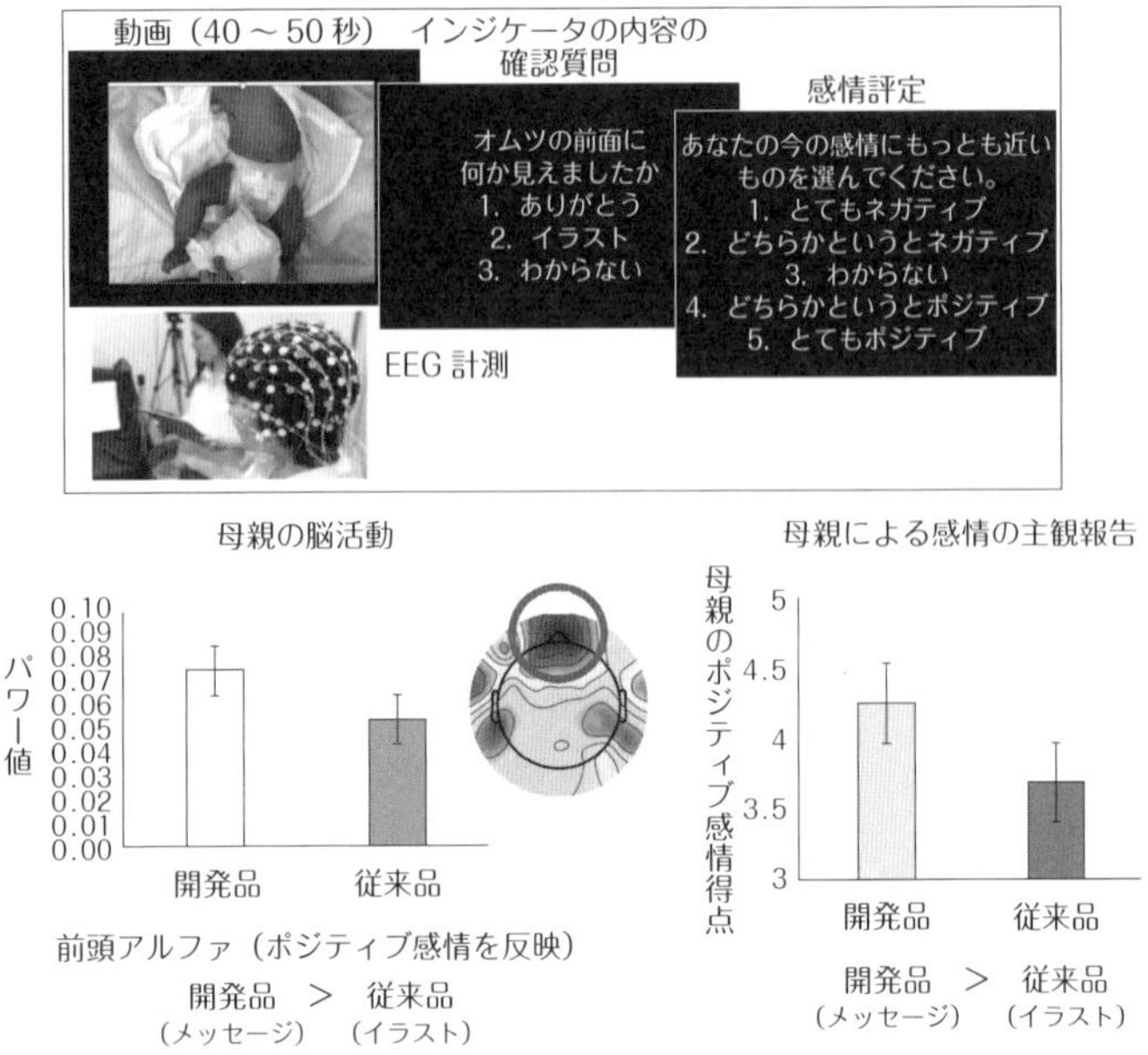

図5-9. 開発品のオムツの効果検証
上図：課題の手続き，下図：検証結果

さらに、私たちは、このオムツを長期間使用することによる効果についても追加で検討しました。この調査では、生後二～六ヶ月児を養育中の母親八〇名（先ほどの調査とは別の母親）に対して、開発品または従来品のどちらか一方を四週間使用してもらいました。参加者の母親は、オムツを使用する前後で、「育児自己効力感」や「育児ストレス」「オムツ交換に対する印象」を調べる質問紙に解答しました。

分析の結果、開発品を四週間使う経験をした母親は、従来品を四週間使う経験をした母親よりも、オムツ交換に対する印象がよりポジティブになり、育児自己効力感も高くなる傾向がありました。モノを通して、日々の育児に喜びを感じる経験が、親の育児自己効力感を高めることがわかったのです。開発品のオムツは、良い結果が確認されたことを受けて、二〇一九年の一一月に全国で販売されるに至りました。

私にとって、発達科学の知見を活かしながら、企業と共同研究を行い、新しい製品を開発する、という一連の取り組みは、大変に新鮮で、貴重な機会となりました。今まで、発達科学の基礎研究と商品開発（応用）は、独立していて切り離されたものだと考えていました。しかし、企業の方達と密な議論を重ねてコンセプトを共有し、製品のアイデアを出し、検証をするという一連のプロセスを通して、産と学は協働できることを実感しました。もちろん、今回の検証が完璧というわけではなく、課題も残されています。たとえば、開発品のオムツを長期間使用することによって、親の出産・育児動機が高まるのかどうか、追加で検討していくことが重要です。

もし、発達心理学や発達科学に興味があるが、基礎研究と応用の間に乖離がある、と感じている学生の方などが、この部分を読んでくださっていたらいいなと思っています。基礎研究の知見は、実際に各家庭での親の心の支援につなげることができるのです。

6 現実とバーチャルが交錯する時代

バーチャルリアリティと拡張現実

ここまで、現代の私たちの生活や子育て環境について述べてきました。ここからは、将来、社会がどのように変容していくと期待されているのかについて、その将来像のイメージを膨らませていきます。そして、究極的にデジタル化が進んだ環境の中で人々が暮らすことになったとき、赤ちゃんや子どもの心はどのように育つのかについて考えてみたいと思います。

みなさんはバーチャルリアリティ（Virtual Reality：VR）という言葉はご存知でしょうか。バーチャルリアリティとは、「みかけや形は現実そのものではないが、本質あるいは効果として現実そのものであること」を指します（舘ほか、二〇一一）。ゴーグルのようなものを装着して行うテレビゲームなどはVRの一例です。

VRは、様々な感覚を人工的に使用者（ユーザー）に提示し、リアルな世界を体験させるシステムです。このとき、私たちが最も「現実感」をもつような世界を提示することが求められます。現実感を定義することは難しいですが、私たちは、複数の感覚情報を統合し、さらにその感覚情報の入力が、自分の運動出力に応じて動的に変化することによって現実にある（現実である）と感じています。そこで、私たちが現実として感じるような要素を組み合

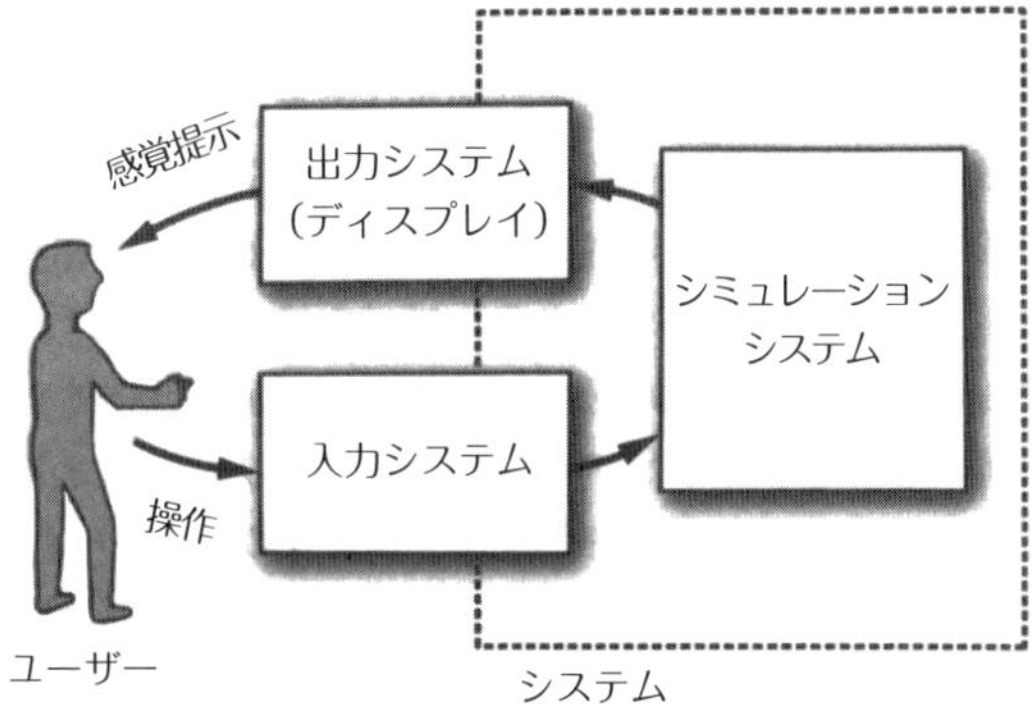

図5-10. VR の基本要素
出所：舘ほか（2011）より作成

わせることによって人工的な現実感を生成します（図5-10）。

ＶＲシステムを的確かつ効率的に設計しそれを実装するために、生理学や心理学の知識が生かされています。たとえば、視覚情報の知覚に関して、私たちがある物体の明るさを知覚するとき、私たちが感じる物体の明るさは、（たとえ物理量としては同じ明るさであったとしても）背景の色によって変化します。背景が黒の場合には、その中にある物体はより明るく感じられ、一方で、背景が白いときには、その物体はより暗く感じられます。これを明るさの対比といいます。こうした知覚の特徴をふまえて、明るさが調整されるように視覚刺激をユーザーに見せます。するとユーザーは、その視覚世界をより現実的なものとして体験することができます。ＶＲのシステムで再現される情報には、視覚だけでなく、いわゆる五感（視覚、聴覚、触覚、味覚、嗅覚）すべてが含まれます。さらに、私たちが体を動かしたときに感じる自己受容感覚や平衡感覚といった運動に関する情報もシステムの中に含まれています。

複合現実感と超臨場感コミュニケーション

ＶＲ技術はこの数十年の間に飛躍的に進歩を遂げています。こうした技術の発展に伴い、実世界と仮想世界が交錯する、新しい時空間が生み出されつつあります。ＶＲの特徴は、ＶＲ世界とユーザーの関係が包含的になっていて、ユーザーはその世界に没入している状態にあることです。今、ＶＲ世界をより現実世界に近づけるような拡張ＶＲ（Augmented Virtuality：AV）や、現実世界をＶＲ環境に統合する拡張現実（Augmented Reality：AR）といった新しい観点を取り入れ、ＶＲ世界と現実世界を融合する新しい現実感を生み出そうという試みがあります。このように、実環境からＶＲの世界が切れ間なく連続して存在するようなスペクトルとして存在する現実感のことを複合現実感（mixed reality）といいます（Milgram et al., 1995）。

複合現実感を可能にするために、「超臨場感コミュニケーション技術」が注目されています。超臨場感コミュニケーション技術には二つの意味合いがあります。ひとつは、あたかもその場にいるような感覚をもたらすために、五感の情報を忠実に取得し、伝達し、再現するシステムです。もうひとつは、現実にその場にいる以上に大きな感動やより深い理解をもたらすために、五感情報を統合的に提示したり、一部の情報のみを際立たせて提示するといったリアルを超越するシステムです。たとえば、テレビ電話やテレビ会議システム等に代表されるように、遠く離れた場所にいる人と映像を伴って会話をするシステムがあります。一般的には、テレビの画面上に顔ないしアバターが投影された状態で、ユーザーはテレビ会議に参加します。超臨場感コミュニケーション技術によって、ユーザーのアバターはテレビの画面上にではなく、会議室の椅子に座っているかのような空間的位置に投影され、声もあたかもそこから発されるように聞こえるようになります。その結果、テレビ会議システムをつないでいる部屋には、（実際には同じ空間には存在していない）ユーザーが、同じ時空間の中に存在して議論をしているような高い臨場感がうまれます（図５‐11）。

図５‐11にあるように、超臨場感コミュニケーション技術によって表現される複合現実感は、教育や訓練、技能伝達（e.g., 文化や科学のリアルな体験）や、医療や介護（e.g., 遠隔医療）にも応用されることが期待されています。総務省情報通信審議会が二〇〇八年に発表した「我が国の国際競争力を強化するためのＩＣＴ（情報通信技術）研究開発・標準化戦略」では「超臨場感コミュニケーション技術」を重要な研究の柱として位置づけています。この戦略では、二〇二五年までの超臨場感コミュニケーションを可能にするための様々な研究開発（超高精細映像技術や、立体映像技術、立体音響技術など）のロードマップを作成するとともに、それぞれ世界で何兆円をも超える市場規模を予測しています。実際、いくつかの情報通信技

図 5 - 11. 超臨場感コミュニケーションの例

出所：舘ほか（2011）

術では、超臨場感コミュニケーションの実用化に向けた動きがあります。たとえば、スポーツの試合をテレビ中継する際、テレビカメラの配置、音響効果、さらにはＡＩ（人工知能）を駆使して、テレビの視聴者が、あたかも会場の中で試合を観戦しているかのような擬似体験ができるシステムが導入されてきています。ＶＲ環境と現実環境を自由に行き来できるような新しい時代が訪れつつあるのです。

複合現実感と内受容感覚

超臨場感コミュニケーション技術の発展の中核には、よりリアルな映像技術や音響技術を含む、視聴覚情報の精緻化が据えられています。こうした外受容感覚における現実感の向上の一方で、触覚、あるいは内受容感覚はどのように再現されるのでしょうか。

ＶＲでは，ヒトの感覚入力を模擬するためのしくみ，つまりシステムからユーザーへ情報を流すための装置を，ディスプレイといいます。ディスプレイは，一般的には視覚刺激を提示する装置を指しますが，ＶＲではすべての感覚にわたってディスプレイということばが使われます。五感の中でも触覚ディスプレイは，バーチャルな物体に触れたときの表面の感触や硬さ，重さなどを提示することができます。しかし，触覚の受容器は全身に分布しているため，そのすべてを刺激することは非常に難しいといえます。そのため，たとえば本書で取り扱ったような，他者に抱かれたときに全身に伝わる温度ややわらかさ，そこから感じられる快楽といった主観的な感情を再現することはまだ難しいかもしれません。

子育て環境をふまえたVRシステムとは

先ほど，ＶＲやＡＲシステムは，ヒトの感覚や知覚の特性をもとに構成されるといいました。この時，ほとんどは成人の感覚や知覚の特性を参照しています。一方で，赤ちゃんや子どもの脳の構造や機能の発達は大人のそれとは異なります。第3章で述べたとおり，赤ちゃんや子どもの脳は，環境との相互作用を通して動的に発達します。

それでは，赤ちゃんや子どもがＶＲやＡＲ環境に身を置いたとき，彼ら・彼女らがとらえる「現実」とは大人がとらえる「現実」と同じなのでしょうか。あるいは，こうした複合現実感の中で育つ赤ちゃんや子どもの脳は、どのように発達するのでしょうか。

私自身、まだ、この問いに対して「こうだ！」と断言できる答えをもっていません。ただ、一ついえることは、現状、親と子の脳と心は「身体」なしには育たないということです。本書の第4章では、親子間の関わりにおける身体接触や、触れられることを感じること（触覚）についての知見を紹介してきました。触覚は、触れられるという外受容感覚だけでなく、心地よさやぬくもり、あるいは痛みなど、内受容感覚にも変化をもたらします。そして、外受容感覚と内受容感覚の統合が、発達初期の乳児と養育者の間の安定した関係性の構築に寄与するためのしくみであることを述べてきました。

これらをふまえると、赤ちゃんや子どもの脳と心の発達を促す環境として、ＶＲ環境を設計する場合、大人が「リアル」だと感じるＶＲ環境とは異なるインターフェースの設計が必要になるかもしれません。つまり、赤ちゃんや子どもの「リアル」に寄り添うためには、外受容感覚だけでなく、内受容感覚の変動をもたらすようなインターフェースが必要になってくるということです。たとえば、図５-12の左にあるように現状では手のひらや指で触れたときの触覚感覚が再現されていますが、それらに加え、図５-12の右にあるように全身で感じることのできる温もりや冷たさ、あるいは、「他者と触れ合っている」「他者に包まれている」という実感がもてるような触覚ディスプレイを実装していくことが課題になると考えられます。ＶＲ技術が今後ますます進めば、ブランケットのようなものをかぶったり、あるい

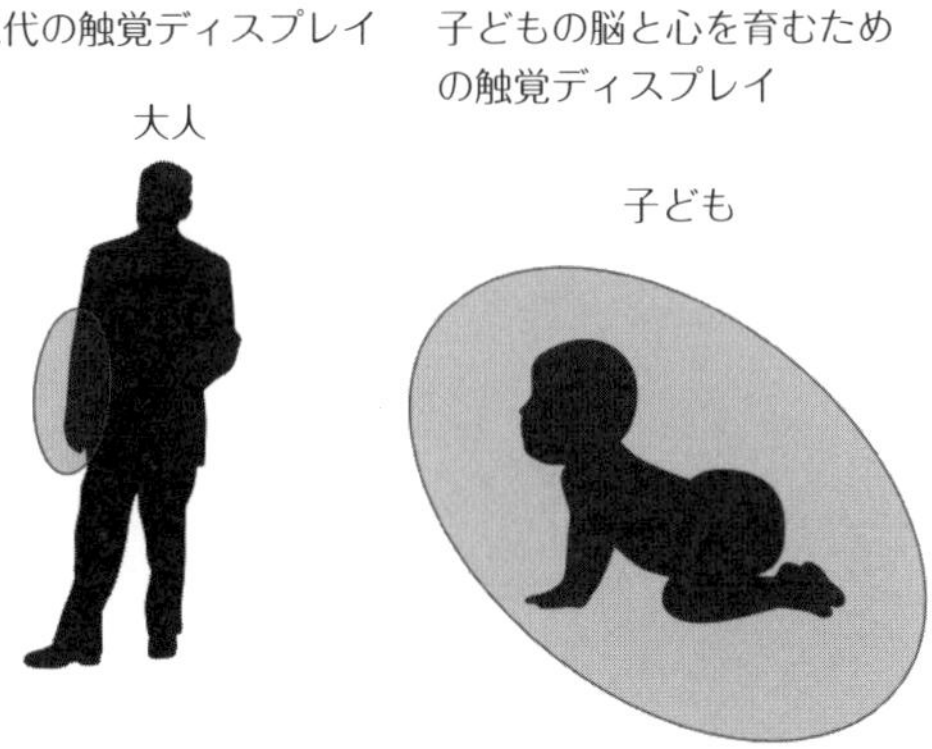

図５－12．子どもの脳と心を育む触覚ディスプレイとは

は、全身触覚ディスプレイつきのスーツを着用することで、全身の感覚は再現できるようになるのでしょうか。全身の触覚を再現できるディスプレイの形はまだ想像がつきませんが、きっと近い将来、開発されるのではないかと考えています。

ＶＲやＡＲ分野は、これからますます発展していくことが予想されます。こうした潮流の中で、ＶＲやＡＲを含む技術革新から子どもや赤ちゃんを遠ざけてしまうのでなく、これらの技術を利用することで得られる利点を活用しながら、新しいモノやサービスを生み出していくことが期待されます。

7　親子の脳と心は身体を介して共に育つ

本章では、赤ちゃんや子どもを取り巻く環境の劇的な変化についてみてきました。その中で、デジタルメディアの普及や、科学技術の発展によって、子どもが育つ環境が変化しつつあることについて触れました。特に、ロボットやAI、VR技術のめざましい発展によって、子どもたちにとって「他者とは何か」そして「現実とは何か」について、私たちとは異なる新しい見方をもつことになるかもしれません。私たちが現在には到底なしえなかった新しい世界が生まれ、そこではSFの世界でしか語られえなかったようなことが実現されるかもしれません。ヒトの赤ちゃんや子どもの脳と心は、環境と相互作用しながら発達します。今を生きる赤ちゃんや子どもが生きる環境が変化すれば、彼ら・彼女らの心や脳の発達の様相もまた変化する可能性があるのです。

ただその一方で、赤ちゃんや子どもの人的環境についての課題が多く残されています。デジタルメディアの過度な利用による子どもの発達への負の影響や、母親への育児負担過多、それに伴う親の側の産後うつ問題や、不適切な育児などの偏った育児傾向の問題は未だ解決されていません。

本書のテーマである「親と子の相互発達」は、子どもが育つ人的な環境についての課題を解決するために非常に重要であると考えられます。たとえば、母親以外の大人の親性の発達は、母親の育児負担の軽減につながるかもしれません（第2章参照）。

これまでの内容（第1章～4章）について振り返ると、次の三つの点にまとめられます（図5-13）。①親としての脳と心のはたらきは生まれつき備わっているのではなく、子どもと関わる経験を通して形成されていくこと（第2章）、②子どもの脳は、親や大人などの他

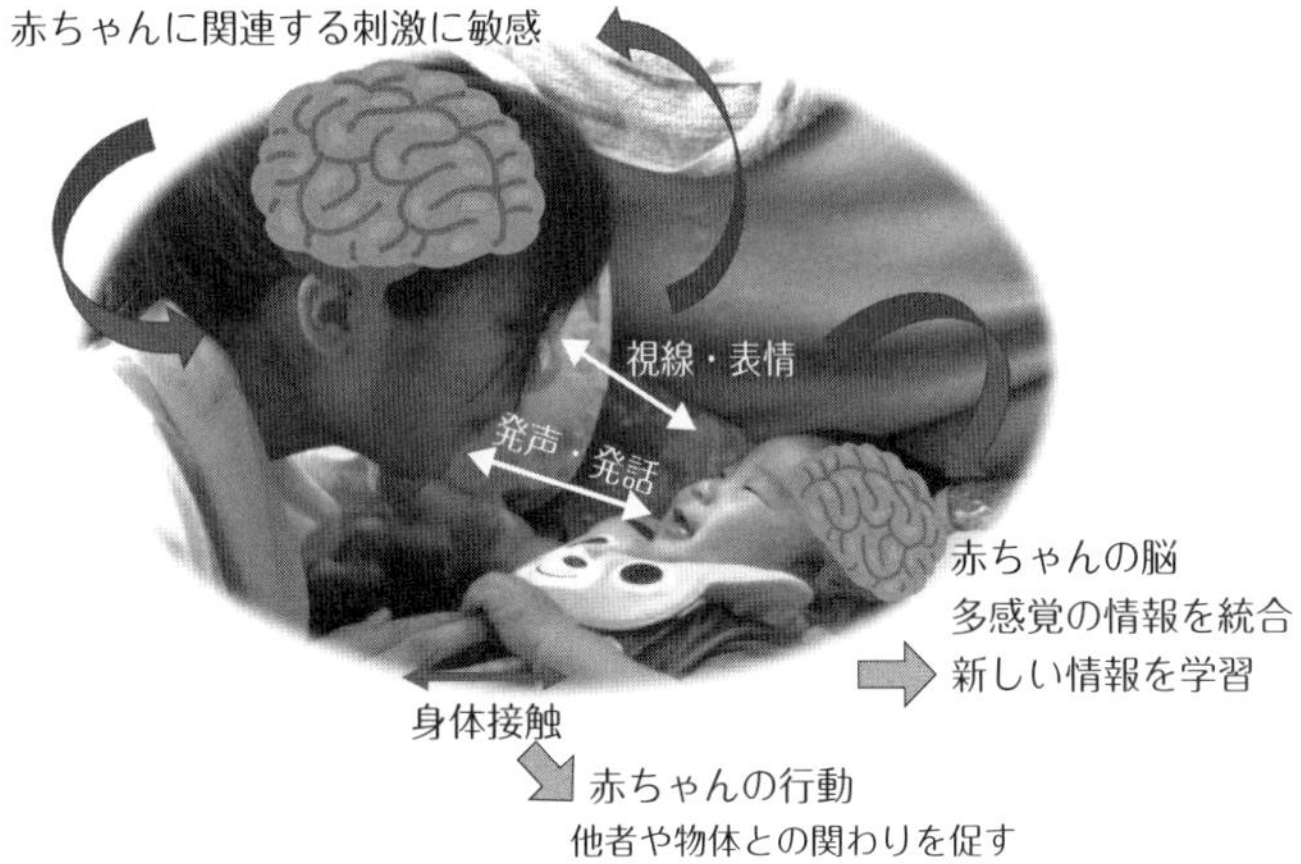

図５-13．赤ちゃんと親の関わりが親と赤ちゃんの脳と行動に与える影響

者と身体を介した関わりを通して多感覚の情報を統合して新しい情報を学習すること（第３章）、③発達初期の親子間身体接触は、赤ちゃんの体の生理状態を整えて、ストレスに対する反応を調整したり探索を促し、赤ちゃんの学習を促進すること（第４章）。

これまで述べたように、赤ちゃんや子どもが新しい情報を学習する際には、敏感期やそれに適した社会的・物理的環境があります。それだけでなく、赤ちゃんや子どもの脳や心の発達には大きな個人差もみられます。本書では詳しくとりあげることはできませんでしたが、たとえば、発達障害のひとつである自閉スペクトラム症や注意欠如・多動症（ＡＤＨＤ）のお子さんの脳の構造やはたらき、認知や情動の発達過程は、定型発達の比較群のそれとは様々な点で異なります。こうした個人差は、遺伝による影響だけでなく、環境、あるいは遺伝と環境の相互作用による影響を受けます。

赤ちゃんや子どもの心の発達における社会的環境としての「保護者（親）」や「養育者」の役割も重要です。親性は、従来考えられていた「母性」や「父性」という形で私たちがうまれつきもっているものではなく、過去の経験や子どもと関わる経験、子育て環境によって動的に変化します。この事実は、共同養育者としての保育士や、祖父母、親戚といった多くの大人もまた「親」として発達する可能性を示唆しています。実際に、保育を学ぶ学生を対象とした研究では、保育実習経験が保育士の親性の発達に影響を与えることもわかってきています（第2章参照）。

また、第5章では、基礎研究を応用に活かすための具体的なアプローチについて紹介しました。科学的な知見によって効果が裏打ちされた製品やサービスの開発は、今後ますます必要性が高まってくると予想されます。そこでは、現場の方や企業の方と、研究者の間の対話が必須です。立場の違うもの同士、互いがコンセプトを共有し、同じ目標に向かって協働していくことは簡単ではありません。しかし、立場の違うもの同士だからこそ、議論の中で多様性が生まれ、企業だけ、研究だけでは実現できなかった新しいものが生まれてくると感じています。

子どもたちの心と脳の発達に適した環境を整えるためには、各家庭の閉鎖的環境の中で親だけが育児を担うのではなく、社会全体が育児を担う必要があります。子育てを担う親御さんだけでなく、育児に関わるすべての大人や、これから育児を担う若い世代の人たちも含めて、より多くの人々がヒトの心の発達を理解することこそが、今の子育て環境を見直し、それらをよりよく変えていくための第一歩になるのです。

文献

序章

ベビーカレンダー（株）（二〇一八）「子育てにおけるSNS利用」に関する意識調査 約9割のママがSNSを利用する時代！「子育てにおけるSNS利用」に関する意識調査を実施 SNSに惑わされるママ！約7割が正確な情報の判別がつかないと回答（二〇一八年一〇月一七日、PR TIMES プレスより）（https://prtimes.jp/main/html/rd/p/000000026.000029931.html）（最終アクセス日：二〇二〇年一月三日）．

Kuhl, P. K., & Meltzoff, A. N. (1996) Infant vocalizations in response to speech: Vocal imitation and developmental change. *The journal of the Acoustical Society of America*, **100** (4), 2425–2438.

山﨑さやか・篠原亮次・秋山有佳・市川香織・尾島俊之・玉腰浩司ほか（二〇一八）乳幼児を持つ母親の育児不安と日常の育児相談相手との関連——健やか親子21 最終評価の全国調査より．日本公衆衛生雑誌、第六五巻第七号、三三四-三四六頁．

第1章

Andreassi, J. (2007) *Psychophysiology*. New York: Psychology Press. https://doi.org/10.4324/9780203880340

Bear, M. F., Connors, B. W., Paradiso, M. A.（編）加藤宏司・後藤薫・藤井聡・山崎良彦（監訳）(2007) ベアー コノーズ パラディーソ 神経科学——脳の探求 カラー版．西村書店．

Bornstein, M. H., & Lamb, M. E. (2011). *Developmental Science*. New York: Psychology Press.

Gottlieb, G. (1992) *Individual development and evolution.* New York : Oxford University Press.
Haan, M. de., Pascalis, O., & Johnson, M. H. (2002) Specialization of Neural Mechanisms Underlying Face Recognition in Human Infants. *Journal of Cognitive Neuroscience,* **14** (2), 199–209.
Imafuku, M., & Myowa, M. (2016) Developmental change in sensitivity to audiovisual speech congruency and its relation to language in infants. *Psychologia,* **59** (4), 163–172.
Johnson, M. H., & Morton, J. (1991) *Biology and cognitive development : The case of face recognition.* Oxford : Blackwell.
Lai, C. S. L., Ficher, S. E., Hurst, J. A., Vargha-Khadem, F., & Monaco, A. P. (2001) A forkhead-domain gene is mutated in a severe speech and language disorder. *Nature,* **413**, 519–523.
Nelson, C. A., & Luciana, M. (Eds.) (2008) *Handbook of Developmental Cognitive Neuroscience.* Cambridge, MA : MIT Press.
Nolen-Hoeksema, S., Fredrickson, B. L., Loftus, G. R., & Luts, C. 内田一成（監訳）（二〇一五）ヒルガードの心理学 第一六版 金剛出版
Schachter, S., & Singer, J. (1962) Cognitive, social, and physiological determinants of emotional state. *Psychological review,* **69** (5), 379.
Shinya, Y., Kawai, M., Niwa, F., & Myowa - Yamakoshi, M. (2016) Associations between respiratory arrhythmia and fundamental frequency of spontaneous crying in preterm and term infants at term - equivalent age. *Developmental psychobiology,* **58** (6), 724–733.
Spitz, R. A., & Wolf, K. M. (1946). Anaclitic depression : An inquiry into the genesis of psychiatric atric conditions in early childhood. *The Psychoanalytic Study of the Child,* **2**, 313–342.
Thompson, D. (1917) *On growth and form.* Cambridge : Cambridge University Press.

Waddington, C. H. (1975) *The Evolution of an Evolutionist.* New York : Cornell University Press.

第2章

Abraham, E., Hendler, T., Shapira-Lichter, I., Kanat-Maymon, Y., Zagoory-Sharon, O., & Feldman, R. (2014). Father's brain is sensitive to childcare experiences. *Proceedings of the National Academy of Sciences,* **111** (27), 9792-9797. https://doi.org/10.1073/pnas.1402569111

Abraham, E., Hendler, T., Zagoory-Sharon, O., & Feldman, R. (2016) Network integrity of the parental brain in infancy supports the development of children's social competencies. *Social cognitive and affective neuroscience,* **11** (11), 1707-1718.

Apter-Levy, Y., Feldman, M., Vakart, A., Ebstein, R. P., & Feldman, R. (2013) Impact of maternal depression across the first 6 years of life on the child's mental health, social engagement, and empathy : the moderating role of oxytocin. *American Journal of Psychiatry,* **170** (10), 1161-1168.

ベネッセ教育総合研究所（二〇一五）第三回乳幼児の父親についての調査（https://berd.benesse.jp/up_images/research/Father_03-ALL1.pdf）（最終アクセス日：二〇二〇年一月三日）.

Bentley, G. R., Goldberg, T., & Jasieńska, G. Z. Y. (1993) The fertility of agricultural and non-agricultural traditional societies. *Population studies,* **47** (2), 269-281.

Berg, S. J., & Wynne-Edwards, K. E. (2001) Changes in testosterone, cortisol, and estradiol levels in men becoming fathers. *Mayo Clinic Proceedings,* **76** (6), 582-592.

Bowlby, J. (1969) *Attachment and Loss* (Vol. 1). New York : Basic Books.

Busso, D. S., McLaughlin, K. A., Brueck, S., Peverill, M., Gold, A. L., & Sheridan, M. A. (2017) Child Abuse, Neural Structure, and Adolescent Psychopathology : A Longitudinal Study. *Journal of the American Academy of Child and Adolescent Psychiatry,* **56** (4), 321–328.e1. https://doi.org/10.1016/j.jaac.2017.01.013

Caspari, R., & Lee, S. H. (2004) Older age becomes common late in human evolution. *Proceedings of the National Academy of Sciences,* **101** (30), 10895–10900.

Cooper, R.P., & Aslin, R.N. (1990) Developmental differences in infant attention to the spectral properties of infant-directed speech. *Child Development,* **65**, 1663–1677.

Dubowitz, H., Black, M. M., Cox, C. E., Kerr, M. A., Litrownik, A. J., Radhakrishna, A., et al. (2001) Father involvement and children's functioning at age 6 years: A multisite study. *Child Maltreatment,* **6** (4), 300–309.

Feldman, R., Braun, K., & Champagne, F. A. (2019) The neural mechanisms and consequences of paternal caregiving. *Nature Reviews Neuroscience,* **20**, 205–224. https://doi.org/10.1038/s41583-019-0124-6

Feldman, R., Granat, A., Pariente, C., Kanety, H., Kuint, J., & Gilboa-Schechtman, E. (2009) Maternal depression and anxiety across the postpartum year and infant social engagement, fear regulation, and stress reactivity. *Journal of the American Academy of Child & Adolescent Psychiatry,* **48** (9), 919–927.

Fernald, A., & Mazzie, C. (1991) Prosody and focus in speech to infants and adults. *Developmental Psychology,* **27** (2), 209–221.

Field, T. (2010a) Touch for socioemotional and physical well-being: A review. *Developmental Review,* **30** (4), 367–383. https://doi.org/10.1016/j.dr.2011.01.001

Field, T. (2010b) Postpartum depression effects on early interactions, parenting, and safety practices: A review. *Infant Behavior and Development,* **33** (1), 1–6. https://doi.org/10.1016/j.infbeh.2009.10.005

Frith, C. D., & Frith, U. (2006) The Neural Basis of Mentalizing. *Neuron,* **50** (4), 531–534.

藤田大輔・金岡緑（2002）乳幼児を持つ母親の精神的健康度に及ぼすソーシャルサポートの影響．日本公衆衛生雑誌、第四九巻第四号、三〇五–三一三頁．

Gettler, L. T., Mcdade, T. W., Feranil, A. B., & Kuzawa, C. W. (2011) Longitudinal evidence that fatherhood decreases testosterone in human males. *Proceedings of the National Academy of Sciences,* **108** (39). https://doi.org/10.1073/pnas.1105403108

Gonzalez, A., Jenkins, J. M., Steiner, M., & Fleming, A. S. (2012) Maternal early life experiences and parenting : the mediating role of cortisol and executive function. *Journal of the American Academy of Child & Adolescent Psychiatry,* **51** (7), 673–682.

Kaplan, H., Hill, K., Lancaster, J., & Hurtado, A. M. (2000) A theory of human life history evolution : Diet, intelligence, and longevity. *Evolutionary Anthropology : Issues, News, and Reviews,* **9** (4), 156–185.

Kim, P., Feldman, R., Mayes, L. C., Eicher, V., Thompson, N., Leckman, J. F., et al. (2011) Breastfeeding, brain activation to own infant cry, and maternal sensitivity. *Journal of child psychology and psychiatry,* **52** (8), 907–915.

Kleiman, D. G., & Malcolm, J. R. (1981) The evolution of male parental investment in mammals. In D. J. Gubernick & P. H. Klopfer (Eds.) *Parental care in mammals.* Boston, MA : Springer, pp. 347–387.

厚生労働省（二〇一八）平成三〇年度 児童相談所での児童虐待相談対応件数（https://www.mhlw.go.jp/content/11901000/000533886.pdf）（最終アクセス日：二〇二〇年一月二日）．

Kramer, K. L. (2010) Cooperative breeding and its significance to the demographic success of humans. *Annual Review of Anthropology,* **39**, 417–436.

Kuhl, P., & Rivera-Gaxiola, M. (2008) Neural Substrates of Language Acquisition. *Annual Review of Neuroscience,* **31** (1), 511–534.

Laurent, H. K., & Ablow, J. C. (2011) A cry in the dark : depressed mothers show reduced neural activation to their own infant's cry. *Social cognitive and affective neuroscience,* **7** (2), 125–134.

Laurent, H. K., & Ablow, J. C. (2013) A face a mother could love : Depression-related maternal neural responses to

infant emotion faces. *Social Neuroscience,* **8** (3), 228–239.
Lenzi, D., Trentini, C., Pantano, P., Macaluso, E., Iacoboni, M., Lenzi, G. L., et al. (2009) Neural basis of maternal communication and emotional expression processing during infant preverbal stage. *Cerebral cortex,* **19** (5), 1124–1133.
Li, T., Horta, M., Mascaro, J. S., Bijanki, K., Arnal, L. H., Adams, M., et al. (2018) Explaining individual variation in paternal brain responses to infant cries. *Physiology & Behavior,* **193**, 43–54. https://doi.org/10.1016/j.physbeh.2017.12.033
文部科学省（二〇一八）高等学校学習指導要領（平成三〇年告示）解説　家庭編．平成三〇年七月．（https://www.mext.go.jp/content/1407073_10_1_2.pdf）（最終アクセス日：二〇二〇年一月一〇日）．
Numan, M., & Stolzenberg, D. S. (2009) Medial preoptic area interactions with dopamine neural systems in the control of the onset and maintenance of maternal behavior in rats. *Frontier of Neuroendocrinology,* **30**, 46–64.
Ramírez-Esparza, N., Garćıa-Sierra, A., & Kuhl, P. K. (2014) Look who's talking : speech style and social context in language input to infants are linked to concurrent and future speech development. *Developmental Science,* **17**, 1–12.
Riem, M. M., Bakermans-Kranenburg, M. J., Pieper, S., Tops, M., Boksem, M. A., Vermeiren, R. R., et al. (2011) Oxytocin modulates amygdala, insula, and inferior frontal gyrus responses to infant crying : a randomized controlled trial. *Biological Psychiatry,* **70** (3), 291–297.
佐々木綾子・小坂浩隆・末原紀美代・町浦美智子・波崎由美子・松木健一ほか（二〇一〇）親性育成のための基礎研究（1）——青年期男女における乳幼児との継続接触体験の心理・生理・脳科学的指標による評価．母性衛生、第五一巻第二号、二九〇-三〇〇頁．
Schechter, D .S., Moser, D. A., Wang, Z., Marsh, R., Hao, X., Duan, Y., et al. (2012) An fMRI study of the brain

responses of traumatized mothers to viewing their toddlers during separation and play. *Social Cognitive and Affective Neuroscience,* **7**, 969–979.

Seifritz, E., Esposito, F., Neuhoff, J. G., Lüthi, A., Mustovic, H., Dammann, G., et al. (2003) Differential sex-independent amygdala response to infant crying and laughing in parents versus nonparents. *Biological Psychiatry,* **54** (12), 1367–1375. https://doi.org/10.1016/S0006-3223(03)00697-8

Shahrokh, D. K., Zhang, T. Y., Diorio, J., Gratton, A., & Meaney, M. J. (2010) Oxytocin-dopamine interactions mediate variations in maternal behavior in the rat. *Endocrinology,* **151**, 2276–2286.

Silverman, A. B., Reinherz, H. Z., & Giaconia, R. M. (1996) The long-term sequelae of child and adolescent abuse : A longitudinal community study. *Child Abuse and Neglect,* **20** (8), 709–723.

総務省統計局（二〇一六）平成二八年度社会生活基本調査（https://www.stat.go.jp/data/shakai/2016/index.html）（最終アクセス日：二〇二〇年一月二日）.

Strathearn, L., Fonagy, P., Amico, J., & Montague, P. R. (2009) Adult attachment predicts maternal brain and oxytocin response to infant cues. *Neuropsychopharmacology,* **34** (13), 2655.

Strathearn, L., Li, J., Fonagy, P., & Montague, P. R. (2008) What's in a Smile ? Maternal Brain Responses to Infant Facial Cues. *Pediatrics,* **122** (1), 40–51.

Swain, J. E. (2011) The human parental brain : In vivo neuroimaging. *Progress in Neuro-Psychopharmacology and Biological Psychiatry,* **35** (5), 1242–1254. https://doi.org/10.1016/j.pnpbp.2010.10.017

Swain, J. E., Ho, S. S., & If, T. D. (2017) Neuroendocrine mechanisms for parental sensitivity : overview, recent advances and future directions. *Current Opinion in Psychology,* **15**, 105–110. https://doi.org/10.1016/j.copsyc.2017.02.027

Swain, J. E., Kim, P., Spicer, J., Ho, S. S., Dayton, C. J., Elmadih, A., et al. (2014) Approaching the biology of human parental attachment : Brain imaging, oxytocin and coordinated assessments of mothers and fathers. *Brain Research,* **1580**, 78–101.

Swain, J.E., & Lorberbaum, J. P. (2008) Imaging the human parental brain. In R.S. Bridges (Ed.) *Neurobiology of the parental brain.* London : Academic Press, pp. 83–100.

Tachikawa, K. S., Yoshihara, Y., & Kuroda, K. O. (2013) Behavioral Transition from Attack to Parenting in Male Mice : A Crucial Role of the Vomeronasal System. *Journal of Neuroscience,* **33** (12), 5120–5126.

Tanaka, Y., Fukushima, H., Okanoya, K., & Myowa-Yamakoshi, M. (2014) Mothers' multimodal information processing is modulated by multimodal interactions with their infants. *Scientific Reports,* **4**, 1–7.

Taumoepeau, M., & Ruffman, T. (2008) Stepping stones to others' minds : Maternal talk relates to child mental state language and emotion understanding at 15, 24, and 33 months. *Child development,* **79** (2), 284–302.

友田明美（二〇一六）被虐待児の脳科学研究（特集　子ども虐待とケア）、児童青年精神医学とその近接領域、第五七巻第五号、七一五–七二九頁。

Tomoda, A., Sheu, Y. S., Rabi, K., Suzuki, H., Navalta, C. P., Polcari, A., et al. (2011) Exposure to parental verbal abuse is associated with increased gray matter volume in superior temporal gyrus. *Neuroimage,* **54**, S280–S286.

Tsuneoka, Y., Maruyama, T., Yoshida, S., Nishimori, K., Kato, T., Numan, M., et al. (2013) Functional, anatomical, and neurochemical differentiation of medial preoptic area subregions in relation to maternal behavior in the mouse. *Journal of Comparative Neurology,* **521** (7), 1633–1663.

Tsuneoka, Y., Tokita, K., Yoshihara, C., Amano, T., Esposito, G., Huang, A. J., et al. (2015) Distinct preoptic-BST nuclei dissociate paternal and infanticidal behavior in mice. *The EMBO Journal,* **34** (21), 2652–2670.

Werker, J. F., & McLeod, P. J. (1989) Infant preference for both male and female infant-directed talk : A developmental study of attentional and affective responsiveness. *Canadian Journal of Psychology/Revue Canadienne*

De Psychologie, **43** (2), 230–246.

第3章

Bahrick, L. E., & Lickliter, R. (2000) Intersensory redundancy guides attentional selectivity and perceptual learning in infancy. *Developmental Psychology,* **36**, 190–201.

Bai, D., Yip, B. H. K., Windham, G. C., Sourander, A., Francis, R., Yoffe, R., et al. (2019) Association of Genetic and Environmental Factors With Autism in a 5-Country Cohort. *JAMA Psychiatry,* **76** (10), 1035–1043.

Bakeman, R., & Adamson, L. B. (1984) Coordinating attention to people and objects in mother–infant and peer–infant interaction. *Child Development,* **55** (4), 1278–1289.

Begus, K., Gliga, T., & Southgate, V. (2016) Infants' preferences for native speakers are associated with an expectation of information. *Proceedings of the National Academy of Sciences,* **113** (44), 12397–12402.

Begus, K., Southgate, V., & Gliga, T. (2015) Neural mechanisms of infant learning : differences in frontal theta activity during object exploration modulate subsequent object recognition. *Biology Letters,* **11** (5), 20150041.

Brazelton, T. B., Koslowski, B., & Main, M. (1974) The origin of reciprocity : The early mother–infant interaction. In M. Lewis, & L. A. Rosenblum (Eds.) *The effect of the infant on its caretaker*. New York, NY : Wiley, pp. 49–76.

Calvert, G. A. (2001) Crossmodal processing in the human brain : insights from functional neuroimaging studies. *Cerebral Cortex,* **11** (12), 1110–1123.

Casey, B. J., Tottenham, N., Liston, C., & Durston, S. (2005) Imaging the developing brain : what have we learned about cognitive development ? *Trends in cognitive sciences,* **9** (3), 104–110.

Chen, X., Striano, T., & Rakoczy, H. (2004) Auditory–oral matching behavior in newborns. *Developmental science,* **7** (1), 42–47.

Cohn, J. F., & Elmore, M. (1988) Effect of contingent changes in mothers' affective expression on the organization of behavior in 3-month-old infants. *Infant Behavior and Development,* **11** (4), 493-505.

Cohn, J. F., & Tronick, E. Z. (1983) Three-month-old infants' reaction to simulated maternal depression. *Child Development,* **54** (1), 185-193.

Cohn, J. F., & Tronick, E. Z. (1989) Specificity of infants' response to mothers' affective behavior. *Journal of the American Academy of Child and Adolescent Psychiatry,* **28**, 242-248.

Crews, F., He, J., & Hodge, C. (2007) Adolescent cortical development : a critical period of vulnerability for addiction. *Pharmacology Biochemistry and Behavior,* **86** (2), 189-199.

de Vries, J. I. P., Visser, G. H. A., & Prechtl, H. F. R. (1985) The emergence of fetal behaviour. II. Quantitative aspects. *Early Human Development,* **12** (2), 99-120.

Desrochers, S., Morisset te, P., & Ricard, M. (1995) Two perspectives on pointing in infancy. In C. Moore, & P. J. Dunham (Eds.) *Joint attention : Its origins and role in development.* Hillsdale, NJ : Lawrence Erlbaum Associates.

Farroni, T., Johnson, M. H., Menon, E., Zulian, L., Faraguna, D., & Csibra, G. (2005) Newborns' preference for face-relevant stimuli : Effects of contrast polarity. *Proceedings of the National Academy of Sciences,* **102** (47), 17245-17250.

Farzin, F., Charles, E. P., & Rivera, S. M. (2009) Development of multimodal processing in infancy. *Infancy,* **14**, 563-578.

Feldman, R., & Eidelman, A. I. (2003) Skin-to-skin contact (Kangaroo Care) accelerates autonomic and neurobehavioural maturation in preterm infants. *Developmental Medicine & Child Neurology,* **45**, 274-281.

Feldman, R., Magori-Cohen, R., Galili, G., Singer, M., & Louzoun, Y. (2011) Mother and infant coordinate heart rhythms through episodes of interaction synchrony. *Infant Behavior and Development,* **34** (4), 569–577. https://doi.org/10.1016/j.infbeh.2011.06.008

Flom, R., & Bahrick, L. E. (2007) The development of infant discrimination of affect in multimodal and unimodal stimulation : The role of intersensory redundancy. *Developmental psychology,* **43** (1), 238.

Fogel, A., Nelson-Goens, C., Hsu, H.-C., & Shapiro, A. F. (2000) Do different infant smiles reflect different positive emotions ? *Social Development,* **9**, 497–520.

Gervain, J., Macagno, F., Cogoi, S., Peña, M., & Mehler, J. (2008) The neonate brain detects speech structure. *Proceedings of the National Academy of Sciences,* **105** (37), 14222–14227.

Gogate, L. J., Bahrick, L., & Watson, J. D. (2000) A Study of Multimodal Motherese : The Role of Temporal Synchrony between Verbal Labels and Gestures. *Child Development,* **71** (4), 878–894.

Gogate, L. J., Bolzani, L. H., & Betancourt, E. A. (2006) Attention to maternal multimodal naming by 6-to 8-month-old infants and learning of word-object relations. *Infancy* **9**, 259–288.

Gogate, L. J., Walker-Andrews, A. S., & Bahrick, L. E. (2001) The intersensory origins of word-comprehension : An ecological-dynamic systems view. *Developmental Science,* **4**, 1–18.

Grossmann, T., Striano, T., & Friederic, A. D. (2006) Crossmodal integration of emotional information from face and voice in the infant brain. *Developmental Science,* **9** (3), 309–315.

Habek, D., Kulaš, T., Selthofer, R., Rosso, M., Popović, Z., Petrović, D., et al. (2006) 3D-ultrasound detection of fetal grasping of the umbilical cord and fetal outcome. *Fetal diagnosis and therapy,* **21** (4), 332–333.

Hepper, P. G., Shahidullah, S., & White, R. (1991) Handedness in the human fetuses. *Neuropsychologia,* **29**, 1107–1111.

Hepper, P. G., & Shahidullah, B. S. (1994) The development of fetal hearing. *Fetal and Maternal Medicine Review,* **6** (3), 167–179.

Huizink, A. C., & Mulder, E. J. (2006) Maternal smoking, drinking or cannabis use during pregnancy and neurobehavioral and cognitive functioning in human offspring. *Neuroscience & Biobehavioral Reviews,* **30** (1), 24–41.
Huttenlocher, P. R., de Courten, C., Garey, L. J., & Van der Loos, H. (1982) Synaptogenesis in human visual cortex—evidence for synapse elimination during normal development. *Neuroscience letters,* **33** (3), 247–252.
今福理博（二〇一九）赤ちゃんの心はどのように育つのか——社会性とことばの発達を科学する．ミネルヴァ書房．
Imafuku, M., Kawai, M., Niwa, F., Shinya, Y., Inagawa, M., & Myowa-Yamakoshi, M. (2017) Preference for dynamic human images and gaze-following abilities in preterm infants at 6 and 12 months: an eye-tracking study. *Infancy,* **22** (2), 223–239. doi:10.1111/infa.12144
石島このみ・根ヶ山光一（二〇一三）乳児と母親のくすぐり遊びにおける相互作用．発達心理学研究，第二四巻第三号，二二六–二三六頁．
Johnson, M. H., Dziurawiec, S., Ellis, H., & Morton, J. (1991) Newborns' preferential tracking of face-like stimuli and its subsequent decline. *Cognition,* **40** (1–2), 1–19.
Jones, S. S. (1996) Imitation or exploration? Young infants' matching of adults' oral gestures. *Child development,* **67** (5), 1952–1969.
Jordan, K. E., Suanda, S. H., & Brannon, E. M. (2008) Intersensory redundancy accelerates preverbal numerical competence. *Cognition,* **108**, 210–221.
Kisilevsky, B. S., Hains, S. M., Lee, K., Xie, X., Huang, H., Ye, H. H., et al. (2003) Effects of experience on fetal voice recognition. *Psychological science,* **14** (3), 220–224.
Kraebel, K. S. (2012) Redundant amodal properties facilitate operant learning in 3-month-old infants. *Infant Behavior and Development,* **35**, 12–21.
Kuhl, P. K., Stevens, E., Hayashi, A., Deguchi, T., Kiritani, S., & Iverson, P. (2006) Infants show a facilitation effect for

native language phonetic perception between 6 and 12 months. *Developmental science,* **9** (2), F13–F21.

Lester, B. M., Conradt, E., LaGasse, L. L., Tronick, E. Z., Padbury, J. F., & Marsit, C. J. (2018) Epigenetic programming by maternal behavior in the human infant. *Pediatrics,* **142** (4).

Lewkowicz, D. J. (2004) Serial order processing in human infants and the role of multisensory redundancy. *Cognitive Processing,* **5**, 113–122.

Lewkowicz, D. J. (2010) Infant perception of audio-visual speech synchrony. *Developmental Psychology,* **46**, 66–67.

Lickliter, R., Bahrick, L. E., & Vaillant-Mekras, J. (2017) The intersensory redundancy hypothesis : Extending the principle of unimodal facilitation to prenatal development. *Developmental Psychobiology,* **59** (7), 910–915. https://doi.org/10.1002/dev.21551

Mampe, B., Friederici, A. D., Christophe, A., & Wermke, K. (2009) Newborns' Cry Melody Is Shaped by Their Native Language. *Current Biology,* **19** (23), 1994–1997. https://doi.org/10.1016/j.cub.2009.09.064

Marlier, L., Schaal, B., & Soussignan, R. (1998) Neonatal responsiveness to the odor of amniotic and lacteal fluids : A test of perinatal chemosensory continuity. *Child development,* **69** (3), 611–623.

Mekonnen, A. G., Yehualashet, S. S., & Bayleyegn, A. D. (2019) The effects of kangaroo mother care on the time to breastfeeding initiation among preterm and LBW infants : a meta-analysis of published studies. *International breastfeeding journal,* **14** (12), 1–6.

Meltzoff, A. N., & Borton, R. W. (1979) Intermodal matching by human neonates. *Nature,* **288**, 403–404.

Meltzoff, A. N., & Moore, M. K. (1997) Explaining facial imitation : A theoretical model. *Infant and child development,* **6** (3–4), 179–192.

Messinger, D. S., Dickson, K. L., & Fogel, A. (2001) All smiles are positive, but some smiles are more positive than others. *Developmental Psychology,* **37**, 642–653.

Messinger, D. S., Fogel, A., & Dickson, K. L. (1997) A dynamic systems approach to infant facial action. In J. A. Russell, & J. M. Fernández-Dols (Eds.) *The psychology of facial expression*. New York, NY : Cambridge University Press, pp. 205-226.

Moore, K. L., & Persaud, T. V. N.　瀬口春道・小林俊博・Garcia del Saz, E.（訳）（二〇〇七）ムーア人体発生学　原著第七版　医歯薬出版

Murray, L., & Trevarthen, C. (1985) Emotional regulation of interactions between two-month-olds and their mothers. In T. M. Field, & N. A. Fox (Eds.) *Social perception in infants*. Norwood, NJ : Ablex Publishing Corporation, pp. 177-197.

Nadel, J., Carchon, I., Kervella, C., Marcelli, D., & Réserbat-Plantey, D. (1999) Expectancies for social contingency in 2-month-olds. *Developmental Science,* **2** (2), 164-173. doi:10.1111/1467-7687.00065

Negayama, K., & Yamaguchi, H. (2005) Development of mother-infant tickling play and infant's ticklishness. *Journal of Child Health,* **64**, 451-460.

Oostenbroek, J., Suddendorf, T., Nielsen, M., Redshaw, J., Kennedy-Costantini, S., Davis, J., et al. (2016) Comprehensive longitudinal study challenges the existence of neonatal imitation in humans. *Current Biology,* **26** (10), 1334-1338.

Santos Jr, H. P., Bhattacharya, A., Martin, E. M., Addo, K., Psioda, M., Smeester, L., et al. (2019) Epigenome-wide DNA methylation in placentas from preterm infants : association with maternal socioeconomic status. *Epigenetics,* **14** (8), 751-765.

Sato, H., Hirabayashi, Y., Tsubokura, H., Kanai, M., Ashida, T., Konishi, I., et al. (2012) Cerebral hemodynamics in newborn infants exposed to speech sounds : A whole-head optical topography study. *Human Brain Mapping,* **33** (9), 2092-2103.

Schneider, T. R., Lorenz, S., Senkowski, D., & Engel, A. K. (2011) Gamma-band activity as a signature for cross-modal priming of auditory object recognition by active haptic exploration. *Journal of Neuroscience,* **31** (7), 2502-2510.

Simion, F., Regolin, L., & Bulf, H. (2008) A predisposition for biological motion in the newborn baby. *Proceedings of the National Academy of Sciences,* **105** (2), 809-813.

Spear, N. E., & Molina, J. C. (2005) Fetal or infantile exposure to ethanol promotes ethanol ingestion in adolescence and adulthood : a theoretical review. *Alcoholism : Clinical and Experimental Research,* **29** (6), 909-929.

Tanaka, Y., Kanakogi, Y., Kawasaki, M., & Myowa, M. (2018) The integration of audio-tactile information is modulated by multimodal social interaction with physical contact in infancy. *Developmental Cognitive Neuroscience,* **30**, 31-40.

Tomasello, M., Carpenter, M., Call, J., Behne, T., & Moll, H. (2005) Understanding and sharing intent ions : The origins of cultural cognition. *Behavioral and Brain Sciences,* **28**, 675-691. doi:10.1017/S0140525X05000129

Tomasello, M. (1999) *The cultural origins of human cognition.* Cambridge, MA : Harvard University Press.

Trevarthen, C. (1979) Communication and cooperation in early infancy : A description of primary intersubjectivity. In M. Bullowa (Ed.) *Before speech : The beginning of human communication.* Cambridge : Cambridge University Press, pp. 321-347（鯨岡峻（編訳）鯨岡和子（訳）（1989）母と子のあいだ ミネルヴァ書房，六九－一〇一頁）.

Tronick, E. Z. (1989) Emotions and emotional communication in infants. *American Psychologist,* **44** (2), 112-119. doi: 10.1037/0003-066X.44.2.112

Volpe, J. J. (1995) Metabolic encephalopathies. In J.J. Volpe (Ed.) *Neurology of the Newborn.* Philadelphia, PA : W. B. Saunders, pp. 467-582.

Vouloumanos, A., & Werker, J. F. (2007) Listening to language at birth : Evidence for a bias for speech in neonates. *Developmental Science,* **10**, 159–164.

Zhang, Y., Koerner, T., Miller, S., Grice-Patil, Z., Svec, A., Akbari, D., et al. (2010) Neural coding of formant-exaggerated speech in the infant brain. *Developmental Science,* **14** (3), 566–581.

Zukow-Goldring, P., & Arbib, M. A. (2007) Affordances, effectivities, and assisted imitation : Caregivers and the directing of attention. *Neurocomputing,* **70** (13–15), 2181–2193. doi:10.1016/j.neucom.2006.02.029

第４章

Aguirre, M., Couderc, A., Epinat-Duclos, J., & Mascaro, O. (2019) Infants discriminate the source of social touch at stroking speeds eliciting maximal firing rates in CT-fibers. *Developmental Cognitive Neuroscience,* **36**, 100639.

Arcaro, M. J., Schade, P. F., & Livingstone, M. S. (2019) Body map proto-organization in newborn macaques. *Proceedings of the National Academy of Sciences of the United States of America,* **116** (49), 24861–24871.

Atzil, S., Gao, W., Fradkin, I., & Barrett, L. F. (2018) Growing a social brain. *Nature Human Behaviour.* **2**, 624–636.

Barberis, C., & Tribollet, E. (1996) Vasopressin and oxytocin receptors in the central nervous system. *Critical Reviews in Neurobiology,* **10**, 119–154.

Bear, M. F., Connors, B. W., Paradiso, M. A.（編）加藤宏司・後藤薫・藤井聡・山崎良彦（監訳）（2007）ベアー　コノーズ　パラディーソ　神経科学――脳の探求　カラー版. 西村書店.

Bowlby, J. (1969) *Attachment and loss : Attachment* (Vol. 1). New York, NY : Basic Books.

Brummelman, E., Terburg, D., Smit, M., Bögels, S. M., & Bos, P. A. (2019) Parental touch reduces social vigilance in children. *Developmental cognitive neuroscience,* **35**, 87–93.

Campos, R. G. (1994) A functionalist perspective on the nature of emotion. In N. Fox (Ed.) *The development of emotion regulation : Biological logical and behavioral considerations,* pp. 284-303.

Denenberg, V. H. (1968) A consideration of the usefulness of the critical period hypothesis as applied to the stimulation of rodents in infancy. In G. Newton & S. Levine (Eds.) *Early experience and behavior.* Springfield, IL : Charles C. Thomas, pp. 142-167.

Dieter, J., Field, T., Hernandez-Reif, M., Emory, E. K., & Redzepi, M. (2003) Stable preterm infants gain more weight and sleep less after five days of massage. *Journal of Pediatric Psychology,* **28**, 403-411.

Fairhurst, M. T., Löken, L., & Grossmann, T. (2014) Physiological and behavioral responses reveal 9-month-old infants' sensitivity to pleasant touch. *Psychological science,* **25** (5), 1124-1131.

Feldman, R., Masalha, S., & Alony, D. (2006) Microregulatory patterns of family interactions : Cultural pathways to toddlers' self-regulation. *Journal of Family Psychology,* **20** (4), 614-623.

Ferber, S. G., Feldman, R., & Makhoul, I. R. (2008) The development of maternal touch across the first year of life. *Early Human Development,* **84**, 363-370.

Field, T. M. (1984) Early interactions between infants and their postpartum depressed mothers. *Infant Behavior and Development,* **7**, 517-522.

Gliga, T., Farroni, T., & Cascio, C. J. (2019) Social touch : A new vista for developmental cognitive neuroscience? *Developmental Cognitive Neuroscience,* **35**, 1-4.

Gordon, I., Voos, A. C., Bennett, R. H., Bolling, D. Z., Pelphrey, K. A., & Kaiser, M. D. (2013) Brain mechanisms for processing affective touch. *Human Brain Mapping,* **34** (4), 914-922.

Harlow, H. F. (1959) Love in infant monkeys. *Scientific American,* **200**, 68.

Harlow, H. F. (1969) Effects of social isolation on the learning performance of rhesus monkeys. *Proceedings of the Second International Congress of Primatology,* **1**, 178-185.

Harlow, H. F., & Zimmermann, R. R. (1959) Affectional responses in the infant monkey : Orphaned baby monkeys develop a strong and persistent attachment to inanimate surrogate mothers. *Science,* **130**, 421–432.

Hernandez-Reif, M., Field, T., Diego, M., & Largie, S. (2003) Haptic habituation to temperature is slower in newborns of depressed mothers. *Infancy,* **4** (1), 47–63.

Hofer, M. (1993) Developmental roles of timing in the mother–infant interaction. In G. Turkewitz & D. A. Devenny (Eds.) *Developmental time and turn-taking.* Hillsdale, NJ : Lawrence Erlbaum Associates, pp. 211–231.

Insel, T.R., & Harbaugh, C.R. (1989) Lesions of the hypothalamic paraventricular nucleus disrupt the initiation of maternal behavior. *Physiological Behavior,* **45**, 1033–1041.

Jean, A. D. L., Stack, D. M., & Fogel, A. (2009) A longitudinal investigation of maternal touching across the first 6 months of life : Age and context effects. *Infant Behavior and Development,* **32** (3), 344–349.

Jönsson, E. H., Kotilahti, K., Heiskala, J., Wasling, H. B., Olausson, H., Croy, I., et al. (2018) Affective and non-affective touch evoke differential brain responses in 2-month-old infants. *NeuroImage,* **169**, 162–171.

Kaye, K., & Fogel, A. (1980) The temporal structure of face-to-face communication between mothers and infants. *Developmental Psychology,* **16**, 454–464.

Kuhn, C. M., & Schanberg, S. M. (1998) Responses to maternal separation : Mechanisms and mediators. *International Journal of Developmental Neuroscience,* **16**, 261–270.

Lagercrantz, H., & Changeux, J. P. (2009) The emergence of human consciousness : From fetal to neonatal life. *Pediatric Research,* **65**, 255–260.

Lejeune, F., Audeoud, F., Marcus, L., Streri, A., Debillon, T., & Gentaz, E. (2010) The manual habituation and discrimination of shapes in preterm human infants from 33 to 34+ 6 post-conceptional age. *PLoS One,* **5** (2).

Longa, D. L., Gliga, T., & Farroni, T. (2019) Tune to touch : Affective touch enhances learning of face identity in

4-month-old infants. *Developmental Cognitive Neuroscience,* **35**, 42-46.

Marshall, P. J., & Meltzoff, A. N. (2015) Body maps in the infant brain. *Trends in Cognitive Sciences,* **19** (9), 499-505.

McGlone, F., Wessberg, J., & Olausson, H. (2014) Discriminative and affective touch : sensing and feeling. *Neuron,* **82** (4), 737-755.

Meaney, M. J. (2001) Maternal care, gene expression, and the trans- mission of individual differences in stress reactivity across generations. *Annual Review of Neuroscience,* **24**, 1161-1192.

Mellis, C. (2016) Kangaroo Mother Care and neonatal outcomes : A meta-analysis. *Journal of Paediatrics and Child Health,* **52** (5), 579. https://doi.org/10.1111/jpc.13218

Molina, M., & Jouen, F. (2003) Haptic intramodal comparison of texture in human neonates. *Developmental Psychobiology,* **42** (4), 378-385.

Montagu, A. (1986) *Touching : The human significance of the skin* (3rd ed.). New York : Harper & Row.

Morrison, I. (2016) ALE meta - analysis reveals dissociable networks for affective and discriminative aspects of touch. *Human brain mapping,* **37** (4), 1308-1320.

Nishimura, Y., Kanakogi, Y., & Myowa-Yamakoshi, M. (2016) Infants' emotional states influence maternal behaviors during holding. *Infant Behavior and Development,* **43**, 66-74.

Nummenmaa, L., Tuominen, L., Dunbar, R., Hirvonen, J., Manninen, S., Arponen, E., et al. (2016) Social touch modulates endogenous μ-opioid system activity in humans. *Neuroimage,* **138**, 242-247.

Olausson, H., Lamarre, Y., Backlund, H., Morin, C., Wallin, B. G., Starck, G., et al. (2002) Unmyelinated tactile afferents signal touch and project to insular cortex. *Nature neuroscience,* **5** (9), 900.

Peláez-Nogueras, M., Field, T., Gewirtz, J. L., Cigales, M., Gonzalez, A., Sanchez, A., et al. (1997) The effects of systematic stroking versus tickling and poking on infant behavior. *Journal of Applied Developmental Psycholo-*

gy **18** (2), 169–178.

Penfield, W., Rasmussen, T., & Erickson, T. C. (1954) The Cerebral Cortex of Man, a Clinical Study of Localization of Function. *American Journal of Physical Medicine,* **33** (2), 126–128.

Reddy, V., Markova, G., & Wallot, S. (2013) Anticipatory Adjustments to Being Picked Up in Infancy. *PLoS ONE,* **8** (6), e65289.

Rochat, P., & Hespos, S. J. (1997) Differential rooting response by neonates : Evidence for an early sense of self. *Infant and Child Development,* **6** (3–4), 105–112.

Schanberg, S. M., & Field, T. M. (1987) Sensory deprivation stress and supplemental stimulation in the rat pup and preterm human. *Child Development,* **58**, 1431–1447.

Seidl, A., Tincoff, R., Baker, C., & Cristia, A. (2014) Why the body comes first : effects of experimenter touch on infants' word finding. *Developmental Science,* **18** (1), 155–164.

Shibata, M., Fuchino, Y., Naoi, N., Kohno, S., Kawai, M., Okanoya, K., et al. (2012) Broad cortical activation in response to tactile stimulation in newborns. *NeuroReport,* **23** (6), 373–377.

Simpson, E. A., Maylott, S. E., Lazo, R. J., Leonard, K. A., Kaburu, S. S., Suomi, S. J., et al. (2019) Social touch alters newborn monkey behavior. *Infant Behavior and Development,* **57**, 101368.

Stack, D. M., & Muir, D. W. (1990) Tactile stimulation as a component of social interchange : New interpretations for the still - face effect. *British Journal of Developmental Psychology,* **8**, 131–145.

Stack, D. M., & Muir, D. W. (1992) Adult tactile stimulation during face-to-face interactions modulates five-month-olds' affect and attention. *Child Development,* **63**, 1509–1525.

Sterling, P., & Laughlin, S. (2015) *Principles of Neural Design.* Cambridge, MA : MIT Press.

Symons, D. K., & Moran, G. (1987) The behavioral dynamics of mutual responsiveness in early face-to-face mother-infant interactions. *Child Development*, **58**, 1488-1495.

Tuulari, J. J., Scheinin, N. M., Lehtola, S., Merisaari, H., Saunavaara, J., Parkkola, R., et al. (2019) Neural correlates of gentle skin stroking in early infancy. *Developmental Cognitive Neuroscience*, **35**, 36-41.

第5章

Anderson, D. R., & Pempek, T. A. (2005) Television and very young children. *American Behavioral Scientist*, **48** (5), 505-522.

Bandura, A. (1989) Regulation of cognitive processes through perceived self-efficacy. *Developmental Psychology*, **25** (5), 729-735.

バンデュラ、A. 原野広太郎（監訳）（一九七九）社会的学習理論. 金子書房、二四九頁.

ベネッセ教育総合研究所（二〇一八）第二回乳幼児の親子のメディア活用調査報告書（https://berd.benesse.jp/up_images/textarea/ 全体通し.pdf）（最終アクセス日：二〇二〇年一月三日）.

Coleman, P. K., & Karraker, K. H. (1998) Self-efficacy and parenting quality : Findings and future applications. *Developmental Review*, **18** (1), 47-85.

Courage, M. L., & Setliff, A. E. (2009) Debating the impact of television and video material on very young children : Attention, learning, and the developing brain. *Child Development Perspectives*, **3** (1), 72-78.

Herrmann, E., Haux, L. M., Zeidler, H., & Engelmann, J. M. (2019) Human children but not chimpanzees make irrational decisions driven by social comparison. *Proceedings of the Royal Society B*, **286** (1894), 20182228.

Kirkorian, H. L., Choi, K., & Pempek, T. A. (2016) Toddlers' word learning from contingent and noncontingent video on touch screens. *Child development*, **87** (2), 405-413.

厚生労働省（二〇一一）平成二三年人口動態統計月報年計.

Kuhl, P. K., Tsao, F. M., & Liu, H. M. (2003) Foreign language experience in infancy : Effects of short-term exposure and social interaction on phonetic learning. *Proceedings of the National Academy of Sciences of the United States of America,* **100**, 9096-9101.

Milgram, P., Takemura, H., Utsumi, A., & Kishino, F. (1995) Augmented reality : A class of displays on the reality-virtuality continuum. *Telemanipulator and telepresence technologies,* **2351**, 282-292. International Society for Optics and Photonics.

Moriguchi, Y., Kanda, T., Ishiguro, H., Shimada, Y., & Itakura, S. (2011) Can young children learn words from a robot ? *Interaction Studies,* **12** (1), 107-118.

Mouton, B., & Roskam, I. (2015) Confident Mothers, Easier Children : A Quasi-experimental Manipulation of Mothers' Self-efficacy. *Journal of Child and Family Studies,* **24** (8), 2485-2495.

内閣府　Society 5.0（https://www8.cao.go.jp/cstp/society5_0/index.html）

O'Keeffe, G. S., Clarke-Pearson, K., Mulligan, D. A., Altmann, T. R., Brown, A., Christakis, D. A., et al. (2011) Clinical report - The impact of social media on children, adolescents, and families. *Pediatrics,* **127** (4), 800-804.

Okumura, Y., Kanakogi, Y., Kanda, T., Ishiguro, H., & Itakura, S. (2013a) The power of human gaze on infant learning. *Cognition,* **128** (2), 127-133.

Okumura, Y., Kanakogi, Y., Kanda, T., Ishiguro, H., & Itakura, S. (2013b) Can infants use robot gaze for object learning ? : The effect of verbalization. *Interaction studies,* **14** (3), 351-365.

Ra, C. K., Cho, J., Stone, M. D., De La Cerda, J., Goldenson, N. I., Moroney, E., et al. (2018) Association of digital media use with subsequent symptoms of attention-deficit/hyperactivity disorder among adolescents. *Jama,* **320** (3), 255-263.

Selfhout, M. H., Branje, S. J., Delsing, M., ter Bogt, T. F., & Meeus, W. H. (2009) Different types of Internet use,

depression, and social anxiety : The role of perceived friendship quality. *Journal of adolescence*, **32** (4), 819-833.
清水嘉子・関水しのぶ・遠藤俊子・落合富美江（二〇〇七）母親の育児幸福感．日本看護科学会誌、第二七巻第二号、二一五-二二四頁．
総務省（二〇一八）平成三〇年版情報通信白書．第五章、第二節、ICTサービスの利用動向．
総務省情報通信審議会（二〇〇八）我が国の国際競争力を強化するためのICT研究開発・標準化戦略（案）～概要～（https://www.soumu.go.jp/main_sosiki/joho_tsusin/policyreports/joho_tsusin/bunkakai/pdf/080612_1_si2-1.pdf）（最終アクセス日：二〇二〇年一月三日）
総務省統計局（二〇一六）労働力調査（基本集計）．
舘暲・佐藤誠・廣瀬通孝　日本バーチャルリアリティ学会（編）（二〇一一）バーチャルリアリティ学．コロナ社．
Teti, D. M., & Gelfand, D. M. (1991) Behavioral competence among mothers of infants in the first year : The mediational role of maternal self-efficacy. *Child Development*, **62** (5), 918.

推薦にかえて――人類未曾有の時代に求められる発達研究

京都大学大学院教授　明和政子

私たちヒトを含む生物は、「身体」という物理的制約をもっています。その身体は、進化の過程で長い時間をかけて環境に適応してきた結果、獲得されてきたものです。また、身体は、動的に変化する外的環境（胎児期には子宮内）の中で能動的に振る舞い、環境と相互作用しながら情報を収集、解釈し、生存可能性を高める適応能力、知性を創発・発達させていきます。こうした考え方を「身体性（embodiment）」といいます。

深層学習にもとづく人工知能（ＡＩ）の急激な発展は、日常生活上の便利なツールとしてのレベルを超え、実世界と仮想世界とが交錯する新たな時空間を生みだしつつあります。私たちヒトは、これまで経験したことのない環境変化に直面しています。未曾有の環境と身体が相互作用していく中で、次世代の脳や心の発達にはどのような影響が起こりうるのでしょうか。発達科学という学問領域が向き合うべき社会的課題のひとつは、ここにある。この本の筆者、田中友香理さんとともに研究してきたことで、私はそうした思いを強くもつにいたりました。

田中さんのこれまでの研究は、主に次の二点にまとめられると思います。

ひとつめは、養育者との身体を介した経験（身体接触）が、生後一年未満の乳児の認知発達を促進することを見出した成果です。私の研究者人生の中で、最も記憶に残る研究のひとつです。

田中さんは、養育者が乳児に触れながらある新奇語Aを乳児に聞かせる場面と、触れない状態で新奇語Bを聞かせる場面を設定しました。そうした経験をさせた後、乳児に新奇語AとBを聞かせて、彼らの脳の活動に違いがみられるかどうかを調べました。すると、身体に触れられながら聞いた語では、触れられずに聞いた語に比べて、言語処理に関わる脳部位の活動が高まっていることがわかったのです。おもしろいことに、身体に触れられてよく笑った乳児ほど、その時に聞いた語に対する脳活動が大きいこともわかりました。

ふたつめは、身体を介した日常的なやり取りは、乳児だけでなく、養育者の側の心身にも可塑的に変化を生じさせることを明らかにした成果です。ヒトの養育者は乳児に働きかけるとき、高いピッチで抑揚のある独特の話しかけ方をします。これは「マザリーズ（motherese）」あるいは「対乳児音声（infant-directed speech）」と呼ばれる現象で、どの文化圏でも普遍的にみられます。

私のように、チンパンジーやサルの母子を見なれた立場からみると、ヒトの養育者のこうした振る舞いはきわめて奇妙に映ります。ヒトの養育者は乳児を抱きながら、あるいは手に触れながら同時に目を見つめ、表情を変化させ、声かけを行います。一見当たり前のように思えますが、こうした積極的なはたらきかけは他の霊長類では決して見られません。ヒトは生後直後から、視覚や聴覚、触覚といった多感覚情報（マルチモーダル）を養育者から積極的に提供されるという、とてもユニークな環境の中で育ちはじめる生物なのです。

田中さんは、こうしたヒトの養育行動の特性が、経験によって柔軟に獲得されていくことを見事に実証しました。実験の詳細は、本書をたどっていただきたいのですが、抑揚ある声で乳児に話しかけたり、乳児の身体に触れる経験が多い母親ほど、触覚と音声情報の統合処理が脳内で促進されていることを見出しました。この成果は、従来、「母性的」と呼ばれてきた母親の行動や心のはたらきが、実際には経験によって学習されるものであることを示しています。子どもが育つと同時に、親も育つ存在なのです。

田中さんの研究のすばらしさは、ヒトの育ちを科学的に理解するには、乳児と養育者を「セット」でとらえることが必須であることを実証してきた点にあります。現代社会では、子育てにまつわる問題が深刻化の一途をたどっています。その根幹には、生物としてのヒトの特性とそれと切り離すことのできない適応的環境についての理解の希薄さがあります。そして、子育てという営みについていえば、子育てに必要な脳と心というものは経験によって可塑的に変化するという事実に対する科学的理解がいまだ不十分であることに大きな問題があるように感じます。田中さんは、発達科学者として、今後もヒトの子育てに関する正しい科学的知識を社会に伝え、人類の未来を守るための責務を果たしていってくれるに違いありません。

そして今、田中さんは、さらなる飛躍を遂げようとしておられます。養育者が子育てに自己効力感、幸福感を感じられる機会を、基礎研究の成果をもとに提案し、社会に実装するという斬新な試みです。国立研究開発法人科学技術振興機構（JST）の研究成果展開事業「センター・オブ・イノベーション（COI）プログラム」というものがあります。このプログラムでは、一〇年後の社会を見据え、人類の持続的発展を実現するために取り組むべき課題、目指すべき社会を提案し、その具体的課題を大学と企業が一丸となって創出、実装することを目的としています。

田中さんはこのプロジェクトの中核として、ユニ・チャーム株式会社との共同で、育児に対する自己効力感を高める機能を搭載した新しい紙オムツを開発、上梓しました。オムツ交換時は、親子が対面し、身体接触しながらコミュニケーションするとても貴重な機会です。田中さんはこれまでの研究成果をふまえ、この時空間を親が子育てに対する幸福感と自己効力感を得ることに生かせるのではないか、と考えたのです。実際に、今回開発した紙オムツは、従来品に比べて、養育者の主観的なポジティブ感情を高め、さらに、ポジティブ感情の処理に関連する脳活動を高めることも見事に実証されています（本書第4章参照。詳細については、http://www.unicharm.co.jp/company/news/2019/1212608_13296.html をご覧ください）。

これほど斬新な発想にもとづく研究展開は、ご自身が子育て真最中の当事者であることとも深く関わっていると思います。田中さんほど、未来の人類について真剣に考え、奮闘している発達科学者はいないでしょう。研究者として、親として、今後もわれわれの発想を超えた次世代のための新たな学問を切り拓いていってくれることでしょう。

おわりに

本書は、私が大学院生のときから現在に至るまでに行った研究の知見をまとめたものです。私が発達心理学・発達科学に興味をもち始めたのは、大学三年生のときに、あるボランティアに参加したことがきっかけでした。このボランティアは、京都大学大学院理学研究科の大学院生の先輩方が中心となって、自閉スペクトラム症（ＡＳＤ）や学習障害を含む発達障害の子どもの個別学習支援を行うというものでした。まだ学部生だった私は、子どもの学習状況を記録したり、休憩時間中に子どもと遊んだりしていました。当初、私は、「ＡＳＤの子どもは社会的コミュニケーションが苦手だ」という漠然としたイメージをもっていました。しかし、子どもたちの振る舞いや表情などを注意深く観察しながら彼ら・彼女らと関わっていくうちに、そのようなイメージだけでは表現しきれない、一人ひとりの子どもがもつ、豊かな個性や心の多様性に気づかされました。そこから、「心の多様性はどのようにして生まれるのか」「ヒトらしい心のはたらきとは何か」といった疑問を抱くようになり、発達心理学や発達科学を学び始めました。このナイーブな疑問から、まさか自分が一〇年後にこうして研究者となっているということは、当時の私からは想像できなかったと思います。

発達心理学や発達科学の研究は、実に奥の深いものであると思います。「発達」ということばの意味には、時間の軸が含まれています。さらにその発達の様相（たとえば、認知や情動の発達）というのは、一定の時間に直線的に変化するとは限りません。発達ということが必ずしも「向上」を意味するとは限らず、一見すると後退してしまったかのように見えるものが、あるときを境にぐんと飛躍的に向上する、といった変化の様相を示す場合もあります。発達心理学や発達科学という学問に関わっていると、こうした発達の多様性と連続性について知ることができます。こうしてみると、発達心理学や発達科学という学問は、まさに私たちの人生そのものです。私たちの人生も、「山あり谷あり」で、急激に状況が変化する時期もあれば、海のように深く静かに、飛躍のときに備えて日々精進するような時期もあります。子育てに興味のある方や、発達心理学・発達科学を学んでいる学生の方には、心の発達を学ぶことが、単純に子どもの心を理解する、といったことを超えて、自分の人生や自分のあり方についての理解を深めることにもつながっていることを感じていただければ良いなと思っています。

現在、私は、三歳の子どもの育児をしながら研究に従事しています。しかしそれは、私が幸運にも「共同養育」という形で、子育てを支援してくださる多くの人々に恵まれているからこそ実現できていると思います。

本書でも述べましたが、日本は「少子化」という大きな問題を抱えています。日本はいわゆる先進国ですが、日本以外の先進諸国も同じく少子化に悩まされているかというと、実は必ずしもそうではありません。たとえば、フランスやスウェーデンは、合計特殊出生率が一時期一・五〜一・六台まで低下した後、二〇一六年時点には、フランスが一・九二、スウェーデンが一・八五にまで回復（日本は同年一・四四）しています（内閣府　世界各国の出生率、https://www8.cao.go.jp/shoushi/shoushika/data/sekai-shusshou.html）。なぜ、これらの国では出生率が回復したのでしょうか。フランスでは、保育の充実、出産・子育てと就労に関して幅広い選択ができるような環境整備が進められ、スウェーデンでは、比較的早い時期から子育て世帯への経済的支援、保育や育児休業制度が推進されてきました。これらの国は、少子化の傾向にいち早く注目し、上記のような積極的な政策を取ってきたおかげで、出生数が回復したとみられます。逆に言うと、深刻な少子化が続いている日本の出生率を高めるためには、重点的な経済支援や就労支援等を根気よく続けていかなければならないことも予想されます。

こうした状況をふまえ、私が研究者としてできることは何か。この問いに向き合うことができたのは、私が二年前から関わっているセンター・オブ・イノベーションプログラム（COIプログラム）のおかげです。このプログラムについては本書でも触れましたが、科学技術のコラボレーションにより、社会の諸問題を解決するためのイノベーションを起こすという目標を掲げています。私たちのグループは、ユニ・チャーム株式会社と共同で「親の心を支援するオムツの開発」に携わりました。研究者として「モノを作る」という経験が初めてだった私にとって、開発された新しいオムツが市場に並ぶことを知ったときは、不思議な気持ちになりました。また同時に「こうした小さな積み重ねを通して、研究者として社会を変えていかなければならない」という使命感を強くもちました。企業の方との共同研究は初めてでしたが、ユニ・チャーム株式会社の参画者の皆さまが、基礎研究の意義を理解してくださったおかげで、より良い製品を作るために密な議論を重ねていくことができました。深く感謝申し上げます。

本書の執筆にあたり、多くの方々のご支援を賜りました。まず、これまでにたずさわった研究は、研究調査にご快諾くださった赤ちゃんとその保護者の皆さまのご協力がなければ進めることができませんでした。皆さまの健やかな成長を祈るとともに、研究へのご協力に心から感謝申し上げます。

私が学部の頃から大学院、助教と研修員期間を合わせて一〇年間、指導教員としてご指導いただいた明和政子先生（京都大学大学院教育学研究科教授）には、大変にお世話になりました。明和先生には、発達科学研究の意義や面白さ、そして研究者としての生き方や役割、学際的な広い視野をもつことや研究の成果を社会に発信していくことの重要性など、本当に数多くのことを教えていただきました。また、多くの研究者や現場の方々との出会いを提供してくださいました。明和先生のもとで学んだことは、筆者にとって生涯にわたる財産です。深く感謝申し上げます。

学部から大学院にかけて、私は多くの研究者の支援を受けながら研究を進めてきました。公私にわたりお世話になった発達教育研究室ＯＢ・ＯＧの皆さま、特に大学院生時代にお世話になった福山寛志先生（鳥取大学地域学部講師）、今福理博先生（武蔵野大学教育学部講師）、熊木悠人先生（福岡教育大学教育学部助教）、新屋裕太氏（東京大学大学院教育学研究科、特任研究員）に感謝申し上げます。また、現在の研究プロジェクトとして共に研究を進めている、DIAZ ROJAS Françoise（京都大学大学院教育学研究科研究員）、松永倫子氏（京都大学大学院教育学研究科博士後期課程）をはじめ、研究室の仲間達に感謝申し上げます。

森口佑介先生（京都大学大学院教育学研究科准教授）、板倉昭二先生（同志社大学赤ちゃん学研究センター長）は、合同ゼミなどを通じて、発達心理学・発達科学の研究について議論させていただき、乳幼児を対象とした発達科学の研究について多くのことを学ばせていただきました。両先生とその研究室の皆さまに厚く御礼申し上げます。

また、共同研究者としてご指導くださった、鹿子木康弘先生（追手門学院大学心理学部准教授）、福島宏器先生（関西大学社会学部教授）、川崎真弘先生（筑波大学システム情報系准教授）には、データ解析や論文執筆指導等、多岐にわたるご指導をいただきました。本書の第2章、第3章、第4章の各研究の成果は、先生方との共同研究の賜物です。

学部から大学院を通してお世話になった、技術補佐の青山証子氏をはじめ、上田綾子氏、小林慧氏、水垣さなえ氏、林彩子氏はいつも筆者を気にかけてくださり、励ましのお言葉をくださいました。吉井麻里絵氏には、第3章の研究の技術補佐をいただき、平井久美氏には第2章の研究を遂行するにあたり様々な事務補佐をいただきました。技術補佐・事務補佐の皆さまの協力によって日々の研究を行うことができることを日々実感しております。研究を支えてくださった皆さまに感謝申し上げます。

大学時代に公私共にお世話になりました、斎藤有吾先生（新潟大学准教授）には、表紙のイラストを手掛けていただきました。とても可愛らしい、優しいタッチのイラスト（原画）をありがとうございました。

そして、私の研究活動を応援し、支えてくれている私の家族、夫の大志とそのご両親、そして娘の友菜にも心から感謝しています。ありがとう。

＊

本書の編集を担当してくださった丸山碧さんは、筆の遅い私を何度も励ましてくださいました。丸山さんなしにはこの書籍はまとめられなかったと実感しています。

最後に、本書の出版にあたり、二〇一九年度「京都大学総長裁量経費・若手研究者出版助成事業」に支援いただきました。山極壽一総長と関係者の方々に御礼申し上げます。

二〇二〇年二月

田中友香理

付記

本書に記載された研究は、日本学術振興会特別研究員奨励費（No. 13J05878：二〇一三〜二〇一五年度）、前川財団（平成二七、二八、三〇年度 家庭教育研究及び実践助成）及びＪＳＰＳ科研費研究活動スタート支援（No. 18H05809、二〇一八〜二〇一九年度）等の助成を受けて行われました。

た　行

な　行

は　行

索　引

あ　行

か　行

さ　行

《著者紹介》

田中友香理（たなか・ゆかり）

京都大学大学院教育学研究科教育方法学講座特定助教。

専門は，発達心理学，発達認知神経科学。

滋賀県立膳所高等学校卒業，京都大学教育学部卒業，京都大学大学院教育学研究科博士後期課程単位取得退学（博士「教育学」2019年３月），同大学院教育学研究科助教を経て，現職。

発達科学から読み解く　親と子の心

――身体・脳・環境から探る親子の関わり――

2020年５月15日　初版第１刷発行　〈検印省略〉

定価はカバーに
表示しています

著　者　田中友香理

発行者　杉田啓三

印刷者　坂本喜杏

発行所　株式会社　ミネルヴァ書房

607-8494　京都市山科区日ノ岡堤谷町１

電話代表　(075)581-5191

振替口座　01020-0-8076

冨山房インターナショナル・藤沢製本

ISBN 978-4-623-08932-1

Printed in Japan